目　录

隋唐五代

隋唐五代

隋世系

自杨坚代周（西元五八一），至杨侑禅于唐（西元六一八），凡三传共三十八年。

高祖文皇帝，姓杨，名坚，弘农华阴人。代周，建元开皇（二十年），改元仁寿（四年），在位凡二十四年。

炀皇帝，名广，高祖次子。嗣立，改元大业（十三年）。帝游江都，为宇文化及等所弑，在位凡十三年。

恭皇帝，名侑，炀帝太子昭之子，封代王。炀帝东巡，命留守西京。李渊入长安，奉之为帝，遥尊炀帝为太上皇。渊寻废之。改元义宁（一年），在位凡一年。

恭帝，名侗，亦昭之子，封越王。炀帝东巡，命留守东京。王世充入洛阳，得炀帝凶闻，奉以为帝，寻废之。

秦王浩，炀帝弟秦王俊之子。宇文化及弑炀帝，遂立浩为帝，寻复杀之。

（以上据《隋书》及《通考·帝系考》）

附帝系表

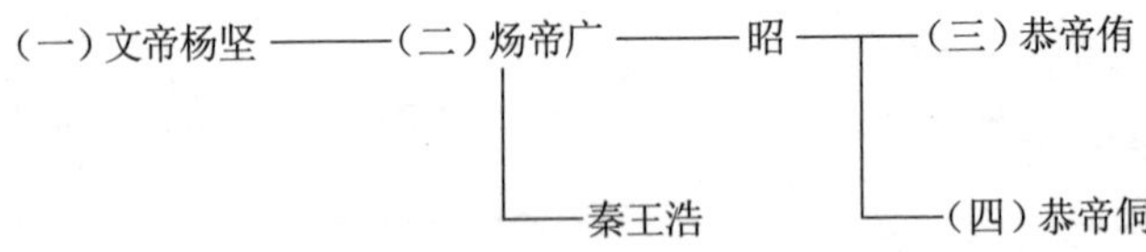

自晋惠帝永兴元年（西元三〇四）刘渊称大单于，同时李雄称帝于蜀，中国统一之局遂破。自是以后，神州板荡，分裂为数十国，中间起灭无恒，不能自靖者，亘二百八十五年。直至隋文帝杨坚陷建康（西元五八九），天下复归于一统，故隋在中国史局上，亦重要之关键也。统观前后史迹，不但政权统治上有显著之不同，即民族文化消长上，亦有莫大之关系。盖自汉末，鲜卑之势已盛于北方，中更三国之乱，渐次南侵，降及晋室不振，遂成“五胡乱华”之局。惟诸族居内地久，习染华俗，渐失其刚劲之风。至隋，则中土已渐强，一变永嘉以来之形势。杨氏虽执政未久，终能遗唐室以广大疆域之机。此则读隋唐史者所不可不知者也。

（一）隋之统一事业

隋文帝承周之后，开皇七年灭后梁，九年灭陈，遂统一中国。其所措施分述之如下。

（1）疆域

高祖受终，维新朝政，开皇三年，遂废诸郡。洎于九载，廓定江表，寻以户口滋多，析置州、县。炀帝嗣位，又平林邑，更置三州。既而并省诸州，寻即改州为郡（大业三年三月），乃置司隶刺史，分部巡察。五年，平定吐谷浑，更置四郡。大凡郡一百九十，县一千二百五十五，户八百九十万七千五百四十六，口四千六百一万九千九百五十六，垦田五千五百八十五万四千四十一顷，其邑居、道路、山河、沟洫、砂碛、咸卤、丘陵、阡陌皆不预焉。东西九千三百里，南北万四千八百一十五里，东南皆至于海，西至且末，北至五原，隋氏之盛，极于此也（《隋书》卷二十九《地理志序》）。

隋州郡简表

九州	隋郡	沿革
雍州	京兆、冯翊、扶风、安定、北地、上郡、雕阴、延安、弘化、平凉、朔方、盐川、灵武、榆林、五原、天水、陇西、金城、枹罕、浇河、西平、武威、张掖、敦煌、鄯善、且末、西海、河源。	晋时雍、秦、凉三州之地。
梁州	汉川、西城、房陵、清化、通川、宕渠、汉阳、临洮、宕昌、武都、同昌、河池、顺政、义城、平武、汶山、普安、金山、新城、巴西、遂宁、涪陵、巴郡、巴东、蜀郡、临邛、眉山、隆山、资阳、泸川、犍为、越巂、牂柯、黔安。	晋梁、益、宁三州地。

续表

九州	隋郡	沿革
豫州	河南、荥阳、梁郡、谯郡、济阴、襄城、颍川、汝南、淮阳、汝阴、上洛、弘农、淅阳、南阳、淯阳、淮安。	晋豫州之北部及司州河南之一部。
兖州	东郡、东平、济北、武阳、渤海、平原。	晋兖州。
冀州	信都、清河、魏郡、汲郡、河内、长平、上党、河东、绛郡、文城、临汾、龙泉、西河、离石、雁门、马邑、定襄、楼烦、太原、襄国、武安、赵郡、恒山、博陵、河间、涿郡、上谷、渔阳、北平、安乐、辽西。	晋幽、冀、并三州地及司州河北之一部。
青州	北海、齐郡、东莱、高密。	晋青州。
徐州	彭城、鲁郡、琅邪、东海、下邳。	晋徐州之北部。
扬州	江都、钟离、淮南、弋阳、蕲春、庐江、同安、历阳、丹阳、宣城、毗陵、吴郡、会稽、余杭、新安、东阳、永嘉、建安、遂安、鄱阳、临川、庐陵、南康、宜春、豫章、南海、龙川、义安、高凉、信安、永熙、苍梧、始安、永平、郁林、合浦、珠崖、宁越、交趾、九真、日南、比景、海阴、林邑。	晋初扬州。
荆州	南郡、夷陵、竟陵、沔阳、沅陵、武陵、清江、襄阳、春陵、汉东、安陆、永安、义阳、九江、江夏、澧阳、巴陵、长沙、衡山、桂阳、零陵、熙平。	晋之荆州。
附注	（一）隋文帝开皇三年，迁都大兴城。炀帝大业二年，又营洛阳，谓之东京。 （二）秦为郡县制，两汉加置十三州部，晋宋之后，分析渐多，至于魏、齐、后周，虽割据鼎立，其于州郡，增置倍多。隋氏以官繁民弊，遂废五百余郡，而以州治民，职事同于郡守，无复刺举之任。炀帝复罢州置郡，郡置太守，几回复秦汉初制。然地方事务綦烦，两级制不能运用裕如，唐因分道而治，形成内外相衡之局，遂为后来省制成立之所由始。	

（2）官制

（甲）中央

自三国至隋文帝统一以前，中国执政者，无论统一或割据，大率非北族即军人，因此影响于制度者甚巨。自汉以上，相权极重。降及三国，独刘氏规杌汉制，故诸葛亮举宫中、府中、营中之事总揽于一手。自魏晋以下，所有相国、丞相之名号，皆成奸雄图篡者之阶梯，而非平时所置之实官。至三公之位，亦仅为优礼大臣之虚号，不亲政事，不置府僚，无其人则缺者也。政权所寄，则在三省。魏初设秘书省，后改中书省，此外则有尚书、门下两省。南北朝通行之制，尚书令一人，左右仆射二人，尚书五人，是谓八座。中书面受机宜，门下掌封驳，尚书执行之，以分代丞相之职。各代虽间有损益，然其大要如此。后周曾一度远师《周礼》置六卿（天官冢宰之类），命尚书令卢辩草其制，此实魏晋以来所未有。杨坚代周，即首除其制，仍以六部隶尚书，以复魏晋之旧。

高祖既受命，改周之六官，其所制名，多依前代之法，置三师、三公及尚书、门下、内史、秘书、内侍等省，御史、都水等台，太常、光禄、卫尉、宗正、太仆、大理、鸿胪、司农、太府、国子、将作等寺（《隋书》卷二十八《百官志下》）。

隋文帝践极，百度伊始，复废周官，还依汉魏，其于庶僚，颇有损益。……至炀帝初存稽古，多复旧章。大业三年，始行新令，有三台、五省、五监。……于时天下繁富，四方无虞，衣冠文物为盛矣（《通典》卷十九《职官一》）。

按文帝所定中央官制，大体皆依前代。炀帝即位，多所改革，但亦只增删裁并，或改易名称而已。兹就炀帝时之中央官制列表于下。

隋代中央官制简表

官名		职掌
五省	尚书	事无不总，置令及左右仆射各一人，下置吏部、礼部、兵部、都官、度支、工部等六曹，各置侍郎一人，以贰尚书。又增左右丞，阶与侍郎同，下有曹郎。
	殿内	掌宫禁服御之事，有监、少监、丞各一人，统尚食、尚药、尚衣、尚舍、尚乘、尚辇等六局。
	门下	掌献纳，有纳言二人，给事黄门侍郎四人，散骑常侍通直、散骑常侍各四人，谏议大夫七人，散骑侍郎四人，员外散骑常侍六人，通直散骑侍郎四人，给事二十人，员外散骑侍郎二十人，奉朝请四十人。
	内史	掌出纳王命，有令二人，侍郎四人。
	秘书	掌图籍著作，监、丞各一人，郎四人，校书郎十二人，正字四人，领著作、太史二曹。
三台	谒者	掌受诏劳问出使慰抚，有大夫一人，司朝谒者二人，议郎二十四人，通直三十六人，将事谒者三十人，谒者七十人。
	司隶	掌六条察事，有大夫一人，掌诸巡察别驾二人，分察畿内一人，案东都一人，案京师刺史十四人，巡察畿外诸郡从事四十人，副刺史巡察。
	御史	掌纠察，有大夫一人，治书侍御史、侍御史及监察御史十六人。
九寺	光禄	统大官、肴藏、良酝、掌醢等署，有卿一人，少卿二人。
	太常	统郊社、太庙、诸陵、太祝、衣冠、太乐、清商、鼓吹、太医、太卜、廪牺等署，有卿一人，少卿二人。
	卫尉	统公车、武库、守宫等署，有卿一人，少卿二人。
	宗正	不统署，掌皇族之事，有卿一人，少卿一人。
	太仆	统乘黄、典厩、车府、典牧等署，有卿一人，少卿二人。
	大理	不统署，掌刑辟之事，有卿一人，少卿二人。
	鸿胪	统典蕃(文帝时为典客)、司仪、崇玄三署，有卿一人，少卿二人。

续表

官名		职掌
九寺	司农	统上林、太仓、钩盾、导官四署，有卿一人，少卿二人。
	太府	管京都市五署及平准左右藏等凡八署，有卿一人，少卿二人。
五监	国子	掌教育之事，置祭酒、司业各一人。
	将作	掌营造之事，置大匠、少匠（后改为令、少令）。
	少府	掌制作之事，置监及少监各一人。
	都水	掌河堤水运之事，初置都水使者。大业五年，又改使者为监，加置少监，后又改监、少监为令、少令。
	长秋	掌宦者之事，置令及少令各一人。

（乙）地方

地方制度在秦汉时，本只郡、县两级，而每州皆置刺史，直隶于丞相，官阶虽卑，而可以制太守。末世地方权重，乃增置州牧，地方制度，一变而为三级制矣。东晋以后，疆土日蹙，乃多侨置州、郡，无其地而有官者比比，于是固有州、郡辖地乃日小。隋统一以后，州、郡名称虽异，辖境大小实无所别，文帝乃始废郡，以州治民。炀帝时复废州置郡，郡置太守，县置县令，侨州、郡至是尽废。

隋代郡县官制简表

区别	官名	职掌	属官	备考
郡	太守	治其郡	有丞、正及诸府曹。炀帝时，加置通守，位次太守。	

续表

区别	官名	职掌	属官	备考
县	令	治其县	有丞、尉以下诸曹属。	初分九等，后亦分三等。

地方官僚属，后周时由主官自辟，隋则悉归于吏部。

往者州唯置纲纪，郡置守、丞，县唯令而已。其所具寮，则长官自辟，受诏赴任，每州不过数十。今则不然，大小之官，悉由吏部，纤介之迹，皆属考功（《隋书》卷七十五《刘炫传》）。

（丙）官品及禄

曹魏定官品，创为九品之制。梁又分为十八班，以班多者为贵，同班则以居下者为劣，盖品之制，非梁所专用也。正、从九品之制，始于后魏，每品正、从复分上、中、下三级，盖一品之间，复析为六。至隋，始确定为十八阶，遂为后世所不能废。

隋置九品，品各有从。自四品以下，每品分为上、下，凡三十阶，自太师始焉，谓之流内。流内自此始焉。又置视正二品至九品，品各有从，自行台尚书令始焉，谓之视流内。视流内自此始（《通典》卷十九《职官一》）。

炀帝即位，多所改革。三年（大业），定令品自第一至于第九，唯置正、从，而除上、下阶（《隋书》卷二十八《百官志下》）。

至于食禄，随品级而差别。

京官正一品，禄九百石，其下每以百石为差，至正四品，是为三百石。从四品，二百五十石，其下每以五十石为差，至正六品，是为百石。从六品，九十石，以下每以十石为差，至从八品，是为五十石。食封及官不判事者，并九品，皆不给禄。其给皆以春、秋二季。刺史、太守、县令，则计户而给禄，各以户数为九等之差。大州六百二十石，其下每以四十石为差，至于下下，则三百石。大郡三百四十石，其下每以三十石为差，至于下下，则百石。大县百四十石，其下每以十石为差，至于下下，则六十石。其禄唯及刺史、二佐及郡守、县令（《隋书》卷二十八《百官志下》）。

（3）兵制

隋之兵制，沿用后周之“府兵”制，籍民为兵，择其魁健有才力者，蠲其租调，令刺史于农隙教练之，合为百府，每府置主将，故以得名。

府兵之制，起自西魏、后周，而备于隋，唐兴因之。隋制十二卫，曰翊卫、曰骁骑卫、曰武卫、曰屯卫、曰御卫、曰候卫，为左右，皆有将军以分统诸府之兵。府有郎将、副郎将、坊主、团主以相统治。又有骠骑、车骑二府，皆有将军。后更骠骑曰鹰扬郎将，车骑曰副郎将，别置折冲、果毅（《唐书》卷五十《兵志》）。

开皇十年五月，诏曰：“魏末丧乱……兵士军人，权置坊府，南征北伐，居处无定……朕甚愍之。凡是军人，可悉属州、县，垦田籍帐，一与民同。军府统领，宜依旧式。罢山东、河南及北方缘边之地新置军府。”（《隋书》卷二《高祖纪下》）

以上为平时制度，至炀帝伐高丽，军队另有编制。

大业八年正月（伐高丽）……左右十二军（各）……凡一百一十三万三千八百人。……每军大将、亚将各一人。骑兵四十队，队百人，十队为团。步卒八十队，分为四团，团各有偏将一人。其铠胄、缨拂、旗幡，每团异色。……其辎重、散兵等，亦为四团，使步卒挟之而行（《资治通鉴》卷一八一《隋纪五》）。

炀帝南游江都，从者又有骁果之名。

大业九年正月……置折冲、果毅、武勇、雄武等郎将官以领骁果（骁果军从驾禁军，盖选诸军中之骁果者故以命名。〔《隋书》卷四《炀帝纪下》〕)。

义宁(恭帝)二年(即大业十四年)三月,右屯卫将军宇文化及……等,以骁果作乱(《隋书》卷四《炀帝纪下》)。

(4)刑法

秦汉以后之法律,经晋朝一度大改革,大体趣于完善。复经隋朝一番损益,而轻重更觉适宜。故在西洋法律未输入以前,沿用至千余年无大更变也。至于隋律,乃兼宋、魏、晋与拓跋氏两种法系而加以斟酌者。

高祖既受周禅,开皇元年,乃诏……高颎……等更定新律。三年……又敕苏威、牛弘等更定新律。……定留唯五百条,凡十二卷。一曰名例、二曰卫禁、三曰职制、四曰户婚、五曰厩库、六曰擅兴、七曰盗贼、八曰斗讼、九曰诈伪、十曰杂律、十一曰捕亡、十二曰断狱(《隋书》卷二十五《刑法志》)。

又置十恶之条,多采后齐之制而颇有损益:一曰谋反、二曰谋大逆、三曰谋叛、四曰恶逆、五曰不道、六曰大不敬、七曰不孝、八曰不睦、九曰不义、十曰内乱。犯十恶及故杀人狱成者,虽会赦,犹除名(《隋书》卷二十五《刑法志》)。

至炀帝初年,患其深刻,重加修订。

炀帝即位,以高祖禁网深刻,又敕修律令,除十恶之条。……三年(大业),新律成,凡五百条,为十八篇。诏施行之,谓之《大业律》。一曰名例、二曰卫宫、三曰违制、四曰请求、五曰户、六曰婚、七曰擅兴、八曰告劾、九曰贼、十曰盗、十一曰斗、十二曰捕亡、十三曰仓库、十四曰厩牧、十五曰关市、十六曰杂、十七曰诈伪、十八曰断狱(《隋书》卷二十五《刑法志》)。

隋之刑名,为笞、杖、徒、流、死五种。前代死刑,有磬、斩、绞、裂等，隋则止于绞、斩而已。兹列表如下。

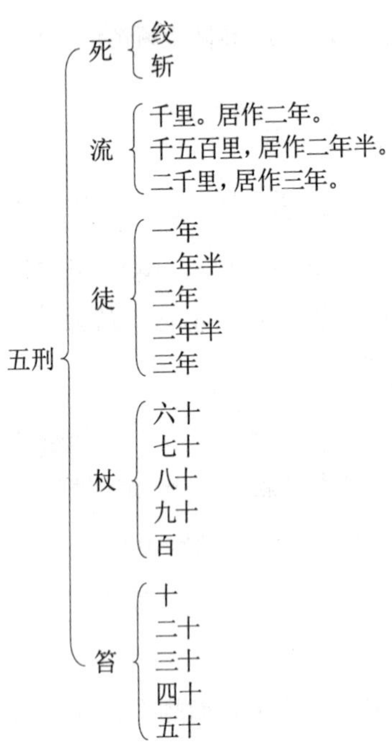

由是观之，隋之刑制，实较前代为进步，史家论之云：

> 自前代相承，有司讯考，皆以法外。或有用大棒、束杖、车辐、鞵底、压踝、杖桄之属，楚毒备至，多所诬伏。虽文致于法，而每有枉滥，莫能自理。至是尽除苛惨之法，讯囚不得过二百，枷杖大小，咸为之程品，行杖者不得易人(《隋书》卷二十五《刑法志》)。

自汉文除肉刑，以髡、笞代之，髡法过轻，笞法过重，每至于死亡。魏晋以来病之，然不知减笞数使之不死，乃徒欲复肉刑以全其生，肉刑终不可复。及隋唐始制五刑，曰笞、杖、徒、流、死，而后肉刑之讨论，至此乃告一终结。

文帝又以用律者，多致踳驳，罪同论异，故对于决死囚，尤格外慎重之。

开皇十二年八月，制天下死罪，诸州不得便决，皆令大理覆治（《隋书》卷二《高祖纪下》）。

开皇十六年八月，诏决死罪者，三奏而后行刑（《隋书》卷二《高祖纪下》）。

初尚设置律员，后为防弊，俱罢免之。凡为地方官者，均须习律。

于是置律博士弟子员，断决大狱，皆先牒明法，定其罪名，然后依断。开皇五年……诏曰："人命之重，悬在律文。刊定科条，俾令易晓。……因袭往代，别置律官，报判之人，推其为首。杀生之柄，常委小人，刑罚所以未清，威福所以妄作。为政之失，莫大于斯。其大理律博士、尚书刑部曹明法、州县律生并可停废。"自是诸曹决事，皆令具写律文断之。六年，敕诸州长史已下，行参军已上，并令习律。集京之日，试其通不（《隋书》卷二十五《刑法志》）。

文帝暮年，颇以任法自矜，往往施法外之刑，罪及琐细。炀帝嗣位，于五刑之内，降从轻典者二百余条。其后事变迭兴，刑复流于严酷。此则独裁政治之为害，非制度之咎矣。

（5）学校

隋初，自京邑达乎四方，皆启黉舍。文帝仁寿元年，以生徒多而不精，于是下诏罢之。

诏曰："儒学之道，训教生人，识父子君臣之义，知尊卑长幼之序，升之于朝，任之以职，故能赞理时务，弘益风范。朕抚临天下，思弘德教，延集学徒，崇建庠序，开进仕之路，伫贤隽之人。而国学胄子，垂将千数，州、县诸生，咸亦不少。徒有名录，空度岁时，未有德为代范，才任国用，良由设学之理，多而未精。今宜简省，明加奖励。"于是国子学唯留学生七十人，太学、四门及州、县学并废（《隋书》卷二《高祖纪下》）。

炀帝好文学，遂将学校恢复。

大业元年闰七月……诏曰：“君民建国，教学为先，移风易俗，必自兹始。……晋承板荡之运，扫地将尽。自时厥后，军国多虞，虽复黉宇时建，示同爱礼，函丈或陈，殆为虚器。……上陵下替，纲维靡立……实由于此。朕纂承洪绪，思弘大训，将欲尊师重道，用阐厥繇，讲信修睦，敦奖名教。……其国子等学，亦宜申明旧制，教习生徒，具为课试之法，以尽砥砺之道。”（《隋书》卷三《炀帝纪上》）

炀帝即位，复开庠序，国子郡县之学，盛于开皇之初。征辟儒生，远近毕至，使相与讲论得失于东都之下，纳言定其差次，一以闻奏焉。于时旧儒多已凋亡，二刘（信都刘士元、河间刘光伯）拔萃出类，学通南北，博极古今，后生钻仰。……所制诸经义疏，搢绅咸师宗之。既而外事四夷，戎马不息，师徒怠散，盗贼群起。……方领矩步之徒，亦多转死沟壑。凡有经籍，自此皆湮没于煨尘矣（《隋书》卷七十五《儒林列传序》）。

（6）选举

隋初举士，仍依九品中正之制。开皇中，罢废之，改为荐举。

中正，魏置。……北齐郡、县皆有之。……隋初有，后罢而有州都（《通典》卷三十三《职官十五》）。

于时晋王（炀帝）为雍州牧，盛存望第，以司空杨雄、尚书左仆射高颎并为“州都督”，引师为主簿（《隋书》卷四十六《韦师传》）。

魏晋以后，诸州皆置大中正，以甄别流品。隋时，避杨忠讳，改为州、郡而去中正之名（钱大昕《廿二史考异》卷四十《北史》）。

其举人之法如下。

开皇七年正月……制诸州岁贡三人（《隋书》卷一《高祖纪上》）。

开皇十八年七月……诏京官五品已上、总管、刺史，以志行修谨、清平干济二科举人（《隋书》卷二《高祖纪下》）。

惟荐举亦多弊，炀帝乃改革之，始建进士科，令士人投牒自进，遂为唐室科举之所本。

自后周以降，选无清浊。及卢恺摄吏部尚书，与侍郎薛道衡、陆彦师等，甄别物类，颇为清简。而谮诉纷纭，恺及道衡皆除名。炀帝始建进士科（《通典》卷十四《选举二》）。

近炀帝始置进士之科，当时犹试策而已（《旧唐书》卷一一九《杨绾传》）。

至于叙官，隋氏亦加厘革，集权中央。

尚书举其大者，侍郎铨其小者，则六品以下官吏，咸吏部所掌。自是海内一命以上之官，州、郡无复辟署矣（《通典》卷十四《选举二》）。

大业八年九月……诏曰："……四海交争，不遑文教，唯尚武功。设官分职，罕以才授，班朝治人，乃由勋叙，莫非拔足行阵，出自勇夫。教学之道，既所不习；政事之方，故亦无取，是非暗于在己，威福专于下吏。贪冒货贿，不知纪极，蠹政害民，实由于此。自今已后，诸授勋官者，并不得回授文武职事。庶遵彼更张，取类于调瑟，求诸名制，不伤于美锦。"（《隋书》卷四《炀帝纪下》）

（7）音乐

自"五胡乱华"，胡乐传入，而琵琶、箜篌、胡笳等器，充斥中原，古之雅乐，几至绝迹。隋初时，西域之乐正兴，风靡上下，文帝虽欲革之而不能也。

开皇二年，齐黄门侍郎颜之推上言："礼崩乐坏，其来自久。今太常雅乐，并用胡声，请冯梁国旧事，考寻古典。"高祖不从。……俄而，柱国沛公郑译奏上，请更修正。于是诏太常卿牛弘、国子祭酒辛彦之、国子博士何妥等，议正乐。然沦谬既久，音律多乖，积年议不定。……周武帝时，有龟兹人曰苏祇婆，从突厥皇后入国，善胡琵琶。……译遂因其所捻琵琶弦柱，相饮为均，推演其声，更立七均，合成十二，以应十二律。律有七音，音立一调，故成七调十二律，合八十四调。旋转相交，尽皆和合。……故林钟一宫，七声二声并戾，其十一宫七十七音例，皆乖越，莫有通者。……妥恐乐成善恶易见，乃请高祖张乐试之。……妥因陈用黄钟一宫，不假余律（《隋书》卷十四《音乐志中》）。

开皇九年平陈，获宋、齐旧乐，诏于太常置清商署以管之，求陈太乐令蔡子元、于普明等复居其职（《隋书》卷十五《音乐志下》）。

牛弘遂因郑译之旧，又请依古五声六律，旋相为宫。雅乐每宫但一调，唯迎气奏五调，谓之五音。缦乐用七调，祭祀施用。各依声律尊卑为次。高祖犹忆妥言，注弘奏下，不许作旋宫之乐，但作黄钟一宫而已（《隋书》卷十五《音乐志下》）。

以上为隋代国乐之大概，此外有胡乐。

龟兹者，起自吕光灭龟兹，因得其声。吕氏亡，其乐分散，后魏平中原，复获之。其声后多变易，至隋有西国龟兹、齐朝龟兹、土龟兹等，凡三部。开皇中，其器大盛于闾闬。时有曹妙达、王长通、李士衡、郭金乐、安进贵等，皆妙绝弦管，新声奇变，朝改暮易，持其音技，估衒公王之间，举时争相慕尚。高祖病之，谓群臣曰："闻公等皆好新变，所奏无复正声，此不祥之大也。……存亡善恶，莫不系之……宜奏正声。声不正，何可使儿女闻也。"帝虽有此敕，而竟不能救焉（《隋书》卷十五《音乐志下》）。

又有伎乐。

开皇初，定令置七部乐：一曰国伎、二曰清商伎、三曰高丽伎、四曰天竺伎、五曰安国伎、六曰龟兹伎、七曰文康伎。又杂有疎勒、扶南、康国、百济、突厥、新罗、倭国等伎。……大业中，炀帝乃定清乐、西凉、龟兹、天竺、康国、疎勒、安国、高丽礼毕，以为九部。乐器工依创造既成，大备于兹矣（《隋书》卷十五《音乐志下》）。

复有散乐。

始，齐武平中，有鱼龙、烂漫、俳优、侏儒、山车、巨象、拔井、种瓜、杀马、剥驴等奇怪异端百有余物，名为百戏。周时，郑译有宠于宣帝，奏征齐散乐人，并会京师。……开皇初，并放遣之。及大业二年，突厥染干来朝，炀帝欲夸之，总追四方散乐，大集东都。……千变万化，旷古莫俦。染干大骇之，自是皆于太常教习。每岁正月，万国来朝，留至十五日，于端门外，建国门内，绵亘八里，列为戏场。……三年，驾幸榆林，突厥启民朝于行宫，帝又设以示之。六年，诸夷大献方物，突厥启民以下，皆国主亲来朝贺。乃于天津街盛陈百戏，自海内凡有奇伎，无不总萃。……关西以安德王雄总之，东都以齐王暕总之。……弹弦擫管以上，一万八千人。大列炬火，光烛天地。百戏之盛，振古无比（《隋书》卷十五《音乐志下》）。

又乐工之众，过于前代。乐户之名，始于是时。

炀帝矜奢，颇玩淫曲。御史大夫裴蕴，揣知帝情，奏括周、齐、梁、陈乐工子弟及人间善声调者凡三百余人，并付太乐（《隋书》卷二十二《音乐志序》）。

自汉至梁、陈乐工，其大数不相逾越。及周并齐，隋并陈，各得其乐工，多为编户（乐户所自始）。至六年（大业），帝乃大括魏、齐、周、陈乐人子弟，悉配太常，并于关中为坊置之，其数益多前代（《隋书》卷十五《音乐志下》）。

（8）服制

太常少卿裴正奏曰："……后魏已来，制度咸阙。天兴之岁，草创缮修，所造车服，多参胡制。……周氏因袭，将为故事。大象承统，咸取用之，舆辇衣冠，甚多迂怪。……其魏、周辇辂，不合制者，已敕有司尽令除废。然衣冠礼器，尚且兼行。……今请冠及冕，色并用玄。唯应著帻者，

任依汉、晋。"(《隋书》卷十二《礼仪志七》)

文帝可其议，于是采用东齐之法，规定服制。据《隋书·礼仪志》所载"乘舆"，有衮、冕、通天冠、武弁、黑介帻、白纱帽、白帢之制（宋、齐之间，天子宴私，著白高帽，士庶以乌，其制不定）。服有五，若衮服、祭服之类。"百官"有祭服、朝服（亦名具服）、公服（亦名从省服）、绛褠衣公服（褠衣，即单衣之不垂胡者也。袖狭，形直如褠内）。六品已下，从七品已上，去剑佩绶。"武人"服武弁，绛朝服，平巾帻，紫衫，大口袴。隋文帝始服黄，百官常服同于匹庶，皆著黄袍。高祖朝服亦如之，唯带加十三环以为差异。凡南北朝以来所谓胡服，如幞头、具带、靴及紫绯绿之衣，自此皆定为章服矣。

（炀帝时）师旅务殷，车驾多行幸。百官行从，唯服袴褶，而军旅间不便。至六年（大业）后，诏从驾涉远者，文武官等皆戎衣。贵贱异等，杂用五色。五品已上，通著紫袍，六品已下，兼用绯绿，胥吏以青，庶人以白，屠商以皂，士卒以黄（《隋书》卷十二《礼仪志七》）。

笏。……晋、宋以来，谓之手板，今还谓之笏，以法古名。……五品已上，通用象牙。六品已下，兼用竹木（《隋书》卷十二《礼仪志七》）。

复下曰"舄"，单下曰"履"，夏葛冬皮……以木重底。冕服者色赤，冕衣者色乌，履同乌色。诸非侍臣，皆脱而升殿。凡舄，唯冕服及具服著之，履则诸服皆用。唯褶服以靴。靴，胡履也，取便于事，施于戎服（《隋书》卷十二《礼仪志七》）。

（二）隋之开边

（1）对外之用兵

（甲）突厥

突厥兴起，至佗钵可汗，尤称强盛。隋初时，佗钵卒，本部发生内乱，分裂为四，势力为之一挫。其分立情况如下：

及佗钵卒，国中将立大逻便，以其母贱，众不服。庵罗（佗钵子）母贵，突厥素重之。摄图最后至，谓国中曰："若立庵罗者，我当率兄弟以事之；如立大逻便，我必守境，利刃长矛以相待矣。"摄图长而且雄，国人皆惮，莫敢拒者，竟立庵罗为嗣。大逻便不得立，心不服庵罗，每遣人骂辱之。庵罗不能制，因以国让摄图。国中相与议曰："四可汗之子，摄图最贤。"因迎立之，号伊利俱卢设莫何始波罗可汗，一号沙钵略，治都斤山。庵罗降居独洛水，称第二可汗。大逻便乃请沙钵略曰："我与尔俱可汗子，各承父后。尔今极尊，我独无位，何也？"沙钵略患之，以为阿波可汗，还领所部（《隋书》卷八十四《突厥传》）。

隋初突厥四可汗简表

名称	世系	设帐地点		备考
		原名	今释	
沙钵略可汗	名摄图，逸可汗之子。	都斤山	蒙古杭爱山附近小山。	
庵罗可汗	佗钵可汗之子。	独洛水	蒙古土拉河。	
阿波可汗	名大逻便，木杆可汗之子。	金山	阿尔泰山。	为沙钵略弟叶护可汗所擒。
达头可汗	名玷厥，沙钵略从父。	千泉	苏联中亚细亚特穆尔图泊近旁之地。	国乱遇害。

沙钵略勇而得众，北夷皆归附之。及高祖受禅，待之甚薄，北夷大怨。会营州刺史高宝宁作乱，沙钵略与之合军，攻陷临渝镇。上敕缘边修保鄣，峻长城，以备之，仍命重将出镇幽、并（《隋书》卷八十四《突厥传》）。

隋文帝初欲以武力征服突厥，然劳师动众，不免耗国，遂采用离间之策。

晟先知摄图、玷厥、阿波、突利等叔侄兄弟各统强兵，俱号可汗，分居四面，内怀猜忌，外示和同，难以力征，易可离间，因上书曰："……臣于周末，忝充外使，匈奴倚伏，实所具知。玷厥之于摄图，兵强而位下，外名相属，内隙已彰，鼓动其情，必将自战。又处罗侯者，摄图之弟，奸多而势弱，曲取于众心，国人爱之，因为摄图所忌，其心殊不自安，迹示弥缝，实怀疑惧。又阿波首鼠，介在其间，颇畏摄图，受其牵率，唯强是与，未有定心。今宜远交而近攻，离强而合弱，通使玷厥，说合阿波，则摄图回兵，自防右地。又引处罗，遣连奚、霫，则摄图分众，还备左方。首尾猜嫌，腹心离阻，十数年后，承衅讨之，必可一举而空其国矣。"上省表大悦……皆纳用焉。……反间既行，果相猜贰（《隋书》卷五十一《长孙晟传》）。

策略既行，然后对于一部为边患者，大举用兵以惩之。

沙钵略妻，宇文氏之女，曰千金公主。自伤宗祀绝灭，每怀覆隋之志，日夜言之于沙钵略，由是悉众为寇。……自木硖、石门两道来寇，武威、天水、安定、金城、上郡、弘化、延安六畜咸尽。天子（文帝）震怒，下诏曰："往者魏道衰敝，祸难相寻，周、齐抗衡，分割诸夏。突厥之虏，俱通二国。周人东虑，恐齐好之深，齐氏西虞，惧周交之厚。谓虏意轻重，国逐安危，非徒并有大敌之忧，思减一边之防。竭生民之力，供其来往，倾府库之财，弃于沙漠，华夏之地，实为劳扰。犹复劫剥烽戍，杀害吏民，无岁月而不有也。……朕受天明命，子育万方，愍臣下之劳，除既往之弊。以为厚敛兆庶，多惠豺狼，未尝感恩，资而为贼，违天地之意，非帝王之道。节之以礼，不为虚费，省徭薄赋，国用有余。因入贼之物，加赐将士，息道路之民，务于耕织。清边制胜，成策在心。凶丑愚暗，未知深旨，将大定之日，比战国之时，乘昔世之骄，结今时之恨。近者尽其巢窟，俱犯北边，朕分置军旅，所在邀截。……且彼渠帅，其数凡五，昆季争长，父叔相猜，外示弥缝，内乖心腹，世行暴虐，家法残忍。东夷诸国，尽挟私雠，西戎群长，皆有宿怨。”……于是以河间王弘、上柱国豆卢勣、窦荣定、左仆射高颎、右仆射虞庆则并为元帅，出塞击之。沙钵略率阿波、贪汗二可汗等来拒战，皆败走遁去（《隋书》卷八十四《突厥传》）。

沙钵略以阿波骁悍，忌之，因其先归，袭击其部，大破之。……阿波还，无所归，西奔达头可汗。达头……旧为西面可汗。既而大怒，遣阿波率兵而东，其部落归之者将十万骑，遂与沙钵略相攻。又有贪汗可汗，素睦于阿波，沙钵略夺其众而废之，贪汗亡奔达头。沙钵略从弟地勤察，别统部落，与沙钵略有隙，复以众叛归阿波，连兵不已（《隋书》卷八十四《突厥传》）。

达头可汗，旧为西面可汗（突厥木杆可汗时，分为东西两部而治之，其分部酋长亦称可汗，其主则称大可汗）。自分裂后，凡为沙钵略所攻败者，均依归达头，成为两大势力，而突厥遂分为东西矣。其势既分，隋氏仍用离间手段以削弱之，结果东西突厥，皆请和称臣。

沙钵略既为达头所困，又东畏契丹，遣使告急，请将部落度漠南，寄居白道川内。有诏许之，诏晋王广以兵援之。……沙钵略因西击阿波破擒之，而阿拔国部落，乘虚掠其妻子。官军为击阿拔败之，所获悉与沙钵略。沙钵略大喜，乃立约以碛为界。……其妻可贺敦，周千金公主，赐姓杨氏，编之属籍，改封大义公主（《隋书》卷八十四《突厥传》）。

都蓝为其麾下所杀，达头自立为步迦可汗，其国大乱。遣太平公史万岁出朔州以击之，遇达头于大斤山，虏不战而遁。……寻遣其弟子俟利伐，从碛东攻启民。上又发兵助启民守要路，俟利伐退走入碛。……仁寿元年……泥利可汗及叶护俱被铁勒所败，步迦寻亦大乱，奚、霫五部内从步迦奔吐谷浑，启民遂有其众，岁遣朝贡。大业三年四月，炀帝幸榆林，启民及义成公主来朝行宫。……启民上表曰："……乞依大国服饰法用，一同华夏。"……帝以为不可（《隋书》卷八十四《突厥传》）。

启民……疾终……立其子咄吉世，是为始毕可汗，表请尚公主。诏从其俗。大业十一年，来朝于东都（《隋书》卷八十四《突厥传》）。

西突厥……大逻便，为处罗侯所执，其国立鞅素特勒之子，是为泥利可汗。卒，子达漫立，号泥撅处罗可汗。其母向氏，本中国人，生达漫而泥利卒，向氏又嫁其弟婆实特勒。开皇末，婆实共向氏入朝，遇达头乱，遂留京师，每舍之鸿胪寺。处罗可汗居无恒处，然多在乌孙故地。……抚御无道，其国多叛。与铁勒屡相攻，大为铁勒所败。时黄门侍郎裴矩在敦煌，引致西域，闻国乱，复知处罗思其母氏，因奏之。炀帝遣司朝谒者崔君肃赍书慰谕之。……适会其酋长射匮遣使来求婚，裴矩因奏曰："处罗不朝，恃强大耳。臣请以计弱之，分裂其国，即易制也。射匮者，都六之子，达头之孙，世为可汗，君临西面。今闻其失职，附隶于处罗，故遣使来以结援耳。愿厚礼其使，拜为大可汗，则突厥势分，两从我矣。"帝曰："公言是也。"……召其使者，言处罗不顺之意，称射匮有好心，吾将立为大可汗，令发兵诛处罗，然后当为婚也。……射匮闻而大喜，兴兵袭处罗。处罗大败，弃妻子，将左右数千骑东走……遁于高昌。……帝遣裴矩将向氏亲要左右，驰至玉门关晋昌城。矩遣向氏使诣处罗所，论朝廷弘养之义，丁宁晓谕之。遂入朝（《隋书》卷八十四《突厥传》）。

自齐、周以来，北方崛起之诸族，至是遂为隋氏外交政策所制胜。然所恃者唯一离间手段，故只能收效于一时，不能维持于久远。迨隋政稍衰，又复起而为边患，其势更强。

大业十一年……车驾避暑汾阳宫。八月，始毕率其种落入寇，围帝于雁门。诏诸郡发兵赴行在所，援军方至，始毕引去，由是朝贡遂绝。……隋末乱离，中国人归之者无数，遂大强盛，势陵中夏，迎萧皇后置于定襄。薛举、窦建德、王世充、刘武周、梁师都、李轨、高开道之徒，虽僭尊号，皆北面称臣，受其可汗之号，使者往来相望于道也（《隋书》卷八十四《突厥传》）。

（乙）吐谷浑

吐谷浑，初起在西晋之末，后臣服于魏。及魏衰乱，始称可汗，渐为边害。隋初，虽奉表称藩，仍怀觊觎。炀帝时，与铁勒合击破之，遂郡县其地。

吐谷浑，本辽西鲜卑徒河涉归子也。初，涉归有二子，庶长曰吐谷浑，少曰若洛廆。涉归死，若洛廆代统部落，是为慕容氏。吐谷浑与若洛廆不协，遂西度陇，止于甘、松之南，洮水之西，南极白兰山，数千里之地，其后遂以吐谷浑为国氏焉。当魏、周之际，始称可汗，都伏俟城。……其主吕夸，在周数为边寇。及开皇初，以兵侵弘州。高祖以弘州地旷人梗，因而废之。遣上柱国元谐率步骑数万击之。……谐频击破之。……吕夸大惧，率其亲兵远遁。其名王十三人，各率部落而降。……开皇十一年，吕夸卒，子伏立，使其兄子无素，奉表称藩，并献方物，请以女备后庭。……十六年，以光化公主妻伏。……明年（十七年），其国大乱，国人杀伏，立其弟伏允为主。使使陈废立之事，并谢专命之罪，且请依俗尚主，上从之。自是朝贡岁至，而常访国家消息，上甚恶之。炀帝即位，伏允遣其子顺来朝。时铁勒犯塞，帝遣将军冯孝慈出敦煌以御之，孝慈战不利。铁勒遣使谢罪，请降，帝遣黄门侍郎裴矩慰抚之，讽令击吐谷浑以自效。铁勒许诺，即勒兵袭吐谷浑，大败之。伏允东走，保西平境。帝复令观王雄出浇河、许公宇文述出西平以掩之，大破其众。伏允遁逃，部落来降者十万余口。……自西平临羌城以西，且末以东，祁连以南，雪山以北，东西四千里，南北二千里，皆为隋有。置郡县镇戍，发天下轻罪徙居之（《隋书》卷八十三《吐谷浑传》）。

吐谷浑初起之组织及风俗物产，大致情况如下。

有城郭而不居，随逐水草，庐帐为室，肉酪为粮。其官初有长史、司马、将军。近代已来，有王公、仆射、尚书、郎中。其俗颇识文字。男子通服长裙缯帽，或戴羃䍦。妇人以金花为首饰，辫发萦后，缀以珠贝。其婚姻富家厚出聘财，贫人窃女而去。父卒，妻其庶母；兄亡，妻其诸嫂。丧有服制，葬讫而除。……有大麦、粟、豆，青海周回千余里，中有小山。其俗，至冬多辄放牝马于其上，言得龙种。……尝得波斯草马放入海，因生骢驹，能日行千里，故时称青海骢焉。多牦牛，饶铜、铁、朱砂（《隋书》卷八十三《吐谷浑传》）。

（丙）高丽

自汉武帝平定朝鲜，终汉之世，相安无事。厥后，高句丽肇兴，日臻强盛。至隋，依然臣服，朝贡不绝。炀帝欲复汉世旧疆，兼恐其与突厥连和，因征其主来朝，不至，乃发兵亲讨，骚动天下，为隋亡一大原因。至高丽之立国，略叙之如下。

高丽之先，出自夫余。夫余王尝得河伯女……遂……生……子……名曰朱蒙。……朱蒙弃夫余，东南走。……朱蒙建国，自号高句丽，以高为氏。朱蒙死，子闾达嗣。至其孙莫来兴兵，遂并夫余。至裔孙位宫，以魏正始（废帝芳）中入寇西安平，毌丘俭拒破之。位宫玄孙之子曰昭列帝，为慕容氏所破，遂入丸都，焚其宫室，大掠而还。昭列帝后为百济所杀。其曾孙琏，通使后魏。琏六世孙汤，在周遣使朝贡，武帝拜汤上开府、辽东郡公、辽东王（《隋书》卷八十一《高丽传》）。

其国内之政情风俗，复列之如下。

其国东西二千里，南北千余里，都于平壤城，亦曰长安城。东西六里，随山屈曲，南临浿水。复有国内城、汉城，并其都会之所，其国中呼为三京（《隋书》卷八十一《高丽传》）。

官有太大兄、次大兄、次小兄、次对卢、次意侯奢、次乌拙、次太大使者、次大使者、次小使者、次褥奢、次翳属、次仙人，几十二等。复有内评、外评、五部褥萨（《隋书》卷八十一《高丽传》）。

人皆皮冠，使人加插鸟羽。贵者冠用紫罗，饰以金银。服大袖衫，大口袴，素皮带，黄革履。妇人裙襦加襈（《隋书》卷八十一《高丽传》）。

兵器与中国略同（《隋书》卷八十一《高丽传》）。

人税，布五匹，谷五石。游人则三年一税。十人共细布一匹，租户一石，次七斗，下五斗（《隋书》卷八十一《高丽传》）。

反逆者缚之于柱，爇而斩之，籍没其家。盗则偿十倍。用刑既峻，罕有犯者（《隋书》卷八十一《高丽传》）。

乐有五弦琴、筝、筚篥、横吹、箫、鼓之属，吹芦以和曲。每年初，聚戏于浿水之上，王乘腰舆，列羽仪以观之。事毕，王以衣服入水，分左右为二部，以水石相溅掷，喧呼驰逐，再三而止（《隋书》卷八十一《高丽传》）。

俗好蹲踞，洁净自喜，以趋走为敬，拜则曳一脚，立各反拱，行必摇手。性多诡伏。父子同川而浴，共室而寝。妇人淫奔，俗多游女。有婚嫁者，取男女相悦，然即为之，男家送猪酒而已，无财聘之礼。或有受财者，人共耻之。死者殡于屋内，经三年，择吉日而葬。居父母及夫之丧，服皆三年，兄弟三月。初终哭泣，葬则鼓儛作乐以送之。埋讫，悉取死者生时服玩车马置于墓侧，会葬者争取而去。敬神鬼，多淫祠（《隋书》卷八十一《高丽传》）。

高祖受禅，汤后遣使诣阙，进授大将军，改封高丽王，岁遣使朝贡不绝。……及平陈之后，汤大惧，治兵积谷，为守拒之策。……汤……卒，子元嗣立……请封王，高祖优册元为王。明年（开皇十八年），元率靺鞨之众万余骑寇辽西，营州总管韦冲击走之。高祖闻而大怒，命汉王谅为元帅，总水陆讨之，下诏黜其爵位。时馈运不继，六军乏食，师出临渝关，复遇疾疫，王师不振。及次辽水，元亦惶惧，遣使谢罪，上表称"辽东粪土臣元"云云。上于是罢兵，待之如初，元亦岁遣朝贡。炀帝嗣位，天下全盛，高昌王、突厥启民可汗并亲诣阙贡献，于是征元入朝。元惧，藩礼颇阙。大业七年，帝将讨元之罪（《隋书》卷八十一《高丽传》）。

炀帝征辽，凡大举三次用兵，皆无功，苟且成和。未几，群雄并起，无暇东顾，高丽益轻中国。至竭唐初太宗、高宗两世兵力，始获平定，属于中国，复汉、晋之旧。

大业七年（西元六一一）二月……上自江都御龙舟入通济渠，遂幸于涿郡。诏曰："……高丽高元，亏失藩礼，将欲问罪辽左。"（《隋书》卷三《炀帝纪上》）

大业八年正月，大军集于涿郡。……下诏曰："……于是亲总六师，用申九伐。………今宜授律启行，分麾届路。……左第一军可镂方道，第二军可长岑道，第三军可海冥道，第四军可盖马道，第五军可建安道，第六军可南苏道，第七军可辽东道，第八军可玄菟道，第九军可扶余道，第十军可朝鲜道，第十一军可沃沮道，第十二军可乐浪道。右第一军可黏蝉道，第二军可含资道，第三军可浑弥道，第四军可临屯道，第五军可候城道，第六军可提奚道，第七军可踏顿道，第八军可肃慎道，第九军可碣石道，第十军可东暆道，第十一军可带方道，第十二军可襄平道。凡此众军，先奉庙略，骆驿引途，总集平壤。"……总一百一十三万三千八百，号二百万。其馈运者倍之。……上御师临戎于辽水桥。……车驾度辽，大战于东岸，击贼破之，进围辽东。……时诸将各奉旨，不敢越机。既而高丽各城守，攻之不下。……宇文述等败绩于萨水……九军并陷，将帅奔还，亡者二千余骑，班师（《隋书》卷四《炀帝纪下》）。

大业九年，帝复亲征之，乃敕诸军以便宜从事。诸将分道攻城，贼势日蹙。会杨玄感作乱，反书至，帝大惧，即日六军并还。兵部侍郎斛斯政亡入高丽，高丽具知事实，悉锐来追，殿军多败。十年，又发天下兵，会盗贼蜂起，人多流亡，所在阻绝，军多失期。至辽水，高丽亦困弊，遣使乞降，囚送斛斯政以赎罪。帝许之，顿于怀远镇，受其降款。……归至京师，以高丽使者亲告于太庙，因拘留之。仍征元入朝，元竟不至。帝敕诸军严装，更图后举。会天下大乱，遂不克复行（《隋书》卷八十一《高丽传》）。

（2）西域之交通

西域久不通中土，炀帝务勤远略，遂复与之交通。

东、西魏时，中国方扰。及于周、齐，不闻有事西域。……隋开皇、仁寿之间，尚未云经略。炀帝时，乃遣侍御史韦节、司隶从事杜行满使于西藩诸国……得玛瑙杯……佛经……十舞女、师子皮、火鼠毛而还。帝复令闻嘉公裴矩，于武威、张掖间，往来以引致之。其有君长者四十四国，矩因其使者入朝，啖以厚利，令转相讽谕。大业中，相率而来朝者四十余国，帝因置西戎校尉以应接之（《北史》卷九十七《西域传序》）。

裴矩为主张通西域最力之人，故于其风土、交通考察甚明，有详确之纪载。

时西域诸蕃纪载，多至张掖，与中国交市。炀帝令矩掌其事。矩知帝方勤远略，诸商胡至者，矩诱令言其国俗山川险易，撰《西域图记》三卷，入朝奏之。其序曰：臣闻禹定九州，导河不逾积石。秦兼六国，设防止及临洮。故知西胡杂种，僻居遐裔，礼教之所不及，书典之所罕传。自汉氏兴基，开拓河右，始称名号者，有三十六国。其后分立，乃五十五王，仍置校尉、都护，以存招抚。然叛服不恒，屡经征战。后汉之世，频废此官。虽大宛以来，略知户数，而诸国山川未有名目。至如姓氏风土，服章物产，全无纂录，世所弗闻。复以春秋递谢，年代久远，兼并诛讨，互有兴亡。或地是故邦，改从今号，或人非旧类，因袭昔名。兼复部民交错，封疆移改，戎狄音殊，事难穷验。于阗之北，葱岭以东，考于前史，三十余国。其后更相屠灭，仅有十存。……臣既因抚纳，监知关市，寻讨书传，访采胡人，或有所疑，即详众口。依其本国服饰仪形，王及庶人，各显容止，即丹青模写，为《西域图记》，共成三卷，合四十四国。仍别造地图，穷其要害。从西顷以去，北海之南，纵横所亘，将二万里。谅由富商大贾，周游经涉，故诸国之事罔不遍知。……发自敦煌，至于西海，凡为三道，各有襟带。北道从伊吾，经蒲类海铁勒部，突厥可汗庭，度北流河水，至拂菻国，达于西海。其中道从高昌、焉耆、龟兹、疏勒度葱岭，又经钹汗、苏对沙那国、康国、曹国、何国、大、小安国、穆国，至波斯，达于西海。其南道从鄯善、于阗、朱俱波、喝槃陀，度葱岭，又经护密、吐火罗、挹怛、忛延、漕国，至北婆罗门，达于西海。其三道诸国，亦各自有路，南北交通。其东女国、南婆罗门国等，并随其所往，诸处得达。故知伊吾、高昌、鄯善，并西域之门户也。总凑敦煌，是其咽喉之地。……但突厥吐浑，分领羌胡之国，为其拥遏，故朝贡不通。……不有所记，无以表威化之远也（《隋书》卷六十七《裴矩传》）。

炀帝又以西域多诸宝物，令裴矩往张掖监诸商胡互市，啖之以利，劝令入朝。自是西域诸蕃，往来相继，所经州、郡疲于送迎，縻费以万万计。……大业五年，西巡河右，西域诸胡，佩金玉、被锦罽、焚香奏乐，迎候道左。帝乃令武威、张掖士女，盛饰纵观，衣服、车马不鲜者，州、县督课以夸示之。其年，帝亲征吐谷浑，破之于赤水。……于是置河源郡、积石镇。又于西域之地，置西海、鄯善、且末等郡。谪天下罪人，配为戍卒（《隋书》卷二十四《食货志》）。

（3）海外关系

（甲）流求

流求国（即今台湾）居海岛，当建安郡东，水行五日而至。……隋大业元年……炀帝令羽骑尉朱宽入海求访异俗，海师何蛮言之，遂与蛮俱往。同到流求国，言不通，掠一人而反。明年（二年），复令宽慰抚之，不从。宽取其布甲而归。时倭国使来朝见之，曰："此夷邪夕国人所用。"帝遣武贲郎将陈稜、朝请大夫张镇州率兵自义安浮海至高华屿，又东行二日至鼊鼊屿，又一日，便至流求。流求不从，稜击走之。进至其都，焚其宫室，虏其男女数千人，载军实而还（《北史》卷九十四《流求国传》）。

（乙）倭

倭国在百济、新罗东南，水陆三千里，于大海中依山岛而居。……开皇二十年，倭王姓阿每，字多利思比孤，号阿辈鸡弥，遣使诣阙。上令所司访其风俗，使者言倭王以天为兄，以日为弟。………新罗、百济皆以倭为大国。……大业三年，其王多利思比孤，遣朝贡，使者曰："闻海西菩萨天子，重兴佛法，故遣朝拜，兼沙门数十人来学佛法。"国书曰"日出处天子，致书日没处天子无恙"云云。帝览不悦，谓鸿胪卿曰："蛮夷书有无礼者，勿复以闻。"明年（四年），上遣文林郎裴世清使倭国。……其王与世清来贡方物，此后遂绝（《北史》卷九十四《倭国传》）。

（丙）赤土

赤土国……在南海中，水行百余日而达。……其俗敬佛，尤重婆罗门。……大业三年，屯田主事常骏、虞部主事王君政等请使赤土。……其年十月，骏等自南海郡乘舟，昼夜二旬……又行二三日，西望见狼牙须国之山。于是南经鸡笼岛，至于赤土之界。其王遣婆罗门鸠摩罗，以舶三百艘来迎。……月余，至其都。王遣其子那邪迦请与骏等礼见。……婆罗门二人导路至王宫，骏等奉诏书上阁，王以下皆坐，宣诏讫，引骏等坐，奏天竺乐。……其大方丈因谓骏曰："今是大国臣，非复赤土国矣。"……寻，遣那邪迦随贡方物。……令婆罗门以香花奏蠡鼓而送之。……浮海十余日，至林邑东南，并山而行……循海北岸，达于交趾。骏以六年春与那邪迦于弘农谒帝。帝大悦，授骏等执戟都尉，那邪迦等官赏各有差（《北史》卷九十五《赤土国传》）。

（丁）真腊

真腊国在林邑西南……去日南郡舟行六十日而至。……其国北多山阜，南有水泽，地气尤热，无霜雪。……多奉佛法，尤信道士，佛及道士，并立像于其馆。隋大业十二年，遣使贡献（《北史》卷九十五《真腊国传》）。

（戊）婆利

婆利国，自交趾浮海，南过赤土丹丹，乃至其国。……隋大业十二年，遣使朝贡（《北史》卷九十五《婆利国传》）。

（三）隋代人民生活状况

隋文帝躬行节俭，轻徭薄赋，以致开皇二十年间，治臻小康。炀帝继之，内从游观，外事四方，征调频繁，供亿无度，流离载途，海内嗟怨，而大乱复作矣。隋祚最短，史籍无多，当时社会情形，至不明了。兹欲考求此时期中人民生活之状况，自不得不就其关于经国之制度，以探索之。

（1）赋税制度

（甲）均田

均田之制，创于后魏，经齐、周而至于隋，皆相承袭，不过微有损益而已。

丁男、中男永业露田，皆遵“后齐”之制，并课树以桑、榆及枣。其园宅，率三口给一亩，奴婢则五口给一亩（《隋书》卷二十四《食货志》）。

厥后人口日增，调剂之法，惟有开垦。

开皇十二年……时天下户口岁增，京辅及三河地少而人众，衣食不给，议者咸欲徙就宽乡。……帝乃发使四出，均天下之田。其狭乡每丁才至二十亩，老、小又少焉（《隋书》卷二十四《食货志》）。

开皇九年，任垦田千九百四十万四千二百六十七顷。……至大业中，天下垦田五千五百八十五万四千四十顷（《通考》卷二《田赋考二》）。

（乙）赋税

隋之赋税，稍变六朝之制，以有均田也。

丁男一床（一夫一妇谓之一床），租粟三石。桑土调以绢絁，麻土以布，绢絁以匹加绵三两，布以端加麻三斤。单丁及仆隶各半之，未受地者皆不课（《隋书》卷二十四《食货志》）。

开皇三年正月……减调绢一匹为二丈（《隋书》卷二十四《食货志》）。

（丙）力役

男女三岁已下为黄，十岁已下为小，十七已下为中，十八已上为丁。……炀帝即位……男子以二十二成丁（《隋书》卷二十四《食货志》）。

仍依周制（周制：凡人自十八以至五十有九，皆任于役，丰年不过三旬，中年则二旬，下年则一旬。凡起徒役，无过家一人。其人有年八十者，一子不从役；百年者，家不从役。废疾非人不养者，一人不从役），役丁为十二番，匠则六番（《隋书》卷二十四《食货志》）。

丁从课役，六十为老，乃免（《隋书》卷二十四《食货志》）。

上为定制，尚有例外者。

有品爵及孝子顺孙、义夫节妇，并免课役（《隋书》卷二十四《食货志》）。

（丁）杂税

高祖……除入市之税（后魏明帝孝昌二年，税市入者人一钱。〔《隋书》卷二十四《食货志》〕）。

后周……掌盐，掌四盐之政令：一曰散盐。煮海以成之；二曰盬盐。引池以化之；三曰形盐。物地以出之；四曰饴盐。于戎以取之。凡盬盐、形盐，每地为之禁，百姓取之皆税焉。……开皇三年……先是，尚依周末之弊。……至是，罢酒坊，通盐池盐井，与百姓共之，远近大悦（《隋书》卷二十四《食货志》）。

（戊）货币

高祖既受周禅，以天下钱货轻重不等，乃更铸新钱，背面肉好，皆有周郭，文曰五铢，而重如其文。每钱一千，重四斤二两（《隋书》卷二十四

《食货志》)。

按:当时币制,紊乱至极。在后周之初,尚用魏钱。虽更铸布泉之钱,而梁、益之境,又杂用古钱交易,河西诸郡,或用西域金银之钱而官不禁。嗣复有大布及永通万国之铸,然私铸仍所不免。隋文帝铸新钱,而旧钱依然流通。但钱既杂出,百姓或私有镕铸,乃极力设法提倡新币,以期画一。

开皇三年四月,诏四面诸关,各付百钱为样。从关外来,勘样相似,然后得过。样不同者,即坏以为铜,入官。诏行新钱已后,前代旧钱,有五行大布、永通万国及齐常平,所在用以贸易不止。四年,诏仍依旧不禁者,县令夺半年禄。然百姓习用既久,尚犹不绝。五年正月,诏又严其制。自是钱货始一,所在流布,百姓便之(《隋书》卷二十四《食货志》)。

新币既已畅行,又各地设炉鼓铸,足供社会之需要。惟奸人贪利,私铸仍多,虽严刑不能禁也。

开皇十年,诏晋王广听于扬州立五炉铸钱。……十八年,诏汉王谅听于并州立五炉铸钱。是时江南人间钱少,晋王广又听于鄂州白纻山有铜矿处,锢炉铸钱。于是诏听置十炉铸钱。又诏蜀王秀,听于益州立五炉铸钱(《隋书》卷二十四《食货志》)。

是时见用之钱,皆须和以锡镴。锡镴既贱,求利者多,私铸之钱,不可禁约。……诏乃禁出锡镴之处,并不得私有采取。……其后奸狡,稍渐磨𨦟钱郭,取铜私铸。又杂以锡钱,递相仿效,钱遂轻薄。乃下恶贱之禁,京师及诸州邸肆之上,皆令立榜,置样为准,不中样者,不入于市(《隋书》卷二十四《食货志》)。

是时钱益滥恶,乃令有司,括天下邸肆见钱,非官铸者,皆毁之,其铜入官。而京师以恶钱贸易,为吏所执,有死者。数年之间,私铸颇息。大业已后,王纲弛紊,巨奸大猾,遂多私铸,钱转薄恶。初,每千犹重二斤,后渐轻至一斤。或剪铁鍱,裁皮糊纸以为钱,相杂用之。货贱物贵,以至于亡(《隋书》卷二十四《食货志》)。

(2)等级制度

等级制度,至六朝而严。当时各衒其门阀,以望族为士,以平民为庶,遂有旧门、次门、后门、勋门、役门之分,要而言之,重在"官"也。降及隋室,其风未泯,官与庶民,固有尊卑之分,而农与工、商,亦有轩轾之异。略举数事,以概其余。

开皇十六年六月,制工商不得进仕(《隋书》卷三《高祖纪下》)。

有品爵……并免课役(《隋书》卷二十四《食货志》)。

开皇十六年六月……诏九品已上妻、五品已上妾,夫亡不得改嫁(《隋书》卷二《高祖纪下》)。

大业五年二月……制魏、周官不得为荫(《隋书》卷三《炀帝纪上》)。

观上各事,显重"官阀"而贱"工、商"。此外有奴婢、乐户等阶级,又次之。

奴婢则五口给一亩(《隋书》卷二十四《食货志》)。

括天下周、齐、梁、陈乐家子弟,皆为乐户(《隋书》卷六十七《裴蕴传》)。

(3)户籍制度

当时课取力役于人民者,以丁口计。是以户籍制度,最关重要。开皇初,颁定新令。

五家为保,保有长。保五为闾,闾四为族,皆有正。畿外置里正比闾正,党长比族正,以相检察焉(《隋书》卷二十四《食货志》)。

是时山东尚承齐俗,机巧奸伪,避役惰游者十六七。四方疲人,或诈老诈小,规免租赋。高祖令州、县大索貌阅,户口不实者,正、长远配,而又开相纠之科。大功已下,兼令析籍,各为户头,以防容隐。于是计帐进四十四万三千丁，新附一百六十四万一千五百口。高颎……乃为“输籍定样”，请遍下诸州，每年正月五日，县令巡人各随便近，五党三党共为一团，依样定户上下。帝从之。自是奸无所容矣（《隋书》卷二十四《食货志》）。

条奏皆令貌阅，若一人不实，则官司解职，乡正、里长皆远流配。又许民相告，若纠得一丁者，令被纠之家，代输赋役。是岁大业五年也（《隋书》卷六十七《裴蕴传》）。

按：自晋末以来，大家族制度盛行，容奸隐赋，易酿祸乱。故隋文帝析而分之，至大家族之为害，据《通典》（卷三《食货三》）所载，颇可参考。虽为齐人之事，但齐、隋相去不远，或当相承未改也。其言曰：

宋孝王撰《关东风俗传》曰：昔六国之亡，豪族处处而有，秦氏失御，竞起为乱。及汉高徙诸大姓齐田、楚景之辈以实关中，盖所以强本弱末之计也。文宣之代，政令严猛，羊、毕诸豪，颇被徙逐。至若瀛、冀诸刘，清河张、宋，并州王氏，濮阳侯族，诸如此辈，一宗近将万室，烟火连接，比屋而居。献武初在冀郡，大族猬起应之。侯景之反，河南侯氏几为大患，有同刘元海、石勒之众也。凡种类不同，心意亦异，若遇间隙，先为乱阶。时宋世良献书，以为“魏氏十姓八氏三十六姓，皆非齐代腹心，请令散配郡国无士族之处，给地与人。一则令其就彼仕宦，全其门户；二则分其气势，使无异图”。文宣不纳。数年之后，乃滥戮诸元。与其酷暴诛夷，未若防其萌渐，分隶诸郡。

（4）物产

隋文帝时，天下承平，人得休息，故物产亦颇丰饶。

时百姓承平日久，虽数遭水旱，而户口岁增，诸州调物，每岁河南自潼关、河北自蒲坂，达于京师，相属于路，昼夜不绝者数月（《隋书》卷二十四《食货志》)。

至于各地出产，据《隋书·地理志》所载，分别列表于后。

隋代各地物产简表

州名	出品
雍	农。
梁	田、渔、猎、绫锦、雕镂。
豫	尚稼穑。
兖	农。
冀	农、桑、雕刻。
青	农、桑、织、绣。
徐	务稼穑。
扬	渔、稻、纺绩、犀、象、瑇瑁、珠玑。
荆	同扬州。

(5)商业

隋氏统一南北，交通无梗，往来懋迁，较前为易。政府虽贱视商人，而人民从事贸易，较前代尤为进步。

京师东市曰都会，西市曰利人。东都东市曰丰都，南市曰大同，北市曰通远(《隋书》卷二十八《百官志下》)。

炀帝即位……始建东都。……徙……天下诸州富商大贾数万家以实之(《隋书》卷二十四《食货志》)。

按"富商""大贾"至数万家，则当时各地商务之繁盛可知。而洛阳为当时商贾集中之地，可无疑义。

初，炀帝置四方馆于建国门外，以待四方使者。后罢之，有事则置。……东方曰东夷使者，南方曰南蛮使者，西方曰西戎使者，北方曰北狄使者，各一人，掌其方国及互市事（《隋书》卷二十八《百官志下》）。

以西域多诸宝物，令裴矩往张掖监诸商胡互市（《隋书》卷二十四《食货志》）。

按：张掖互市，至设官监之，其繁盛可知。至海外贸易，在东晋以后渐盛。隋通流求、日本诸国，沿海如广州、泉州、杭州等地，外人纷集，与我国交易。至唐，遂有“市舶使”之设置。

（6）工艺

（甲）技巧

素居永安，造大舰，名曰五牙。上起楼五层，高百余尺，左右前后置六拍竿，并高五十尺，容战士八百人（《隋书》卷四十八《杨素传》）。

炀帝……造龙舟、凤艒、黄龙赤舰、楼船、篾舫（《隋书》卷二十四《食货志》）。

旧制，五辂于辕上起箱，天子与参乘同在箱内。稠曰：“君臣同所，过为相逼。”乃广为盘舆，别构栏楯，侍臣立于其中。于内复起须弥平坐，天子独居其上（《隋书》卷六十八《何稠传》）。

俊有巧思，每亲运斤斧，工巧之器，饰以珠玉。为妃作七宝幂䍦（《隋书》卷四十五《秦孝王俊传》）。

造观风行殿，上容侍卫者数百人，离合为之，下施轮轴，推移倏忽，有若神功（《隋书》卷六十八《宇文恺传》）。

初，稠制行殿及六合城。至是，帝于辽左与贼相对，夜中施之。其城周回八里，城及女垣合高十仞，上布甲士，立仗建旗，四围置阙，面别一观，观下三门，迟明而毕。高丽望见，谓若神功（《隋书》卷六十八《何稠传》）。

又造六合殿、千人帐，载以枪车，车载六合三板，其车轸解合交叉，即为马枪。每车上张幕，幕下张平一弩，傅矢五人，更守两车之门。施车轸马枪，皆外其辕，以为外围。次内布铁菱，次内施螯鞬，每一螯鞬，中施弩床。……床上施璇机弩，以绳连弩机。人从外来，触绳则弩机旋转，向触所而发（《隋书》卷十二《礼仪志七》）。

时中国久绝琉璃之作，匠人无敢厝意。稠以绿瓷为之，与真不异（《隋书》卷六十八《何稠传》）。

（乙）度量

冀州俗薄，市井多奸诈。煚为铜斗铁尺，置之于肆，百姓便之。上闻而嘉焉，颁告天下，以为常法（《隋书》卷四十六《赵煚传》）。

（丙）纺织

波斯尝献金绵锦袍，组织殊丽，上命稠为之。稠锦既成，逾所献者（《隋书》卷六十八《何稠传》）。

相州刺史豆卢通，贡绫文布，命焚之于朝堂（《隋书》卷二《高祖纪下》）。

豫章之俗，颇同吴中。……有夜浣纱而旦成布者，俗呼为“鸡鸣布”（《隋书》卷三十一《地理志下》）。

（丁）雕刻

陆河汾《燕闲录》云：隋文帝开皇十三年十二月八日敕，废像遗经，悉令雕板。此印书之始。……雕本肇自隋时，行于唐世，扩于五代，精于宋人（胡应麟《少室山房笔丛》卷四）。

按：印刷之术，盖由刻碑变化而来。隋文帝敕令雕板，遂开吾国印刷术之始。然民间犹未通行。唐时益州始有墨板，五代后唐时，冯道请镂板刻九经，置之国子监。至宋，而蜀本、闽本、浙本始大盛。

（戊）测量

询创意造浑天仪，不假人力，以水转之，施于暗室。……天时合如符契。……询作马上刻漏，世称其妙（《隋书》卷七十八《耿询传》）。

总之，隋时人民生活状况，在文帝时最称丰盈。至炀帝耗费有加，而民不堪命矣。

按：古今称国计之富者莫如隋，然考之史传，则未见其有以为富国之术也。盖周之时，酒有榷，盐池、盐井有禁，入市有税，至开皇三年而并罢之。夫酒榷、盐铁、市征，乃后世以为关于邦财之大者，而隋一无所取，则所仰赋税而已。然开皇三年调绢一匹者减为二丈，役丁十二番者减为三十日，则行苏威之言也。继而开皇九年以江表初平，给复十年，自余诸州并免当年租税。十年，以宇内无事，益宽徭赋，百姓年五十者输庸停放。十二年，诏河北、河东今年田租三分减一，兵减半，功调全免，则其于赋税复阔略如此。然文帝受禅之初，即营新都徙居之，继而平陈，又继而讨江南、岭表之反侧者，则此十余年之间，营缮征伐未尝废也。史称帝于赏赐有功，并无所爱，平陈凯旋，因行庆赏，自门外夹道列布帛之积，达于南郭，以次颁给，所费三百余万段，则又未尝啬于用财也。夫既非苛赋敛以取财，且时有征役以縻财，而赏赐复不吝财，则宜用度之空匮也，而何以殷富如此？史求其说而不可得，则以为帝躬履俭约，六宫服澣濯之衣，乘舆供御有故敝者，随令补用，非燕享不过一肉，有司尝以布袋贮干姜，以毡袋进香，皆以为费用，大加谴责。呜呼！夫然后知《大易》所谓“节以制度，不伤财，不害民”，《孟子》所谓“贤君必恭俭礼下，取于民有制”者，信利国之良规，而非迂阔之谈也（《通考》卷二十三《国用考一》）。

炀帝即位，是时户口益多，府库盈溢，乃除妇人及奴婢部曲之课。男子以二十二成丁。始建东都，以尚书令杨素为营作大监，每月役丁二百万人。……又于皂涧营显仁宫，苑囿连接，北至新安，南及飞山，西至渑池，周围数百里。课天下诸州，各贡草木花果、奇禽异兽于其中。开渠，引谷、洛水，自苑西入，而东注于洛。又自板渚引河，达于淮海，谓之御河。河畔筑御道，树以柳。又……往江南诸州采大木，引至东都。所经州、县，递送往返，首尾相属，不绝者千里。而东都役使促迫，僵仆而毙者，十四五焉。……时帝将事辽、碣，增置军府，扫地为兵。自是租赋之入益减矣。又造龙舟、凤艒、黄龙赤舰、楼船、篾舫。募诸水工，谓之殿脚，衣锦行縢，执青丝缆挽船，以幸江都。帝御龙舟，文武官五品已上给楼船，九品已上给黄篾舫，舳舻相接，二百余里。所经州、县，并令供顿、献食。……又盛修车舆辇辂、旌旗羽仪之饰。课天下州、县，凡骨角、齿牙、皮革、毛羽，可饰器用、堪为氅毦者，皆责焉。征发仓卒，朝命夕办，百姓求捕，网罟遍野，水陆禽兽殆尽，犹不能给，而买于豪富蓄积之家，其价腾踊。……又……令裴矩往张掖，监诸商胡互市，啖之以利，劝令入朝。自是西域诸蕃，往来相继，所经州、郡，疲于送迎，糜费以万万计。明年（大业三年），帝北巡狩。又兴众百万，北筑长城，西距榆林，东至紫河，绵亘千余里，死者大半。四年，发河北诸郡百余万众，引沁水，南达于河，北通涿郡。自是以丁男不供，始以妇人从役。五年……又于西域之地，置西海、鄯善、且末等郡。谪天下罪人，配为戍卒，大开屯田，发西方诸郡运粮以给之。道里悬远，兼遇寇抄，死亡相续。六年，将征高丽，有司奏兵马已多损耗。诏又课天下富人，量其赀产，出钱市武马，填元数，限令取足。……七年冬，大会涿郡。……以舟师济沧海，舳舻数百里，并载军粮，期与大兵会平壤。……以辽东覆败，死者数十万。……所在皆以征敛供帐军旅所资为务，百姓虽困而弗之恤也。……强者聚而为盗，弱者自卖为奴婢。九年，诏又课关中富人，计其赀产出驴，往伊吾、河源、且末运粮。……又发诸州丁，分为四番，于辽西柳城营屯，往来艰苦，生业尽罄。……是时百姓废业，屯集城堡，无以自给（《隋书》卷二十四《食货志》）。

（四）隋之建设事业

(1) 开河渠

炀帝为巡游及有事于高丽，遂开河渠，沟通南北，后世利之。

（甲）广通渠

开皇四年，诏曰："……若发自小平，陆运至陕，还从河水入于渭川，兼及上流，控引汾晋。……渭川水力，大小无常，流浅沙深，即成阻阂。……故东发潼关，西引渭水，因藉人力，开通漕渠，量事程功，易可成就。"……于是命宇文恺率水工，凿渠引渭水，自大兴城（隋都长安），东至潼关，三百余里，名曰广通渠。转运通利，关内赖之（《隋书》卷二十四《食货志》）。

（乙）通济渠

大业元年三月……发河南诸郡男女百余万，开通济渠。自西苑引谷、洛水，达于河，自板渚（河南汜水县东北）引河通于淮（《隋书》卷三《炀帝纪上》）。

开渠引谷、洛水，自苑西入而东注于洛，又自板渚引河达于淮海，谓之御河。河畔筑御道，树以柳（《隋书》卷二十四《食货志》）。

炀帝大业元年三月……发河南、淮北诸郡民前后百余万，开通济渠。自西苑引谷、洛水达于河；复自板渚引河历荥泽入汴；又自大梁之东引汴水入泗，达于淮；又发淮南民十余万开邗沟，自山阳至杨子入江。渠广四十步，渠旁皆筑御道，树以柳（《资治通鉴》卷一八〇《隋纪四》）。

（丙）永济渠（即卫河）

大业四年正月，诏发河北诸郡男女百余万，开永济渠。引沁水，南达于河，北通涿郡（《隋书》卷三《炀帝纪上》）。

（丁）江南河

大业六年十二月……敕穿江南河。自京口至余杭（浙江杭县），八百余里，广十余丈（《资治通鉴》卷一八一《隋纪五》）。

（2）凿驰道

炀帝巡游所至，凿山筑路，北路交通为之一变。

上（炀帝）即皇帝位。……发丁男数十万掘堑，自龙门（山西河津县）东接长平、汲郡（河南汲县），抵临清关（河北新乡县东北，今名临清镇），度河，至浚仪（河南开封县）、襄城（河南襄城县），达于上洛（陕西商县），以置关防（《隋书》卷三《炀帝纪上》）。

大业三年五月……发河北十余郡丁男，凿太行山，达于并州，以通驰道（《隋书》卷三《炀帝纪上》）。

发榆林北境，至其牙，东达于蓟，长三千里，广百步，举国就役，开为御道（《资治通鉴》卷一八〇《隋纪四》）。

（3）筑长城

隋北固边防，屡次修筑长城。

高祖……受禅。………令发丁三万，于朔方、灵武筑长城，东至黄河，西拒绥州，南至勃出岭，绵亘七百里。明年（开皇六年），上复令仲方发丁十五万，于朔方已东缘边险要，筑数十城，以遏胡寇（《隋书》卷六〇《崔仲方传》）。

开皇七年二月……发丁男十万余，修筑长城（《隋书》卷一《高祖纪上》）。

大业三年七月……发丁男百余万，筑长城，西距榆林，东至紫河

（《隋书》卷三《炀帝纪上》）。

大业四年七月，发丁男二十余万筑长城，自榆林谷而东（《隋书》卷三《炀帝纪上》）。

（4）营宫室

（甲）新都

开皇二年六月……诏左仆射高颎……等创造新都。……名新都曰大兴城（《隋书》卷一《高祖纪上》）。

（乙）东都

炀帝即位。……始建东都。……每月役丁二百万人（《隋书》卷二十四《食货志》）。

（丙）显仁宫

大业元年三月……又于皂涧营显仁宫，采海内奇禽异兽、草木之类，以实园苑（《隋书》卷三《炀帝纪上》）。

（丁）西苑

大业元年五月，筑西苑，周二百里。其内为海，周十余里，为蓬莱、方丈、瀛洲诸山，高出水百余尺。台观殿阁，罗络山上，向背如神。北有龙鳞渠……萦纡注海内。缘渠作十六院，门皆临渠……穷极华丽（《资治通鉴》卷一八〇《隋纪四》）。

（戊）迷楼

炀帝晚年……项昇……能构宫室。……先进图本……帝览大悦。……凡役夫数万，经岁而成。……千门万牖……工巧之极，自古无有也。……人误入者，虽终日不能出。帝幸之大喜，顾左右曰："使真仙游其中，亦当自迷也。可目之曰'迷楼'。"（韩偓《迷楼记》）

炀帝迷楼，上张四宝帐，帐各异名。一名散春愁，二名醉忘归，三名夜酣香，四名延秋月（冯贽《南部烟花记》）。

按：史称炀帝自长安至江都，置离宫四十余所，虽多，久而益厌，每游幸，左右顾瞩，无可意者，不知所适。仍备责天下山川之图，躬自历览，以求胜地可置宫苑者，遂又有晋阳、汾阳诸宫之营建焉。

（五）隋之学术思想

自东汉至魏晋，中国之学术思想界大起变迁，趋重哲学，由烦碎考古时代转入于思想深邃时代，即为儒学、玄学之兴废也。隋统一南北以后，趋重经学、文学，融和南、北，已开三唐之盛。此时期中，王通著《中说》，力倡孔孟之教，主张复兴礼乐。盖苦于南北分裂、胡汉杂糅，而有统一之要求。别一方面，则承玄学消歇之后，而为新儒教之建设。唐时，韩愈、李翱继之，以论道论性，及宋而理学盛兴，皆由《中说》为之倡。

（1）学术

（甲）经学

隋代以前，北方学者大抵谨守汉儒师说，至于南人，则崇王肃之说。隋氏统一，南方之学，亦渐流传北地。

《易》

梁、陈，郑玄、王弼二注，列于国学。齐代唯传郑义，至隋王注盛行，郑学浸微，今殆绝矣（按：所谓今者，指唐初而言。后仿此。〔《隋书》卷三十二《经籍志一》〕）。

《书》

梁、陈所讲，有孔（孔安国《尚书》，为王肃所伪造）、郑二家。齐代唯传郑义。至隋，孔、郑并行，而郑氏甚微（《隋书》卷三十二《经籍志一》）。

《诗》

郑玄作《毛诗笺》，《齐诗》魏代已亡，《鲁诗》亡于西晋，《韩诗》虽存，无传之者，唯《毛诗》郑《笺》，至今独立（《隋书》卷三十二《经籍志一》）。

《礼》

《周官》六篇，古经十七篇，《小戴记》四十九篇，凡三种。唯郑《注》立于国学，其余并多散亡，又无师说（《隋书》卷三十二《经籍志一》）。

《春秋左氏》

晋时，杜预又为《经传集解》。《穀梁》范宁注，《公羊》何休注，《左氏》服虔、杜预注，俱立国学。然《公羊》《穀梁》，但试读文而不能通其义。后学三传通讲，而《左氏》唯传服义。至隋，杜氏盛行，服义及《公羊》《穀梁》浸微，今殆无师说（《隋书》卷三十二《经籍志一》）。

《孝经》

梁代，安国及郑氏二家，并立国学，而安国之本，亡于梁乱。陈及周、齐，唯传郑氏。至隋，秘书监王劭于京师访得《孔传》，送至河间刘炫。炫因序其得丧，述其议疏，讲于人间，渐闻朝廷。后遂著令，与郑氏并立（《隋书》卷三十二《经籍志一》）。

《论语》

古《论》先无师说，梁、陈之时，唯郑玄、何晏立于国学，而郑氏甚微。周、齐，郑学独立。至隋，何、郑并行（《隋书》卷三十二《经籍志一》）。

（乙）图谶

自光武以图谶兴，其说遂盛行于世，至隋禁绝之。

宋大明中，始禁图谶。梁天监已后，又重其制。及高祖受禅，禁之逾切。炀帝即位，乃发使四出，搜天下书籍与谶纬相涉者，皆焚之。为吏所纠者至死。自是无复其学（《隋书》卷三十二《经籍志一》）。

开皇十三年二月……制私家不得隐藏纬候图谶（《隋书》卷二《高祖纪下》）。

然谶纬之学虽废，而占卜、相术、望气等依然盛行（见《隋书·艺术列传》）。

（丙）佛学

佛教因后周之禁，骤见衰歇。至隋文帝信佛，其教复盛。

开皇元年，高祖普诏天下，任听出家，仍令计口出钱，营造经像。而京师及并州、相州、洛州等诸大都邑之处，并官写一切经，置于寺内；而又别写，藏于秘阁。天下之人，从风而靡，竞相景慕。……大业时，又令沙门智果，于东都内道场，撰诸经目，分别条贯，以佛所说经为三部：一曰大乘，二曰小乘，三曰杂经。其余似后人假托为之者，别为一部，谓之疑经。又有菩萨及诸深解奥义、赞明佛理者，名之为论，及戒律并有大、小及中三部之别。又所学者，录其当时行事，名之为记。凡十一种（《隋书》卷三十五《经籍志四》）。

开皇二十年十二月……诏曰："佛法深妙，道教虚融。……所以雕铸灵相，图写真形，率土瞻仰，用申诚敬。其五岳四镇，节宣云雨，江、河、淮、海，浸润区域，并生养万物，利益兆人，故建庙立祀，以时恭敬。敢有毁坏偷盗佛及天尊像、岳镇海渎神形者，以不道论。沙门坏佛像，道士坏天尊者，以恶逆论。"（《隋书》卷二《高祖纪下》）

至于魏晋谈玄之风，至此已衰。道家末流，乃假托神仙，以符箓、丹鼎而为号召矣。

（2）搜集图书

隋时搜集图书最勤，得书最多，虽伪撰不少（据《刘炫传》），然《隋书·经籍志》所著录，盛极古今，遂开唐、宋学术一新纪元。

开皇三年，秘书监牛弘，表请分遣使人，搜访异本。每书一卷，赏绢一匹，校写既定，本即归主。于是民间异书，往往间出。及平陈已后，经籍渐备。检其所得，多太建时书，纸墨不精，书亦拙恶。于是总集编次，存为古本。召天下工书之士，京兆韦霈、南阳杜頵等，于秘书内补续残缺，为正、副二本，藏于宫中，其余以实秘书内、外之阁，凡三万余卷（《隋书》卷三十二《经籍志序》）。

炀帝即位，秘阁之书，限写五十副本，分为三品：上品红瑠璃轴，中品绀瑠璃轴，下品漆轴。于东都观文殿东西厢构屋以贮之，东屋藏甲、乙，西屋藏丙、丁。又聚魏已来古迹名画，于殿后起二台，东曰妙楷台，藏古迹；西曰宝迹台，藏古画。又于内道场集道、佛经，别撰目录（《隋书》卷三十二《经籍志序》）。

炀帝好读书著述，自为扬州总管，置王府学士至百人，常令修撰。……自经术、文章、兵、农、地理、医、卜、释、道乃至蒱博鹰狗，皆为新书。……共成三十一部，万七千余卷（按：即后世类书，及《永乐大典》《图书集成》之所由昉。〔《资治通鉴》卷一八二《隋纪六》〕）。

初，西京嘉则殿，有书三十七万卷，帝命秘书监柳顾言等诠次，除其复重猥杂，得正御本三万七千余卷，纳于东都修文殿（《资治通鉴》卷一八二《隋纪六》）。

（3）文学

隋之文学，亦袭六朝之余风。文帝恶文词之绮靡，有意改革，加以勒禁。

（甲）文

江左宫商发越，贵于清绮，河朔词义贞刚，重乎气质。气质则理胜其词，清绮则文过其意……此其南北词人得失之大较也。……梁自大同之后，雅道沦缺，渐乖典则，争驰新巧。……周氏吞并梁、荆，此风扇于关右，狂简斐然成俗，流宕忘反，无所取裁。高祖初统万机，每念斲雕为朴，发号施令，咸去浮华。然时俗词藻，犹多淫丽，故宪台执法，屡飞霜简（《隋书》卷七十六《文学列传序》）。

李谔……迁治书侍御史。……上书曰："……魏之三祖，更尚文词……竞骋文华，遂成风俗。江左齐、梁，其弊弥甚，贵贱贤愚，唯务吟咏。遂复遗理存异，寻虚逐微，竞一韵之奇，争一字之巧。连篇累牍，不出月露之形；积案盈箱，唯是风云之状。世俗以此相高，朝廷据兹擢士。禄利之路既开，爱尚之情愈笃。于是闾里童昏，贵游总丱，未窥六甲，先制五言。……递相师祖，久而愈扇。……开皇四年，普诏天下，公私文翰，并宜实录。其年九月，泗州刺史司马幼之文表华艳，付所司推罪。自是公卿大臣咸知正路，莫不钻仰坟集，弃绝华绮。"（《隋书》卷六十六《李谔传》）

至炀帝好文词，专以诗赋取士。

炀帝初习艺文，有非轻侧之论。暨乎即位，一变其风。其《与越公书》《建东都诏》《冬至受朝诗》及《拟饮马长城窟》，并存雅体，归于典制。虽意在骄淫，而词无浮荡，故当时缀文之士，遂得依而取正焉（《隋书》卷七十六《文学列传序》）。

时之文人，见称当世，则范阳卢思道、安平李德林、河东薛道衡、赵郡李元操、巨鹿魏澹、会稽虞世基、河东柳䛒、高阳许善心等，或鹰扬河朔，或独步汉南，俱骋龙光，并驱云路。……其潘徽、万寿之徒，或学优而不切，或才高而无贵仕（《隋书》卷七十六《文学列传序》）。

（乙）书法

此外书法，亦与文学极有关连，颜之推曾综论之。隋氏独重楷、隶，今观隋碑，已多与北体结构不同。

梁氏秘阁散逸以来，吾见二王真草多矣。……晋、宋以来，多能书者。故其时俗，递相染尚，所有部帙，楷正可观，不无俗字，非为大损。至梁天监之间，斯风未变；大同之末，讹替滋生。萧子云改易字体，邵陵王颇行伪字；前上为草，能傍作长之类是也。朝野翕然，以为楷式。……

至为"一"字，唯见数点，或妄斟酌，逐便转移。尔后坟籍，略不可看。北朝丧乱之余，书迹鄙陋，加以专辄造字，猥拙甚于江南（颜之推《颜氏家训》卷七《杂艺篇》）。

按：《北史·儒林列传》：黎景熙从崔浩学"楷篆"，颇与许氏（《说文》）有异。赵文深少学"楷隶"，雅有钟、王之则。冀儁善"隶书"，特工模写，则楷隶即今之行草，隶书即今之楷书，唯楷、篆不识作何标格。自隋之统一，南北派书法乃合而为一，开唐以后虞、褚、颜、柳之端绪。

（丙）音韵

其字义训读，有《史籀篇》《仓颉篇》《三苍》《埤苍》《广苍》等诸篇章，《训诂》《说文》《字林》《音义》《声韵》《体势》等诸书。自后汉佛法行于中国，又得西域胡书，能以十四字贯一切音，文省而义广，谓之《婆罗门书》（《隋书》卷三十二《经籍志一》）。

昔开皇初，有仪同刘臻等八人，同诣法言……论及音韵，以今声调既自有别，诸家取舍，亦复不同。吴、楚则时伤轻浅，燕、赵则多伤重浊，秦、陇则去声为入，梁、益则平声似去，又支（章移切）、脂（旨夷切）、鱼（语居切）、虞（遇俱切）共为一韵，先（苏前切）、仙（相然切）、尤（于求切）、侯（胡沟切）俱论是切，欲广文路，自可清浊皆通；若赏知音，即须轻重有异。……因论南北是非，古今通塞，欲更捃选精切，除削疏缓。……法言即烛下握笔，略记纲纪……遂取诸家音韵、古今字书，以前所记者，定之为《切韵》五卷，剖析毫厘，分别黍累（《广韵》陆法言《切韵序》）。

（丁）国语

后魏初定中原，军容号令，皆以夷语。后染华俗，多不能通，故录其本言，相传教习，谓之国语（《隋书》卷三十二《经籍志一》）。

按：《北齐书·神武纪》与《颜氏家训》所载，彼时鲜卑人事战争，而汉人事耕稼，汉人亦谨事鲜卑人，学鲜卑语。《隋书·经籍志》所载国语（即鲜卑语）之书甚多，隋与四方交通，意外国语文亦必极盛，如唐所谓六蕃语者。

隋唐之际

（一）隋之灭亡

（1）诛戮元勋

炀帝猜忌开国元勋，任意屠戮，亦众叛亲离之一原因。

（甲）杨素

杨素字处道，弘农华阴人也。……高祖受禅，加上柱国。……上方图江表，先是，素数进取陈之计。未几，拜信州总管……而遣之。……大举伐陈，以素为行军元帅……率水军东下。……巴陵以东，无敢守者。……至汉口，与秦孝王会。及还，拜荆州总管……封越国公。……开皇十八年，突厥达头可汗犯塞，以素为灵州道行军总管，出塞讨之。……达头被重创而遁。……仁寿初……以素为行军元帅，出云州，击突厥，连破之。……自是，突厥远遁，碛南无复虏庭。……炀帝初为太子，忌蜀王秀，与素谋之，构成其罪，后竟废黜。……素虽有建立之策……特为帝所猜忌，外示殊礼，内情甚薄。太史言："隋分野有大丧。"因改封于楚，楚与隋同分，欲以此厌当之。素寝疾之日，帝每令名医诊候，赐以上药。然密问医人，恒恐不死。素又自知名位已极，不肯服药，亦不将慎，每语弟约曰："我岂须臾活耶！"素贪冒财货，营求产业……时议以此鄙之（《隋书》卷四十八《杨素传》）。

（乙）贺若弼

贺若弼字辅伯，河阳雒阳人也。……高祖受禅，阴有并江南之志，访可任者。高颎曰："朝臣之内，文武才干，无若贺若弼者。"高祖曰："公得之矣。"于是拜弼为吴州总管，委以平陈之事。弼忻然以为己任。……开皇九年，大举伐陈，以弼为行军总管。………先是，弼请缘江防陈人，每交代之际，必集历阳，于是大列旗帜，营幕被野。陈人以为大兵至，悉发国中士马。既知防人交代，其众复散。后以为常，不复设备。及此，弼以大军济江，陈人弗之觉也。……从北掖门而入。时韩擒已执陈叔宝。……克定三吴。……进爵宋国公。……弼自谓功名出朝臣之右，每以宰相自许。既而杨素为右仆射，弼仍将军，甚不平，形于言色，由是免官。弼怨望愈甚。……及炀帝嗣位，尤被疏忌。大业三年，从驾北巡至榆林。……帝……召突厥启民可汗飨之，弼以为大侈，与高颎、宇文弢等私议得失，为人所奏，竟坐诛（《隋书》卷五十二《贺若弼传》）。

（丙）高颎

高颎字昭玄……渤海蓨人也。……少明敏有器局。……周齐王宪，引为记室。……以平齐功，拜开府。……高祖得政，素知颎强明，又习兵事，多计略，意欲引之入府，遣邗国公杨惠谕意，颎承旨欣然曰："愿受驱驰。纵令公事不成，颎亦不辞灭族。"于是为相府司录。……尉迟迥之起兵也……颎……大破之，遂至邺下……进位柱国。……高祖受禅，拜尚书左仆射兼纳言。……上尝问颎取陈之策，颎曰："江北地寒，田收差晚，江南土热，水田早熟。量彼收获之际，微征士马，声言掩袭。彼必屯兵御守，足得废其农时。彼既聚兵，我便解甲，再三若此，贼以为常。后更集兵，彼必不信，犹豫之顷，我乃济师，登陆而战，兵气益倍。又江南土薄，舍多竹茅，所有储积，皆非地窖。密遣行人，因风纵火，待彼修立，复更烧之。不出数年，自可财力俱尽。"上行其策，由是陈人益敝。开皇九年……大举伐陈，以颎为元帅。……及陈平……以功加授上柱国，进爵齐国公。……时太子勇失爱于上，潜有废立之意。谓颎曰："晋王妃有神凭之，言王必有天下，若之何？"颎长跪曰："长幼有序，其可废乎！"

上默然而止。独孤皇后知颎不可夺，阴欲去之。……于是除名为民。颎初为仆射，其母诫之曰:“汝富贵已极，但有一斫头耳，尔宜慎之。”颎由是常恐祸变。及此，颎欢然无恨色，以为得免于祸。炀帝即位，拜为太常。……帝遇启民可汗，恩礼过厚。颎谓太府卿何稠曰:“此虏颇知中国虚实、山川险易，恐为后患。”复谓观王雄曰:“近来朝廷殊无纲纪。”有人奏之，帝以为谤讪朝政，于是下诏诛之。……执政将二十年，朝野推服，物无异议，治致升平，颎之力也(《隋书》卷四十一《高颎传》)。

(丁)宇文弼

宇文弼字公辅，河南洛阳人也。……慷慨有大节，博学多通。仕周。……开皇初，以前功封平昌县公。……平陈之役。……拜刑部尚书。……后历朔、代、吴三州总管，皆有能名。炀帝即位……转礼部尚书。弼既以才能著称，历职显要，声望甚重，物议时谈，多见推许，帝颇忌之。时帝渐好声色，尤勤远略。弼谓高颎曰:“昔周天元好声色而国亡，以今方之，不亦甚乎!”又言长城之役，幸非急务。有人奏之，竟坐诛死(《隋书》卷五十六《宇文弼传》)。

(2)群雄纷起

自炀帝大业七年，乱象已成，各地群雄并起，约略所计，凡一百三十余人之多，为自古所无。其拥众最多、据地较广者，特表之如下。

隋末群雄割据简表

人名	初起	起事年月	据地	人数	称号	兴亡事略
王薄	邹平人	大业七年秋	据长白山，进击齐、济之郊。		知世郎	大业十年，为齐郡丞张须陀击败。薄后降唐。

续表

人名	初起	起事年月	据地	人数	称号	兴亡事略
刘霸道	平原民，累世仕宦	大业七年秋	据平原之豆子𬨎	十余万	阿舅	
窦建德	漳南人	大业七年秋	初据高鸡泊，后有河北、山东诸地。		夏王，建元五凤	唐高祖武德四年，率兵救王世充，为唐战败被执，死于长安。
张金称	鄃人	大业七年秋	聚众河曲，攻河北。			大业十二年，为隋将杨义臣战败被俘，余众归窦建德。
高士达	蓨人	大业七年秋	聚众于清河境内，攻河北。		东海公	大业十二年，为杨义臣所杀。
韩进洛	济北人	大业九年二月		数万		
孟海公	济阴人	大业九年三月	保据周桥。	数万		唐武德四年，窦建德攻破之，被虏。
孟让	齐郡主簿	大业九年三月	据都梁宫，阻淮为固。	十万		大业十年，兵至盱眙，为隋将王世充所破，后归李密。
郭方预	北海人	大业九年三月		数万	卢公	是年，为齐郡丞张须陀击破。
郝孝德	平原	大业九年三月	攻河北。			大业十三年，为隋将杨义臣所破，后归李密。
格谦	河间	大业九年三月	河间。	十万	燕王	大业十三年，为隋将王世充所杀。
甄宝车	济北人	大业九年四月		数万		
刘元进	余杭人	大业九年七月	渡江，据吴郡。	数万	天子	元进初应杨玄感，玄感败，遂为众拥立。是年，为王世充击败，走死。

续表

人名	初起	起事年月	据地	人数	称号	兴亡事略
朱燮 管崇	吴郡人 晋陵人	大业九年八月	聚众攻江左。	十万余		以众附刘元进，俱随之败死。
彭孝才	东海人	大业九年九月	转攻沂水。	数万		大业十年，为隋彭城留守董纯所俘。
李三儿 向但子	东阳人	大业九年九月		万余		
孙宣雅	渤海	大业九年十月	据渤海，攻河北。	十万	齐王	大业十三年，为隋将杨义臣所破。
吕明星		大业九年十月	围东郡。			是年，隋虎贲郎将费青奴击杀之。
向海明	扶风人	大业九年十二月	三辅人多从之。	数万	称皇帝，建元白乌	是年，隋将杨义臣击破之。
左才相			据长白，掠淮北。	数万		
杜伏威	章丘	大业九年十二月	据历阳。	数万	楚王	唐武德五年，降于唐。
辅公祏	临济	大业九年十二月			宋帝，建元天明	初与杜伏威共事，伏威降唐，乃以其众畔，武德七年亡。
唐弼 李弘	扶风人	大业十年二月		十万	唐王 天子	弼推弘为天子，自为唐王。薛举攻之，弼杀弘欲降，举乘间逐之。
张大彪	彭城	大业十年四月	保悬薄山。	数万		是年，隋将董纯击斩之。
宋世谟		大业十年五月	据琅邪。	数万		是年，隋将董纯击破之。
刘迦论	延安人	大业十年五月		十万	皇王，建元大世	与稽胡相表里为寇。是年，隋将屈突通败之于上郡，斩之。

续表

人名	初起	起事年月	据地	人数	称号	兴亡事略
郑文雅 林宝护		大业十年六月	据建安郡。	三万		
司马长安		大业十年十一月	据西河郡。			
刘苗王	离石胡	大业十年十一月		数万	天子	为隋虎贲郎将梁德所杀，其众溃散。
王德仁	汲郡人	大业十年十一月	保林虑山。	数万		后归李密，复背密，战败降唐。
左孝友	齐郡	大业十年十二月	屯蹲狗山。	十八万		是年，隋将张须陀攻破之。
卢明月	涿郡	大业十年十二月	攻陈、汝，转趋河南，至于淮北。	四十万	无上王帝	大业十三年，为王世充所杀。
杨仲绪	扶风人	大业十一年二月		万余		是年，隋滑公李景破杀。
王须拔	上谷人	大业十一年二月	据高阳。	十余万	漫天王，国号燕	攻幽州，中流矢死。
魏刀儿		大业十一年二月		十余万	历山飞，寻称魏帝	王须拔死，代领其众。唐武德元年，为窦建德所杀。
张起绪	淮南人	大业十一年七月		二万	宋帝，建元天明	
魏麒麟	彭城人	大业十一年十月	攻鲁郡。	万余		是年，隋将董纯击破之。
李子通	东海	大业十一年十月	起长白，南入江都，为杜伏威所败。转袭沈法兴部，复与之对抗。		渡淮，号楚王。入江都，即帝位，国号曰吴，建元明政。	唐武德四年，为杜伏威所破，执送长安。

续表

人名	初起	起事年月	据地	人数	称号	兴亡事略
翟让	韦城	大业十一年十月	亡命，聚众于瓦冈，攻荥阳诸县。	万余		大业十三年，为李密所杀。
柴保昌	绛郡	大业十一年十二月				
朱粲	城父人，初为县佐	大业十一年十二月	攻荆、沔及山南各郡县。	二十余万	迦楼罗王，旋称楚帝，建元昌达	显州首领杨士林背粲，与众攻之。粲败，奔降于王世充。
翟松柏	雁门人	大业十二年正月	灵丘。	数万		
卢公暹	东海	大业十二年正月	保于苍山。	万余		
孙华	冯翊人	大业十二年七月			总管	大业十三年，唐高祖徇三辅时，率众归附。
赵万海		大业十二年	自恒山掠高阳。	十万		
荔非世雄	安定人	大业十二年九月	杀临泾令。		将军	
操师乞	鄱阳人	大业十二年十二月	据豫章郡。		元兴王，建元始兴	是年，为隋将所击，中流矢而死。
林士弘	鄱阳人	大业十二年十二月	据九江、临川、南康、宜春等郡。	十余万	楚帝，建元太平	初为操师乞将，师乞死，代领其众。后起内乱，士弘逃于成安之山洞，其部降于萧铣。
高开道	渤海人	大业十三年	据北平、渔阳。		燕王，建元始兴	初为格谦将，格谦死，收其余众，势复振。后为其下所杀，以地降唐。

续表

人名	初起	起事年月	据地	人数	称号	兴亡事略
徐圆朗	兖州人	大业十三年正月	据琅邪以西，北至东平地。	二万	鲁王	唐下洛阳，圆朗降。及刘黑闼起，复畔。武德六年，攻破之，逃走，为野人所杀。
到佡成	弘化人	大业十三年正月		万余		
梁师都	朔方郎将	大业十三年二月	据郡及延安等郡。		梁帝，建元永隆	唐太宗贞观二年降。
刘武周	马邑校尉	大业十三年二月	据马邑，攻汾阳、并州等地。	数万	定杨天子，建元大兴	武周北附突厥，突厥封为定杨可汗，与唐交兵。武德三年，大败，奔突厥。
李密		大业十三年二月	据黎阳，东至海岱，南至江淮，皆附之。	数十万	魏公，建元永平	翟让推之为主，寻杀让。是年，为王世充所败，入关降唐。未几复起，遂被杀。
郭子和	蒲城	大业十三年三月	杀榆林郡丞。		永乐王，建元正平	初为左翊卫，坐事徙榆林，遂起兵。武德元年，降唐，以功赐姓李。
张子路	庐江	大业十三年三月				是年，隋将陈稜击破之。
李通德		大业十三年三月	攻庐江。	十万		是年，隋将张镇州击破之。
房宪伯		大业十三年四月	攻汝阴。			是年，附李密。
薛举	金城校尉	大业十三年四月	据陇西地。	十三万	秦帝，建元秦兴	举死，子杲立。唐武德元年，攻唐，兵败被俘。

续表

人名	初起	起事年月	据地	人数	称号	兴亡事略
李渊	太原留守	大业十三年五月	举兵晋阳，至长安。		唐帝，建元武德	
李轨	武威司马	大业十三年七月	取河西诸郡。		河西大凉王，寻称天子，建元安乐	武德二年，轨为其尚书安兴贵所执，以降于唐。
萧铣	罗川令	大业十三年十月	东至九江，西抵三峡，南尽交趾，北拒汉川。	四十万	梁帝，建元鸣凤	武德四年十月，唐平荆州，获铣。
宇文化及	右屯卫将军	大业十三年	据魏县。		许帝，建元天寿	化及弑炀帝，拥众北归，被阻于李密，遂据魏称帝。武德二年，为窦建德所擒。
王世充	东都留守	大业十三年	据河南各郡县。		称天子，国号郑，建元开明	武德四年，唐围之洛阳，力屈乃降。
刘企成	胡酋帅		拥数部落。			武德四年，唐兵击破之，降于梁师都。
罗艺	虎贲郎将	大业时	据幽州。		幽州总管	武德二年，降唐，封燕王，赐姓李。
宋金刚	易州人	大业时		万余		金刚援魏刃儿，亦为窦建德所败，乃走附刘武周。
沈法兴	吴郡太守	大业十三年	据江表十余郡。		梁王，建元延康	李子通袭破之，法兴窘迫，投江而死。
汪华			据歙县。		称王	杜伏威攻破之。
张善安	兖州人		据虔、吉等五州。			武德五年，降唐。

人名	初起	起事年月	据地	人数	称号	兴亡事略
刘黑闼	漳南人	唐武德四年	据窦建德故地。		汉东王，建元天造	武德六年，为唐兵所败，逃往饶州，为其下所执，被杀于洛州。
说明	一、本表参考《隋书·炀帝纪》及各列传，《旧唐书·高祖纪》及各列传，《资治通鉴》《纪元编》。 一、群雄之灭亡，有无明文可考者，大率在关中者均附唐，在河北者多附窦建德，在河南者多附李密，因本纪及列传中，均有远近归附一语可证。					

观上表，可知发难者，实始于山东各郡，而渐及于西北、江南。

大业七年秋，大水，山东、河南漂没三十余郡，民相卖为奴婢（《隋书》卷三《炀帝纪上》）。

大业七年十二月……时辽东战士及馈运者，填咽于道，昼夜不绝，苦役者始为群盗（《隋书》卷三《炀帝纪上》）。

帝自去岁谋讨高丽，诏山东置府，令养马以供军役。又发民夫运米，积于泸河、怀远二镇，车牛往者皆不返，士卒死亡过半，耕稼失时，田畴多荒。加之饥馑，谷价踊贵，东北边尤甚，斗米值数百钱。所运米或粗恶，令民籴而偿之。又发鹿车夫六十余万，二人共推米三石，道途险远，不足充糇粮，至镇，无可输，皆惧罪亡命。重以官吏贪残，因缘侵渔，百姓困穷，财力俱竭，安居则不胜冻馁，死期交急，剽掠则犹得延生，于是始相聚为群盗（《资治通鉴》卷一八一《隋纪五》）。

据是，知山东各郡之人民，为天灾人祸所逼迫，故揭竿一起，即足以摧毁执政者而有余，任何威力不能镇服也。

大业七年十二月……敕都尉鹰扬与郡县相知追捕，随获斩决之（《隋书》卷三《炀帝纪上》）。

大业九年八月……制盗贼籍没其家（《隋书》卷四《炀帝纪下》）。

大业十二年正月，朝集使不至者二十余郡。始议分遣使者十二道，发兵讨捕盗贼(《资治通鉴》卷一八三《隋纪七》)。

抑制之法,可谓严酷,结果则自成崩溃。

自是所在,群盗蜂起,不可胜数,徒众多者至万余人,攻陷城邑。敕都尉鹰扬,与郡县相知追捕,随获斩决,然莫能禁止(《资治通鉴》卷一八一《隋纪五》)。

天下承平日久,人不习战,郡县吏每与贼战,望风沮败(《资治通鉴》卷一八二《隋纪六》)。

最初起兵者,尚属平民。厥后具有野心之官吏,亦乘时而起,各谋割据。杨玄感之变,实为首倡。

杨玄感,司徒素之子也。……好读书,便骑射,以父军功,位至柱国。……袭爵楚国公,迁礼部尚书。性虽骄倨,而爱重文学,西海知名之士,多趋其门。……复见朝纲渐紊,帝又猜忌日甚,内不自安,遂与诸弟潜谋废帝。……时帝好征伐,玄感欲立威名,阴求将领。……帝征辽东,命玄感于黎阳督运。于时百姓苦役,天下思乱。玄感……欲令帝所军众饥馁,每为逗遛,不时进发。……玄感无以动众,乃遣家奴伪为使者从东方来,谬称将军来护儿失军期而反,玄感遂入黎阳县,闭城大索男夫。……移书旁郡,以讨护儿为名。……从乱者如市。数日屯兵东都上春门,众至十余万(《隋书》卷七十《杨玄感传》)。

大业九年,炀帝伐高丽,使玄感于黎阳监运。时天下骚动,玄感将谋举兵,潜遣人入关迎密,以为谋主。密至,谓玄感曰:“今天子出征,远在辽外,地去幽州,悬隔千里,南有巨海之限,北有胡戎之患,中间一道,理极艰危。今公拥兵出其不意,长驱入蓟,直扼其喉。前有高丽,退无归路,不过旬朔,赍粮必尽。举麾一召,其众自降,不战而擒,此计之上也。关中四塞,天府之国,有卫文昇,不足为意。若经城勿攻,西入长安,掩其无备,天子虽还,失其襟带。据险临之,固当必克,万全之势,此计之中也。若随近逐便,先向东都,顿坚城之下,胜负殊未可知,此计之下也。”玄感曰:“公之下计,乃上策也。今百官家口,并在东都,若不取之,安能动物?且经城不拔,何以示威?”密计遂不行。玄感既至东都,频战皆捷,自谓天下响应,功在朝夕(《旧唐书》卷五十三《李密传》)。

帝遣虎贲郎将陈稜攻……黎阳,武卫将军屈突通屯河阳,左翊卫大将军宇文述发兵继进,右骁卫大将军来护儿复来赴援。玄感请计于前民部尚书李子雄,子雄曰:“屈突通晓习兵事,若一渡河,则胜负难决,不如分兵拒之,通不能济,则樊卫失援(民部尚书樊子盖、刑部尚书卫玄,随越王侗守东都)。”玄感然之,将拒通,子盖知其谋,数击其营。玄感不果进,通遂济河。……于是大战,玄感军频北。复请计于子雄,子雄曰:“东都援军益至,我师屡败,不可久留。不如直入关中……东面而争天下,此亦霸王之业。”……玄感遂释洛阳,西图关中。……宇文述等诸军蹑之,至弘农宫……攻之三日,城不下。追兵遂至,玄感……且战且行……复阵于董杜原,诸军击之,玄感大败,独与十余骑窜林木间,将奔上洛。追骑至……葭芦戍,玄感窘迫……自知不免,谓弟积善曰:“事败矣,我不能受人戮辱,汝可杀我。”积善抽刀斫杀之,因自刺,不死,为追兵所执,与玄感首俱送行在所(《隋书》卷七十《杨玄感传》)。

杨玄感之反也,帝引威帐中,惧见于色,谓威曰:“此小儿聪明,得不为患乎?”威曰:“夫识是非、审成败者,乃所谓聪明。玄感粗疏,非聪明者,必无所虑。但恐浸成乱阶耳。”(《隋书》卷四十一《苏威传》)

帝遣蕴推其党与,谓蕴曰:“玄感一呼而从者十万,益知天下人不欲多,多即相聚为盗耳。不尽加诛,则后无以劝。”蕴由是乃峻法治之,所戮者数万人,皆籍没其家(《隋书》卷六十七《裴蕴传》)。

炀帝恶闻乱,近幸不敢以闻,言之亦不听。

时天下大乱……盗贼日甚,郡县多没,世基知帝恶数闻之,后有告败者,乃抑损表状,不以实闻。是后外间有变,帝弗之知也。尝遣太仆卿杨义臣捕盗河北,降贼数十万,列状上闻。帝叹曰:“我初不闻贼顿如此，义臣降贼何多也？”世基对曰：“鼠窃虽多，未足为虑。义臣克之，拥兵不少，久在阃外，此最非宜。”帝曰：“卿言是也。”遽追义臣，放其兵散（《隋书》卷六十七《虞世基传》）。

帝问侍臣盗贼事，宇文述曰：“盗贼信少，不足为虞。”威不能诡对，以身隐于殿柱。帝呼威而问之，威对曰：“臣非职司，不知多少，但患其渐近。”帝曰：“何谓也？”威曰：“他日贼据长白山，今者近在荥阳、汜水。”帝不悦而罢（《隋书》卷四十一《苏威传》）。

帝问苏威以讨辽之策，威不愿帝复行，且欲令帝知天下多贼，乃诡答：“今者之役，不愿发兵，但诏赦群盗，自可得数十万。遣关内奴贼及山东历山飞、张金称等头别为一军，出辽西道；诸河南贼王薄、孟让等十余头，并给舟楫，浮沧海道。必喜于免罪，竞务立功，一岁之间，可灭高丽矣。”（《隋书》卷六十七《裴蕴传》）

大业十二年，炀帝游江都，荒淫如故。时天下已乱，帝欲保江南，无意北归。乃骁果称变，遂为所杀。

隋炀帝至江都，荒淫益甚，宫中为百余房，各盛供张，实以美人，日令一房为主人，江都郡丞赵元楷掌供酒馔。帝与萧后及幸姬，历就宴饮，酒卮不离口，从姬千余人亦常醉。然帝见天下危乱，意亦扰扰不自安，退朝则幅巾短衣，策杖步游，遍历台馆，非夜不止。汲汲顾景，唯恐不足。……好为吴语……谓萧后曰：“外间大有人图侬。”……又尝引镜自照，顾谓萧后曰：“好头颈，谁当斫之？”后惊问故，帝笑曰：“贵贱苦乐，更迭为之，亦复何伤？”帝见中原已乱，无心北归，欲都丹杨，保据江东。……乃命治丹杨宫，将徙都之。时江都粮尽，从驾骁果多关中人，久客思乡里。见帝无西意，多谋叛归（《资治通鉴》卷一八五《唐纪一》）。

虎贲郎将司马德戡……领骁果屯于东城。德戡与所善虎贲郎将元礼、直阁裴虔通谋曰：“今骁果人人欲亡，我欲言之，恐先事受诛。不言，于后事发，亦不免族灭，奈何？又闻关内沦没，李孝常（华阴令，以永丰仓降唐)以华阴叛,上囚其二弟,欲杀之。我辈家属皆在西,能无此虑乎?”二人皆惧曰:“然则计将安出?”德戡曰:“骁果若亡,不若与之俱去。”二人皆曰:“善。”因转相招引……日夜相结约。……将作少监宇文智及……曰:“主上虽无道,威令尚行,卿等亡去,正……取死耳。今天实丧隋,英雄并起……因行大事。此帝王之业也。”德戡等然之。……以……右屯卫将军许公宇文化及为主……德戡使……告所识者云:“陛下闻骁果欲叛,多酝毒酒,欲因享会尽鸩杀之,独与南人留此。”骁果皆惧,转相告语,反谋益急。恭帝义宁二年三月乙卯,德戡悉召骁果军吏,谕以所为,皆曰:“唯将军命。”……是夕……三更,德戡于东城集兵,得数万人。……德戡等引兵自玄武门入。帝闻乱,易服逃于西阁。……有美人出指之……于是引帝还至寝殿。……贼欲弑帝,帝曰:“天子死自有法,何得加以锋刃?取鸩酒来。”文举等不许,使令狐行达顿帝令坐,帝自解练巾授行达,缢杀之(《资治通鉴》卷一八五《唐纪一》)。

唐世系

自李渊受隋禅（西元六一八年），至昭宣帝禅位于朱全忠（西元九〇七年），凡二十主共二百八十九年。

高祖姓李名渊，陇西成纪人。以太原留守起兵，入长安。后受隋恭帝禅，建元武德（九年），在位凡九年，传位于太宗。

太宗名世民，高祖第二子。嗣立，改元贞观（二十三年），在位凡二十三年。

高宗名治，太宗第九子。嗣立，改元永徽（六年）、显庆（五年）、龙朔（三年）、鳞德（二年）、乾封（二年）、总章（二年）、咸亨（四年）、上元（二年）、仪凤（三年）、调露（一年）、永隆（一年）、开耀（一年）、永淳（一年）、弘道（一年），在位凡三十四年。

中宗名显，又名哲，高宗第七子，武后所生。嗣立，改元嗣圣（一年），寻被废为庐陵王。后复位，改元神龙（二年）、景龙（三年），为韦后所弑，在位凡六年。

睿宗名旦，高宗第八子，中宗母弟。武后废中宗，立之，改元垂拱（四年）、永昌、载初（一年）。后仍临朝称制，及革命改号，降为皇嗣。中宗复辟，封相王。韦后弑逆，临淄王隆基诛之，迎立帝，改元景云（二年）、太极、延和、先天（一年），传位于太子隆基，在位凡八年。

则天皇后姓武，更名为曌。改国号曰周，后迎还中宗，仍号唐，改元天授（二年）、如意、长寿（二年）、延载（一年）、证圣、天册万岁（一年）、万岁登封、万岁通天（一年）、神功（一年）、圣历（二年）、久视（一年）、大足（一年）、长安（四年），在位凡十五年。

玄宗名隆基，睿宗第三子。嗣立，改元开元（二十九年）、天宝（十四年），在位凡四十三年。

肃宗名亨，玄宗第三子。嗣立，改元至德（二年）、乾元（二年）、上元（二年）、宝应（一年），在位凡七年。

代宗名豫，肃宗长子。嗣立，改元广德（二年）、永泰（一年）、大历（十四年），在位凡十七年。

德宗名适，代宗长子。嗣立，改元建中（四年）、兴元（一年）、贞元（二十年），在位凡二十五年。

顺宗名诵，德宗长子。嗣立，改元永贞（一年），在位凡八月，传位于宪宗。

宪宗名纯，顺宗长子。嗣立，改元元和（十五年），为宦官陈弘志所弑，在位凡十五年。

穆宗名恒，宪宗第三子。嗣立，改元长庆（四年），在位凡四年。

敬宗名湛，穆宗长子。嗣立，改元宝历（二年），为宦官刘克明等所弑，在位凡二年。

文宗名昂，穆宗第二子。封江王，敬宗崩，王守澄等迎立之。改元太和（九年）、开成（五年），在位凡十四年。

武宗名炎，穆宗第五子。封颍王，文宗大渐，宦官仇士良、鱼弘志矫诏废皇太子成美，立为皇太弟。继立，改元会昌（六年），在位凡六年。

宣宗名忱，宪宗第十三子。封光王，武宗大渐，左神策军护军中尉马元贽，立为皇太叔。继立，改元大中（十三年），在位凡十三年。

懿宗名漼，宣宗长子。封郓王，宣宗大渐，左神策护军中尉王宗实等矫诏立为皇太子。继立，改元咸通（十四年），在位凡十四年。

僖宗名儇，懿宗第五子。封普王，懿宗大渐，左右神策护军中尉刘引深、韩文约立为皇太子。继立，改元乾符（六年）、广明（一年）、中和（四年）、光启（三年）、文德（一年），在位凡十五年。

昭宗名晔，懿宗第七子。封寿王，继立，改元龙纪（一年）、大顺（二年）、景福（二年）、乾宁（四年）、光化（三年）、天复（三年），为朱全忠所弑，在位凡十五年。

昭宣帝名柷，昭宗第九子。封辉王，昭宗遇弑，嗣立，改元天祐（四年），禅位于朱全忠，在位凡四年。

（以上据《唐书》及《通考·帝系考》。）

附帝系表

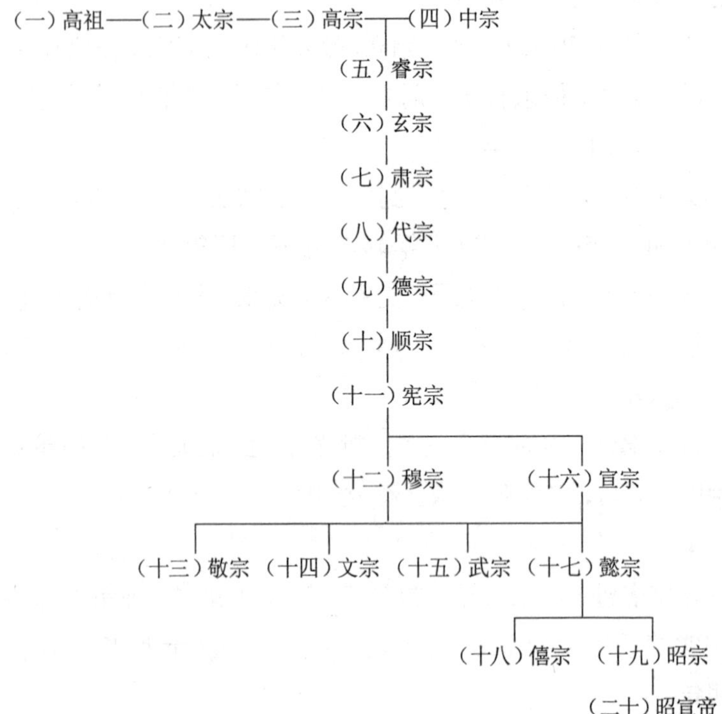

（一）唐之统一

唐扫灭群雄，统一天下，其攻取次第如下：

高祖武德元年（西元六一八年）十一月，大破薛仁杲，降之，陇右平。

武德二年（西元六一九年）四月，李轨为其伪尚书安兴贵所执以降，河右平。

按：薛、李破灭，关中悉定，无后顾之忧，得以并力东向。

武德三年（西元六二〇年）四月，大破宋金刚于介州。金刚与刘武周，俱奔突厥，遂平并州。

按：并州平定，河北形势愈益巩固。

武德四年（西元六二一年）五月，大破窦建德之众于武牢，擒建德，河北悉平。

同时，王世充举东都降，河南平。

按：是年七月，建德余党刘黑闼据漳畔。五年三月，破刘黑闼，黑闼亡奔突厥。六月，刘黑闼引突厥攻山东。

武德五年（西元六二二年）十二月，破黑闼于魏州，斩之，山东平。

当唐兵东出关时，另遣一师经略江南。

武德四年十月，赵郡王孝恭平荆州，获萧铣。

武德五年七月，杜伏威来朝。

按：萧、杜之灭，江淮之地悉定。六年八月，辅公祏据丹阳畔。七年三月，大破辅公祏，擒之，丹阳平。

武德七年（西元六二四年）二月，高开道为部将张金树所杀，以其地降。

武德七年五月，李世勣讨徐圆朗，平之。

太宗贞观二年（西元六二八年）四月，梁师都为其从父弟洛仁所杀，以城降。

是唐之用兵，先奠定关中，然后分兵而出。平定中原与江表，皆出于太宗一手之力。梁师都地最远，故最后始亡。

（二）唐初之政局

（1）玄武门之变

唐之得国，大半由于秦王世民之力。高祖即位，立长子建成为太子，于是有玄武门之变。虽一家之事，然以见帝王争夺天下，务排除异己，然后别白黑而定一尊。父子兄弟之间，每多惭德，亦所不顾。特备记之，以见争夺之丑，比于六朝所谓“篡弑”之局，实无轩轾之分，皆由“皇帝”之一名词作祟而已。

太宗功业日盛，高祖私许立为太子。建成密知之，乃与齐王元吉，潜谋作乱（《旧唐书》卷六十四《隐太子建成传》）。

高祖晚生诸王，诸母擅宠，椒房亲戚并分事宫府，竞求恩惠。太宗每总戎律，惟以抚接才贤为务，至于参请妃媛，素所不行。……妃殡等因奏言:“至尊万岁后，秦王得志，母子定无孑遗。”因悲泣哽咽，又云:“东宫慈厚，必能养育妾母子。”高祖恻怆久之。自是于太宗恩礼渐薄，废立之心，亦以此定。建成、元吉，转蒙恩宠（《旧唐书》卷六十四《隐太子建成传》）。

太子……将谋害太宗，密致书以招敬德。……敬德寻以启闻。……会突厥侵扰乌城，建成举元吉为将，密谋请太宗同送于昆明池，将加屠害。敬德闻其谋，与长孙无忌遽启太宗曰:“大王若不速正之，则恐被其所害，社稷危矣。”……敬德又与侯君集日夜进劝，然后计定（《旧唐书》卷六十八《尉迟敬德传》）。

武德九年（西元六二六年）……六月三日，密奏建成、元吉淫乱后宫。……高祖省之，愕然，报曰:“明日当勘问，汝宜早参。”四日，太宗将左右九人（长孙无忌、尉迟敬德、侯君集、张公谨、刘师立、公孙武达、独孤彦云、杜君绰、邓仁泰、李孟尝）至玄武门自卫。高祖已召裴寂……等，欲令穷覆其事。建成、元吉行至临湖殿，觉变，即回马将东归宫府。……太宗乃射之，建成应弦而毙，元吉中流矢而走，尉迟敬德杀之（《旧唐书》卷六十四《隐太子建成传》）。

宫府诸将薛万彻……等，率兵大至，屯于玄武门，杀屯营将军。敬德持建成、元吉首以示之，宫府兵遂散。是时高祖泛舟于海池，太宗命敬德侍卫高祖，敬德擐甲持矛，直至高祖所。高祖大惊，问曰："今日作乱是谁？卿来此何也？"对曰："秦王以太子、齐王作乱，举兵诛之，恐陛下惊动，遣臣来宿卫。"高祖意乃安。南衙北门兵马，及二宫左右，犹相拒战，敬德奏请降手敕，令诸军兵并授秦王处分，于是内外遂定（《旧唐书》卷六十八《尉迟敬德传》）。

高祖大惊，谓裴寂等曰："今日之事如何？"萧瑀、陈叔达进曰："臣闻内外无限，父子不亲，当断不断，反受其乱。建成、元吉，义旗草创之际，并不预谋。建立已来，又无功德。常自怀忧，相济为恶，衅起萧墙，遂有今日之事。秦王功盖天下，率土归心，若处以元良，委之国务，陛下如释重负，苍生自然乂安。"高祖曰："善！此亦吾之夙志也。"乃命召太宗而抚之，曰："近日已来，几有投杼之惑。"（《旧唐书》卷六十四《隐太子建成传》）

（2）贞观之治

高祖武德九年八月，禅位于太宗。次年，改元为贞观。太宗励精图治，天下太平，史称为"贞观之治"。

（甲）用人

上曰："王者至公无私，故能服天下之心。朕与卿辈，日所衣食，皆取诸民者也。故设官分职，以为民也，当择贤才而用之。"（《资治通鉴》卷一九二《唐纪八》）

时珪与玄龄、李靖、温彦博、戴胄、魏徵同辅政。帝以珪善人物，且知言，因谓曰："卿标鉴通晤，为朕言玄龄等材，且自谓孰与诸子贤？"对曰："孜孜奉国，知无不为，臣不如玄龄；兼资文武，出将入相，臣不如靖；敷奏详明，出纳惟允，臣不如彦博；济繁治剧，众务必举，臣不如胄；以谏诤为心，耻君不见尧、舜，臣不如徵；至激浊扬清，疾恶好善，臣于数子有一日之长。"帝称善。而玄龄等亦以为尽己所长，谓之确论（《唐书》卷九十八《王珪传》）。

太宗尝与文昭（玄龄谥）图事，则曰："非如晦莫能筹之。"及如晦至焉，竟从玄龄之策也。盖房知杜之能断大事，杜知房之善建嘉谋（《旧唐书》卷六十六《房玄龄杜如晦传论》）。

太宗曰："……我平定四海，天下一家，凡在朝士，皆功效显著，或忠孝可称，或学艺通博，所以擢用。"（《旧唐书》卷六十五《高士廉传》）

太宗标榜治术，故于宰执，擢用唯贤。尤留心亲民之官，致都督、刺史、县令，皆尽其职。

太宗尝曰："朕思天下事，内夜不安枕。永惟治人之本，莫重刺史，故录姓名于屏风，卧兴对之，得才否状，辄疏之下方，以拟废置。"又诏内外官五品以上，举任县令者。于是官得其人，民去叹愁（《唐书》卷一九七《循吏列传序》）。

上曰："为朕养民者，唯在都督、刺史。朕尝疏其名于屏风，坐卧观之，得其在官善恶之迹，皆注于名下，以备黜陟。县令尤为亲民，不可不择。"乃命内外五品已上，各举堪为县令者以名闻（《资治通鉴》卷一九三《唐纪九》）。

都督、刺史，其职察州、县。……始都督、刺史，皆天子临轩册授（《唐书》卷一九七《循吏列传序》）。

太宗仍恐有不尽职者，乃遣员出而巡察。

贞观八年正月……命……李靖……使于四方，观省风俗（《旧唐书》卷三《太宗本纪下》）。

贞观二十年正月……遣大理卿孙伏伽、黄门侍郎褚遂良等二十二人，以六条巡察四方，黜陟官吏（《旧唐书》卷三《太宗本纪下》）。

政尚简肃，天下大悦。又令百官各上封事，备陈安人理国之要（《旧唐书》卷三《太宗本纪下》）。

太宗为防隐蔽之患，遂大开言路，使直陈得失。

帝……或引至卧内，访天下事。徵亦自以不世遇，乃展尽底蕴无所隐，凡二百余奏，无不剀切当帝心者（《唐书》卷九十七《魏徵传》）。

令京官五品以上，更宿中书内省，数延见，问以民间疾苦、政事得失（《资治通鉴》卷一九二《唐纪八》）。

贞观四年二月……诏公卿言事（《唐书》卷二《太宗本纪》）。

贞观十一年七月……命百官上封事，极言得失（《旧唐书》卷三《太宗本纪下》）。

贞观十三年五月……令五品以上上封事（《旧唐书》卷三《太宗本纪下》）。

（乙）政绩

胄前后犯颜执法……所论刑狱，皆事无冤滥（《旧唐书》卷七十《戴胄传》）。

贞观四年……是岁，断死刑二十九人，几致刑措。东至于海，南至于岭，皆外户不闭，行旅不赍粮焉（《旧唐书》卷三《太宗本纪下》）。

贞观五年七月……初令天下决死刑，必三覆奏，在京诸司五覆奏（《旧唐书》卷三《太宗本纪下》）。

天下大治……东薄海，南逾岭，户阖不闭，行旅不赍粮，取给于道。帝谓群臣曰："此徵劝我行仁义既效矣，惜不令封德彝见之。"（《唐书》卷九十七《魏徵传》）

贞观元年，关中饥，米斗直绢一匹。二年，天下蝗。三年，大水。上勤而抚之，民虽东西就食，未尝嗟怨。是岁（四年），天下大稔，流散者咸归乡里，米斗不过三四钱（《资治通鉴》卷一九三《唐纪九》）。

按：上所记，史书不无溢美。然政象清明，可断言也。

（三）唐之疆域

自隋季丧乱，群盗初附，权置州、郡，倍于开皇、大业之间。贞观元年（西元六二七年），悉令并省，始于山河形便，分为十道。……至十三年定簿，凡州、府三百五十八，县一千五百五十一。至十四年，平高昌，又增二州六县。自北殄突厥、颉利，西平高昌，北逾阴山，西抵大漠。其地东极海，西至焉耆，南尽林州南境，北接薛延陁界，凡东西九千五百一十里，南北万六千九百一十八里。……开元二十一年（西元七三三年），分天下为十五道。……二十八年，户部计帐，凡郡、府三百二十有八，县千五百七十有三，羁縻州、郡（盖有八百），不在此数（《旧唐书》卷三十八《地理志序》）。

唐诸道简表

<table>
<tr><th colspan="5">太宗时十道</th><th colspan="3">玄宗时十五道</th></tr>
<tr><th rowspan="2">道名</th><th colspan="4">辖境</th><th rowspan="2">道名</th><th rowspan="2">治所</th><th rowspan="2">辖地今释</th></tr>
<tr><th>四界</th><th>属州</th><th>古地</th><th>今释</th></tr>
<tr><td rowspan="2">关内</td><td rowspan="2">东距河，西抵陇坂，南据终南，北边沙漠。</td><td rowspan="2">雍、华、同、岐、陇、邠、泾、宁、坊、鄜、丹、延、庆、原、盐、灵、会、夏、丰、胜、绥、银，凡二十二州。</td><td rowspan="2">古雍州之境。</td><td rowspan="2">陕西中部，至河套地。又甘肃东部地。</td><td>关内</td><td>多以京官遥领。</td><td>陕西北部，及河套地。</td></tr>
<tr><td>京畿</td><td>西京</td><td>陕西中部，及甘肃地。</td></tr>
<tr><td rowspan="2">河南</td><td rowspan="2">东尽海，西距函谷，南滨淮，北薄于河。</td><td rowspan="2">洛、陕、汝、郑、汴、蔡、许、豫、颍、陈、亳、宋、曹、滑、濮、郓、齐、淄、徐、兖、泗、沂、青、莱、棣、登、密、海，凡二十八州。</td><td rowspan="2">古豫、兖、青、徐四州之境。</td><td rowspan="2">黄河以南，淮水以北，山东、河南二省地。</td><td>河南</td><td>汴州，河南开封县。</td><td>山东及河南、安徽地。</td></tr>
<tr><td>都畿</td><td>东都。</td><td>河南西部。</td></tr>
</table>

续表

太宗时十道					玄宗时十五道		
道名	辖境				道名	治所	辖地今释
	四界	属州	古地	今释			
河东	东距常山，西据河，南抵首阳、太行，北边匈奴。	并、潞、泽、晋、绛、蒲、虢、汾、慈、隰、石、沁、仪、岚、忻、代、朔、蔚、云，凡十九州。	古冀州之境。	山西省地。	河东	蒲州，山西永济县。	
河北	东并海，南迫于河，西距太行、常山，北通榆关、蓟门。	怀、卫、相、邢、洺、赵、恒、定、易、幽、莫、瀛、深、冀、贝、魏、博、德、沧、棣、妫、檀、营、平、安东，凡二十五州。	古幽、冀二州之地。	黄河以北，山东、河南、河北，及辽宁西部。	河北	魏州，河北大名县。	
山南	东接荆、楚，西抵陇、蜀，南控大江，北距商、华之山。	荆、襄、邓、商、复、郢、随、唐、峡、归、均、房、金、夔、万、忠、梁、洋、集、通、开、壁、巴、蓬、渠、涪、渝、合、凤、兴、利、阆、果，凡三十三州。	古荆、梁二州之境。	四川东北部，湖北西部，湖南北部，陕西、河南二省南部。	山南东	襄州，湖北襄阳县。	河南、湖北、湖南地。
					山南西	梁州，陕西南郑县。	陕西、四川地。
陇右	东接秦州，西逾流沙，南连蜀及吐蕃，北界沙漠。	秦、渭、成、武、洮、岷、叠、宕、河、兰、鄯、廓、凉、甘、肃、瓜、沙、伊、西、庭、安西，凡二十一州。	古雍、梁二州之境。	甘肃西部，至新疆地。	陇右	鄯州，青海乐都县。	

续表

<table>
<tr><th colspan="5">太宗时十道</th><th colspan="3">玄宗时十五道</th></tr>
<tr><th rowspan="2">道名</th><th colspan="4">辖境</th><th rowspan="2">道名</th><th rowspan="2">治所</th><th rowspan="2">辖地今释</th></tr>
<tr><th>四界</th><th>属州</th><th>古地</th><th>今释</th></tr>
<tr><td>淮南</td><td>东临海，西抵汉，南据江，北距淮。</td><td>扬、楚、和、滁、濠、寿、庐、舒、蕲、黄、沔、安、申、光，凡十四州。</td><td>古扬州之境。</td><td>淮河以南，长江以北，江苏、安徽、湖北三省地。</td><td>淮南</td><td>扬州，江苏江都县。</td><td></td></tr>
<tr><td rowspan="3">江南</td><td rowspan="3">东临海，西抵蜀，南极岭，北带江。</td><td rowspan="3">润、常、苏、湖、杭、歙、睦、衢、越、婺、台、温、明、括、建、福、泉、汀、宣、饶、抚、虔、洪、吉、郴、袁、江、鄂、岳、潭、衡、永、道、邵、澧、朗、辰、锦、施、南、溪、叙、思、黔、费、业、巫、夷、播、溱、珍，凡五十一州。</td><td rowspan="3">古扬州之境。</td><td rowspan="3">长江以南，南岭以北，江西、江苏、安徽、浙江、福建、湖北、湖南、贵州、四川等省地。</td><td>江南东</td><td>苏州，江苏吴县。</td><td>浙江、江苏、安徽、福建。</td></tr>
<tr><td>江南西</td><td>洪州，江西南昌县。</td><td>江西、湖南、湖北地。</td></tr>
<tr><td>黔中</td><td>黔州，四川彭水县。</td><td>贵州、四川、湖南地。</td></tr>
<tr><td>剑南</td><td>东连牂牁，西界吐蕃，南接群蛮，北通剑阁。</td><td>益、蜀、彭、汉、锦、剑、梓、遂、普、资、简、陵、邛、眉、雅、嘉、荣、泸、戎、黎、茂、龙、扶、文、当、松、静、柘、翼、悉、维、嶲、姚，凡三十三州。</td><td>古梁州之境。</td><td>四川西部，及甘肃、云南、西康地。</td><td>剑南</td><td>益州，四川成都县。</td><td></td></tr>
</table>

续表

太宗时十道					玄宗时十五道		
道名	辖境				道名	治所	辖地今释
	四界	属州	古地	今释			
岭南	东南际海，西极群蛮，北据五岭。	广、循、潮、漳、韶、连、端、康、冈、恩、高、春、封、辩、泷、新、潘、雷、罗、儋、崖、琼、振、桂、昭、富、梧、贺、龚、象、柳、宜、融、古、严、容、藤、义、窦、禺、白、廉、绣、党、牢、岩、郁林、平、琴、邕、宾、贵、横、钦、浔、瀼、笼、田、武、环、澄、安南、驩、爱、陆、峰、汤、苌、福禄、庞，凡七十州。	古扬州南境。	两广，及越南地。	岭南	广州，广东番禺县。	

上表依据《旧唐书·地理志》贞观时州名及隶属。

按：唐之封域，南北如前汉之盛，东不及而西过之。及安史乱后，河西陇右没于吐蕃，加以藩镇跋扈，朝廷威力大绌。至于道之属州，亦有种种区别。

同、华、岐、蒲为四“辅州”，陕、怀、郑、汴、魏、绛为六“雄州”，虢、汝、汾、晋、宋、许、滑、卫、相、洺为十“望州”，安东、平、营、檀、妫、蔚、朔、忻、安北、单于、代、岚、云、胜、丰、盐、灵、会、凉、肃、甘、瓜、沙、伊、西、北庭、安西、河、兰、鄯、廓、迭、洮、岷、扶、柘、维、静、悉、翼、松、当、戎、茂、巂、姚、播、黔、驩、容为“边州”。四万户已上为“上州”，二万户已上为“中州”，不满为“下州”（《通志》卷四十《地理略一》）。

州属之县，其区别如下。

凡三都之县，在城内曰“京县”，城外曰“畿县”。又望县有八十五焉，其余则六千户已上为“上县”，二千户已上为“中县”，一千户已上为“中下县”，不满一千户皆为“下县”（《通志》卷四十《地理略一》）。

唐有五都之称，其设置如下。

高祖因隋之旧，定都长安，时谓长安为京城。太宗修洛阳宫，时巡幸焉。高宗尝言，两京朕东西二宅（注：显庆二年，以洛阳为东都）。武后都洛阳（注：光宅初，号曰神都。中宗神龙初，复曰东都）。玄宗以长安为西京，洛阳为东京。肃宗更以蜀郡为南京，凤翔为西京，而西京为中京。寻又以京兆（即雍州）为上都，河南（即洛阳）为东都，凤翔为西都，江陵为南都，太原为北都，所谓五都也（顾祖禹《读史方舆纪要》卷五）。

唐初，以京兆、河南为两都，武后增置太原为北都，则为三都。肃宗又置江陵为南都，凤翔为西都，则为五都。然江陵、凤翔，旋置旋罢，而三都则历世不改。至德二载（西元七五七年），玄宗幸蜀之故，改蜀郡为南京。盖当时未有京名，故蜀郡不在五都内也。唐世都邑，废置不一，自肃宗宝应以后，始无复更置矣（《续通志》卷一一〇《都邑略一》。

（四）唐之制度

（1）官制

（甲）中央

唐代中央官制，率沿隋旧，而稍有变更。

唐代中央官制简表

类别	官名	沿革	备考
三师	太师	同隋	
	太傅	同隋	
	太保	同隋	
三公	太尉	同隋	
	司徒	同隋	
	司空	同隋	
三省	尚书令	同隋	尚书令下有左、右二仆射，左仆射之下统吏、户、礼三部，右仆射之下统兵、刑、工三部，又有左、右丞各一员。
	门下侍中	同隋	
	中书令	内史改。	
一台	御史	隋有谒者、司隶，共为三台。唐无之。	
五监	国子	同隋	唐无长秋，而有军器。
	少府	同隋	
	将作	同隋	
	军器	唐置	
	都水	唐置	
九寺		同隋	

按：唐沿隋制，内官最重者为三省，三省共议国政，即宰相职也。尚书令统有二仆射，分统吏、户、礼、兵、刑、工六部，事无不总，厥后亦有变更。太宗尝为尚书令，臣下避不敢居，由是仆射为尚书省长官，与中书令、门下侍中，号为宰相矣。但有以他官参宰相之任者。

唐因隋旧，以三省长官为宰相。已而，又以他官参议，而称号不一，出于临时，最后乃有“同品”“平章”之名（《唐书》卷六十一《宰相表序》）。

拜尚书右仆射。……贞观八年……以足疾，上表乞骸骨。……乃下优诏，加授特进，听在第摄养。……患若小瘳，每三两日，至门下中书，平章政事（《旧唐书》卷六十七《李靖传》）。

平章之名始此。

贞观十七年，高宗为皇太子，转勣太子詹事……特进同中书门下三品（《旧唐书》卷六十七《李勣传》）。

同三品者，谓同侍中中书令也。而同三品之名，亦起于此。

自是仆射常带此称，自余非两省长官、预知政事者，亦皆以此为名。……自天后已后，两省长官，及同中书门下三品并平章事为宰相，其仆射不带同中书门下三品者，但厘尚书省而已（《旧唐书》卷四十三《职官志二·中书令》注）。

翰林中之词臣，以接近天子，渐亦参预大政。

翰林院……皆有待诏之所。其待诏者，有词学、经术、合练、僧道、卜祝、术艺……书奕各别院以廪之。武德、贞观时，有温大雅、魏徵、李百药、岑文本、许敬宗、褚遂良；永徽后，有许敬宗、上官仪，皆召入禁中驱使，未有名。自乾封中，刘懿之、刘祎之兄弟、周思茂、元万顷、范履冰，皆以文词召入待诏，常于北门候进止，时号北门学士。天后时，苏味道、韦承庆，皆待诏禁中。……玄宗即位，张说、陆坚、张九龄、徐安贞、张洎等，召入禁中，谓之翰林待诏。……四方进奏，中外表疏批答，或诏从中出，宸翰所挥，亦资其检讨，谓之视草（《旧唐书》卷四十三《职官志二·翰林院》注）。

其后礼遇益隆，有内相之号。

始贽入翰林，年尚少，以材幸。天子尝以辈行呼而不名，在奉天朝夕进见。……虽外有宰相主大议，而贽常居中参裁可否，时号内相（《唐书》卷一五七《陆贽传》）。

至德已后，天下用兵，军国多务，深谋密诏，皆从中出。尤择名士，翰林学士得充选者，文士为荣。……例置学士六人，内择年深德重者一人为承旨，所以独承密命故也。德宗好文，尤难其选。贞元已后，为学士承旨者，多至宰相焉（《旧唐书》卷四十三《职官志二·翰林院》注）。

唐之中叶，置南、北宣徽院使及枢密院使以处宦官。及至末年，中人用事，枢密使遂夺宰相之权。

唐代宗永泰中，置内枢密使，始以宦者为之。初不置司局，但有屋三楹，贮文书而已。其职掌，惟承受表奏于内中进呈。若人主有所处分，则宣付中书门下施行而已。……后僖、昭时，杨复恭……欲夺宰相权，乃于堂状后帖黄，指挥公事，此其始也（《通考》卷五十八《职官考十二》）。

（乙）地方

唐代州、县简表

类别	官名	等第	备考
州	刺史	有上州、中州、下州之别。	武德初，改郡为州，太守为刺史。天宝元年，复改州为郡，刺史为太守。至德二载，又复改如故。刺史之下，有别驾、长史、司马各一人，录事参军事一人，司功、司仓、司户、司兵、司法、司士六曹参军事各一人。下州则六曹为三曹。

续表

类别	官名	等第	备考
县	县令	有京县、畿县、上县、中县、中下县、下县之别。	令之下，有丞、主簿各一人。京县则倍之。

上表为通制，尚有以都城关系而特异其名者，职掌虽同，而班资较崇，犹后世之京尹也。

京兆、河南、太原府牧各一人……尹（各）一人……少尹（各）二人（《唐六典》卷三十）。

西都、东都、北都“牧”各一人……西都、东都、北都、凤翔、成都、河中、江陵、兴元、兴德“府尹”各一人。……掌宣德化，岁巡属县，观风俗，录囚，恤鳏寡（《唐书》卷四十九下《百官志四下》）。

唐初之地方政务官，为两级制度，即以州辖县。其后于各道设使，督察州、县，定有治所，以监临之，称为监司之官。虽其初只举大纲，不直接理事，历久遂侵夺州郡实权，而为三层等级。

神龙三年（西元七〇七年），以五品以上二十人，为十道“巡察使”，察举州、县，再周而代。景云三年（西元七一二年），置十道“按察使”，道各一人。开元二年（西元七一四年），曰十道“按察采访处置使”。二十年曰“采访处置使”，分十五道。天宝末，又兼“黜陟使”。乾元元年（西元七五八年），改曰“观察处置使”。掌察所部善恶，举大纲，凡奏请皆属于州，岁以八月考其治，以丰稔为上考，省刑为中考，办税为下考（《通考》卷五十九《职官考十三》）。

此外有诸“使”，自开元、天宝之后，随时因事置官，名目尤夥。《唐会要》《通考》所列甚详，其有关吏治民生者，略举如下：

“巡察使” 唐贞观初，遣大使十三人，巡省天下（注：诸州水旱，则有“巡察”“安抚”“存抚”之名）。

“安抚使”　见上。

“存抚使”　见上。

“观风俗使”　唐贞观八年，分遣萧瑀等巡省天下，观风俗之得失。

“黜陟使”　贞观八年，发十八道黜陟大使，黜陟官吏。

“宣抚使”　开元十五年八月，河北水灾，宇文融为宣抚使。

“营田使”　贞观二年，以沃衍有屯田之州，置营田使。

“转运使”　开元二十一年，裴耀卿以侍中，充江南淮南转运使。

“户口使”　开元十二年，宇文融充诸色安辑户口使。

“租庸使”　开元十一年，宇文融勾当租庸地税使。

“度支使”　肃宗至德以后，戎事费多。二年十二月，吕湮为勾当度支使。

“盐铁使”　肃宗乾元元年，盐铁铸钱使第五琦，初变盐法。

“两税使”　德宗建中元年，杨炎为相，遂作两税法，置两税使以总之。

“榷茶使”　穆宗时，始诏王涯为榷茶使。

唐初，都督原为边防而设，其后设置渐多，并以之察州刺史。虽旋因权重而罢之，然已为武人干政之滥觞。至都督加旌节而为节度使，复兼观察、制置等使，其权益重。安史乱后，节度使遍于内地，地方兵、财之权，集于一身，中央不复能制，遂成“内轻外重”之局。

唐诸州，复有“总管”（魏黄初三年，始置都督诸州军事之名，后代因之，至隋改为总管府）。……武德元年，诸州总管亦加号使持节。五年，以洺、荆、并、幽、交五州为大总管府。七年，改大总管府为“大都督”府，总管府为“都督”府。复有行军大总管者，盖有征伐，则置于所征之道，以督军事（《通典》卷三十二《职官十四》）。

武德初，边要之地，置总管以统军，加号使持节。……七年，改总管曰都督，总十州者为大都督。贞观二年，去大字……惟朔方犹称大总管（《唐书》卷四十九下《百官志四下·大都督府》注）。

都督掌督诸州兵马、甲械、城隍、镇戍、粮廪，总判府事。唐初曰总管，后改为都督，惟朔方仍称大总管（《续通典》卷三十六《职官十四》）。

太极初，以并、益、荆、扬为四大都督府。开元十七年，加潞州为五焉。其余都督，定为上、中、下等（上都督府五：潞、益、并、荆、扬。中都督府十五：凉、秦、灵、延、代、兖、梁、安、越、洪、潭、桂、广、戎、福。下都督府二十：夏、原、庆、丰、胜、荣、松、洮、鄯、西、雅、泸、茂、巂、姚、夔、黔、辰、容、邕），前后制置改易不恒，难可备叙。凡大都督府，置大都督一人，亲王为之，多遥领其任，亦多为赠官（《通典》卷三十二《职官十四》）。

分天下州、县，制为诸道，每道置使，理于所部（注：即采访、防御等使也）。其边方有寇戎之地，则加以旌节，谓之“节度使”。自景云二年四月，始以贺拔延嗣为凉州都督，充河西节度使。其后诸道因同此号，得以军事专杀，行则建节府、树六纛，外任之重莫比焉（《通典》卷三十二《职官十四》）。

自武德至天宝以前，边防之制，其军城镇守捉，皆有使，而道有大将一人曰大总管，已而更曰大都督。至太宗时，行军征讨曰大总管，在其本道曰大都督。自高宗永徽以后，都督带使持节者，始谓之节度使，然犹未以名官。景云二年，以贺拔延嗣为……河西节度使。自此而后，接乎开元，朔方、陇右、河东、河西诸镇，皆置节度使（《唐书》卷五十《兵志》）。

天宝中，缘边御戎之地，置八节度使。……外任之重无比焉。至德已后，天下用兵，中原刺史亦循其例，受节度使之号（《旧唐书》卷四十四《职官志三·节度使》注）。

地方掌军事者，复有“防御使”与“团练使”。但后来，团练率为刺史兼官，防御使置于不设军镇处。

唐武后圣历元年（西元六九八年），以夏州镇领“防御使”，防御使之名自此始。……天宝中，安禄山犯顺，大郡要地当贼冲者，置“防御守捉使”（《通考》卷五十九《职官考十三》）。

唐肃宗乾元初，置“团练使、守捉使”，大领十州，小者三、五州。代宗时，元载当国，令刺史悉带团练。大率团练皆隶所治州，岁以八月考其治否（《通考》卷五十九《职官考十三》）。

边防官除都督而外，尚有“都护”“制置使”“经略使”等官。自节度使擅权，率皆兼任之。

唐永徽中，始于边方置安东、安西、安南、安北四大“都护”府。后又加单于、北庭都护府，府置都护一人（注：掌所统诸蕃慰抚、征讨、斥堠、安辑蕃人，及诸赏罚叙录勋功、总判府事。〔《通典》卷三十二《职官十四》〕）。

唐宣宗大中五年（西元八五一年），以白敏中充招讨党项行营都统“制置”等使，制置使之名始此（《通考》卷六十二《职官考十六》）。

唐贞观二年，边州别置“经略使”。……节度兼度支营田招讨经略使，则有副使、判官各一人。……至德三年，贺兰进明除岭南五府经略，兼节度使。建中元年，除元琇节度，始不合五府经略（《通考》卷六十二《职官考十六》）。

（2）兵制

唐之兵制大致情形如下。

唐有天下二百余年，而兵之大势三变。其始盛时有“府兵”，府兵后废而为“彍骑”，彍骑又废，而“方镇”之兵盛矣。及其末也，强臣悍将兵布天下，而天子亦自置兵于京师曰“禁军”（《唐书》卷五十《兵志》）。

（甲）府兵

武德初，始置军府，以骠骑、车骑两将军府领之。析关中为十二道……皆置府。三年，更以万年道为参旗军，长安道为鼓旗军，富平道为玄戈军，醴泉道为井钺军，同州道为羽林军，华州道为骑官军，宁州道为折威军，岐州道为平道军，豳州道为招摇军，西麟州道为苑游军，泾州道为天纪军，宜州道为天节军；军置将、副各一人，以督耕战，以车骑府统之。六年，以天下既定，遂废十二军，改骠骑曰统军，车骑曰别将。居岁余，十二军复，而军置将军一人，军有坊，置主一人（《唐书》卷五十《兵志》）。

以上开国草创之制，及太宗斟酌损益，其制乃臻完备。

太宗贞观十年，更号统军为折冲都尉，别将为果毅都尉，诸府总曰折冲府。凡天下十道，置府六百三十四，皆有名号。而关内二百六十有一，皆以隶诸卫（《唐书》卷五十《兵志》）。

唐之府兵，分置于中央及各地方，而中央几居其半数，所以形势颇强，内重外轻，足资控制。其归中央统辖者，任宿卫之事。

其隶于卫也。左、右卫皆领六十府，诸卫领五十至四十，其余以隶东宫六率（《唐书》卷五十《兵志》）。

唐中央军十六卫简表

卫名	每卫长官	职掌	备考
左、右卫	上将军各一人。 大将军各一人。 将军各二人。	宫禁宿卫，凡五府三卫，及折冲府、骁骑番上者，受其名簿而配以职。	左、右卫凡五府及外府皆总制之。五府者，亲卫之府一，曰亲府；勋卫之府二，曰勋一府、勋二府；翊卫之府二，曰翊一府、翊二府；亦称
左、右骁卫	上将军各一人。 大将军各一人。 将军各二人。	宫禁宿卫，凡翊府之翊卫、外府豹骑番上者分配之。	

续表

卫名	每卫长官	职掌	备考
左、右武卫	上将军各一人。 大将军各一人。 将军各二人。	宫禁宿卫，凡翊府之翊卫、外府熊渠番上者分配之。	为五府三卫也。外府者，折冲府也。自左、右卫至左、右金吾卫十二卫，凡五府之番上者，受其名簿而配以职，监门、千牛，凡左、右四卫不领，故但称十二卫也。五府惟左、右卫兼领之，余但翊卫二府而已。
左、右威卫	上将军各一人。 大将军各一人。 将军各二人。	宫禁宿卫，凡翊府之翊卫、外府羽林番上者分配之。	
左、右领军卫	上将军各一人。 大将军各一人。 将军各二人。	宫禁宿卫，凡翊府之翊卫、外府射声番上者分配之。	
左、右金吾卫	上将军各一人。 大将军各一人。 将军各二人。	宫中京城巡警、烽候、道路、水草之宜，凡翊府之翊卫、外府佽飞番上者皆属焉。	
左、右监门卫	上将军各一人。 大将军各一人。 将军各二人。	诸门禁卫及门籍。	
左、右千牛卫	上将军各一人。 大将军各一人。 将军各二人。	侍卫及供御兵仗。	

唐代府兵编制简表

名号	数目	等别	每级人数	官长
府	一	上	一千二百	每府折冲都尉一人、左右果毅都尉各一人、长史一人、兵曹一人。
		中	一千	
		下	八百	
团	四		三百	每团校尉一人。
队	六		五十	每队队正一人。
火	五		十	每火火长一人。

唐之府兵，沿于后周，为征兵制度。

凡民年二十为兵，六十而免。其能骑而射者，为越骑，其余为步兵（《唐书》卷五十《兵志》）。

府兵平日皆安居田亩，每府有折冲领之，折冲以农隙教习战陈。国家有事征发，则以符契下其州及府，参验发之。至所期处，将帅按阅，有教习不精者罪其折冲，甚者罪及刺史。军还，赐勋加赏，便道罢之。行者近不逾时，远不经岁（《通考》卷五十一《兵考三》）。

府兵之任宿卫者，谓之“番上”，亦有规定。

凡当宿卫者番上，兵部以远近给番。五百里为五番，千里七番，一千五百里八番，二千里十番，外为十二番，皆一月上。若简留直卫者，五百里为七番，千里八番，二千里十番，外为十二番，亦同上（《唐书》卷五十《兵志》）。

征发府兵，亦有一定手续，所以防专擅也。

凡发府兵，皆下符契州刺史，与折冲勘契乃发。若全府发，则折冲都尉以下皆行，不尽则果毅行，少则别将行（《唐书》卷五十《兵志》）。

遇有征伐，均临时命将。战争既罢，兵归其府，将上其印，所以无拥兵之人。

元帅……掌征伐，兵罢则省（《唐书》卷四十九下《百官志四下》）。

高祖、太宗之制，兵列府以居外，将列卫以居内，有事则将以征伐，事已，各解而去（《唐书》卷六十四《方镇表序》）。

自高宗、武后以后，制度渐坏，有名之府兵，遂亡其实。

高宗以刘仁轨为洮河镇守使以图吐蕃，于是始有久戍之役（《通考》卷一五一《兵考三》）。

自高宗、武后时，天下久不用兵，府兵之法浸坏，番役更代，多不以时（《唐书》卷五十《兵志》）。

玄宗开元六年，始诏折冲府兵，每六岁一简（《唐书》卷五十《兵志》）。

（乙）彍骑

府兵既坏，变为彍骑，由招募而来。

时当番卫士，浸以贫弱，逃亡略尽。说又建策，请一切召募强壮，令其宿卫，不简色役，优为条例，逋逃者必争来应募。上从之，旬日得精兵一十三万人，分系诸卫，更番上下，以实京师，其后彍骑是也（《旧唐书》卷九十七《张说传》）。

宰相张说，乃请一切募士宿卫。开元十一年，取京兆、蒲、同、岐、华府兵及白丁，而益以潞州长从兵，共十二万，号长从宿卫，岁二番，命尚书左丞萧嵩与州吏共选之。明年（十二年），更号曰彍骑（有迅速之意。〔《唐书》卷五十《兵志》〕）。

彍骑既行，府兵遂不见重。

又诏诸州府，马阙，官私共补之。今兵贫难致，乃给以监牧马。然自是诸府士，益多不补，折冲将又积岁不得迁，士人皆耻为之（《唐书》卷五十《兵志》）。

彍骑之隶属及其编制如下。

开元十三年，始以彍骑分隶十二卫，总十二万，为六番，每卫万人。……其制，皆择下户白丁、宗丁、品子、强壮……不足则兼以户八等……皆免征镇、赋役，为四籍。兵部及州、县、卫分掌之，十人为火，五火为团，皆有首长。又择材勇者为番头（《唐书》卷五十《兵志》）。

彍骑初颇注重演习，更加奖励，故一时称劲旅。

颇习弩射……凡伏远弩……四发而二中；擘张弩……四发而二中；角弓弩……四发而三中；单弓弩……四发而二中；皆为及第。诸军皆近营为堋，士有便习者教试之，及第者有赏（《唐书》卷五十《兵志》）。

厥后亦渐废弛，有名无实。

自天宝以后，彍骑之法又稍变废，士皆失拊循。八载，折冲诸府，至无兵可交，李林甫遂请停上下鱼书（即鱼符，以书刻于上）。其后徒有兵额、官吏，而戎器、驮马、锅幕、糗粮并废矣，故时府人目番上宿卫者曰侍官，言侍卫天子。至是卫佐悉以假人为童奴，京师人耻之，至相骂辱，必曰侍官。而六军宿卫皆市人，富者贩缯綵、食粱肉，壮者为角觝、拔河、翘木、扛铁之戏。及禄山反，皆不能受甲矣（《唐书》卷五十《兵志》）。

（丙）禁军

府兵与彍骑俱废，藩镇又据土擅兵，天子所恃，惟禁兵而已。

所谓天子禁军者，南、北衙兵也。南衙，诸卫兵是也；北衙者，禁军也（《唐书》卷五十《兵志》）。

自十六卫衰废，专以禁军为重，凡十军，其名称及变迁，特列表以明之。

唐代禁军简表

军名	成立时代	备考
左、右羽林军	高宗	初号飞骑。
左、右龙武军	玄宗	初为元从禁军、百骑、千骑、万骑。
左、右神武军	肃宗	亦曰神武天骑。
左、右神策军	代宗	亦曰神策左、右厢。
左、右神威军	德宗	亦名射生左右厢、左右英武军、宝应军、左右射生军。

按：禁军更张最多，据《唐书》（卷五十）《兵志》所载如下：

初，高祖以义兵起太原，已定天下，悉罢遣归，其愿留宿卫者三万人。高祖以渭北白渠旁所弃腴田分给之，号“元从禁军”。后老不任事，以其子弟代，谓之“父子军”。及贞观初，太宗……又置北衙七营。……十二年，始置左、右屯营于玄武门，领以诸卫将军，号“飞骑”。……高宗龙朔二年，始取府兵越骑、步射，置左、右“羽林军”。

贞观初，太宗择元从禁军善射者百人……曰“百骑”。……武后改百骑曰“千骑”。睿宗又改千骑曰“万骑”，分左、右营。及玄宗以万骑平韦氏，改为“左、右龙武”军。

肃宗赴灵武，士不满百。及即位，稍复调补北军。至德二载，置“左、右神武军”……亦曰神武天骑，制如羽林。上元中，以北衙军使卫伯玉为神策军节度使镇陕州，中使鱼朝恩……监其军。……广德元年，代宗避吐蕃幸陕，朝恩举在陕兵与神策军迎扈，悉号“神策军”。……及京师平，朝恩遂以军归禁中自将之。……永泰五年，吐蕃复入寇，朝恩又以神策军屯苑中，自是浸盛，分为左、右厢，势居北军右，遂为天子禁军，非它军比。德宗贞元十二年……使内侍……张尚进为右“神威军”中护军。……（宪宗元和三年）废左、右神威军。

自肃宗以后，北军增置威武、长兴等军，名类颇多，而废置不一，惟“羽林”“龙武”“神武”“神策”“神威”最盛，总曰左、右十军矣。

德宗信任宦官，使领禁军。而宦官挟其势力，胁制天子，诛戮大臣，狂横益甚。及朱全忠尽诛夷诸宦官，而唐亦以亡矣。

自德宗幸梁还，以神策兵有劳。……贞元十二年，以……知内侍省事窦文场为左神策军护军中尉……知内侍省事霍仙鸣为右神策军护军中尉……内侍兼内谒者监张尚进为右神威军中护军……内侍兼内谒者监焦希望为左神威军中护军。护军中尉、中护军皆古官，帝既以禁卫假宦官，又以此宠之。十四年，又诏左、右神策置统军，以崇亲卫如六军。时边兵衣饷多不赡，而戍卒屯防（神策军）药、茗、蔬、酱之给最厚，诸将务为诡辞，请遥隶神策军，禀赐遂赢旧三倍，由是塞上往往称神策行营，皆内统于中人矣，其军乃至十五万（《唐书》卷五十《兵志》）。

顺宗即位，王叔文用事，欲取神策兵柄，乃用故将范希朝为左、右神策京西诸城镇行营兵马节度使，以夺宦者权而不克。……景福二年，昭宗以藩臣跋扈，天子孤弱，议以宗室典禁兵。及伐李茂贞，乃用嗣覃王允为京西招讨使。……已而，兵自溃。……乾宁四年，左、右神策中尉刘季述、王仲先以其兵千人，废帝幽之，季述等诛。已而，昭宗召朱全忠兵入诛宦官，宦官觉，劫天子幸凤翔，全忠围之岁余，天子乃诛中尉韩全诲、张弘彦等二十余人以解梁兵，乃还长安。于是悉诛宦官，而神策左、右军，由此废矣（《唐书》卷五十《兵志》）。

（3）刑法

唐初刑法似较宽大，仅依隋法而损益之。

高祖……既平京城，约法为二十条，惟制杀人、劫盗、背军、叛逆者死，余并蠲除之。及受禅，诏纳言刘文静与当朝通识之士，因《开皇律令》而损益之，尽削大业所由烦峻之法，又制五十三条格，务在宽简，取便于时（《旧唐书》卷五十《刑法志》）。

刘祥道……父林甫，武德初，为内史舍人。……以才干见称。寻，诏与中书令萧瑀等撰定律令，林甫因著《律议》万余言（《旧唐书》卷八十一《刘祥道传》）。

时制度草创，命文静与当朝通识之士更刊隋《开皇律令》而损益之，以为通法。高祖谓曰："本设法令，使人共解。而往代相承，多为隐语，执法之官，缘此舞弄。宜更刊定，务使易知。"（《旧唐书》卷五十七《刘文静传》）

太宗命长孙无忌、房玄龄与学士法官，更加厘改，律条始大备，《唐律》遂为宋、明、清所本。

定律五百条，分为十二卷：一曰名例，二曰卫禁，三曰职制，四曰户婚，五曰厩库，六曰擅兴，七曰贼盗，八曰斗讼，九曰诈伪，十曰杂律，十一曰捕亡，十二曰断狱（《旧唐书》卷五十《刑法志》）。

其十恶之罪，亦沿隋制。

一曰谋反，二曰谋大逆，三曰谋叛，四曰谋恶逆，五曰不道，六曰大不敬，七曰不孝，八曰不睦，九曰不义，十曰内乱（《旧唐书》卷五十《刑法志》）。

既定之后，加以增补，故唐之法律有四，曰“律”“令”“格”“式”。律者，问刑科条也。令者，国家制度也。格者，百官有司所治之事也。式者，所常守之法也。凡邦国之政，必从事此三者，其有所违，及人之为恶而入罪者，一断以律。

又定令一千五百九十条，为三十卷，贞观十一年正月颁下之。又删武德、贞观已来敕格三千余件，定留七百条以为格（《旧唐书》卷五十《刑法志》）。

永徽初，敕太尉长孙无忌……等共撰定律、令、格、式，旧制不便者，皆随删改，遂分格为两部，曹司常务为《留司格》，天下所共者为《散颁格》。其《散颁格》下州、县，《留司格》但留本司行用焉（《旧唐书》卷五十《刑法志》）。

永徽二年，诏曰:“律学未有定疏，每年所举明法，遂无凭准。宜广召解律人条义疏奏闻，仍使中书、门下监定。”于是太尉赵国公无忌……等参撰《律疏》，成三十卷，四年十月奏之，颁于天下。自是断狱者皆引《疏》分析之（《旧唐书》卷五十《刑法志》）。

至所定五刑，与隋大致相同，惟流刑自二千里至三千里为异。又有议请、减赎、当免之法。

一曰议亲，二曰议故，三曰议贤，四曰议能，五曰议功，六曰议贵，七曰议宾，八曰议勋（《旧唐书》卷五十《刑法志》）。

又许以官当罪。“以官当徒者”，五品已上犯罪者一官当徒二年，九品已上一官当徒一年，若犯公罪者各加一年。“以官当流者”，三流同比徒四年，仍各解见任。除名者比徒三年。免官者比徒二年。免所居官者，比徒一年（《旧唐书》卷五十《刑法志》）。

其赎法，笞十赎铜一斤，递加一斤，至杖一百，则赎铜十斤。自此已上，递加十斤。至徒三年，则赎铜六十斤。流二千里者，赎铜八十斤。流二千五百里者，赎铜九十斤。流三千里者，赎铜一百二十斤（《旧唐书》卷五十《刑法志》）。

断罪之年龄，亦有规定。

年七十以上、十五以下及废疾，犯流罪以下亦听赎。八十以上、十岁以下及笃疾，犯反逆杀人应死者上请，盗及伤人亦收赎，余皆勿论。九十以上、七岁以下，虽有死罪，不加刑（《旧唐书》卷五十《刑法志》）。

至于司法机关与司法官员，兹参酌两《唐书·职官》及《百官志》，表列如下：

唐代司法机关简表

机关	官名	职掌	备考
县	县令	掌察冤滞、听狱讼。	
	司法佐		
州	刺史	每岁一巡县，录囚徒，察狱讼，尤异亦以上闻，其常则申于尚书省。	
	法曹司法参军事	掌鞫狱、丽法，督盗贼，知赃贿，没入。	都护府、都督府、京府、散府府尹皆有之。
大理寺	卿	掌折狱详刑，凡罪抵流死，皆上刑部，覆于中书门下。	
	正	掌议狱，正科条。	
	丞	掌分判寺事，正刑之轻重。	
	司直	掌出使推按。	

续表

机关	官名	职掌	备考
刑部	尚书侍郎	掌律令刑法徒隶、按覆谳禁之政。	凡鞫大狱，以尚书侍郎与御史中丞、大理卿为三司。
	郎中员外郎	掌按覆大理及天下奏谳。	
御史台	大夫	掌持邦国刑宪。	凡天下之人，有称冤而无告者，与三司讯之。
	中丞	为大夫贰。	
	侍御史	掌推鞫狱讼。	
	监察御史	掌分察巡按郡、州、县狱讼事。	

按：唐制，刑部掌按覆奏谳，御史台分掌纠察狱讼事。而地方诉讼，自县达于州、府，自州、府达于大理寺，实为三级制度。

若寻常之狱，推讫断于大理（《旧唐书》卷四十四《职官志三》）。

其后，御史亦受诉讼。

故事，御史台不受讼，有诉可闻者，略其姓名，托以风闻。其后，御史嫉恶者少，通状壅绝。开元十四年，乃定授事御史一人，知其日劾状题告事人姓名（《唐书》卷四十八《百官志三》）。

御史台亦置狱系人。

初，台无狱，凡有囚则系大理。贞观时，李乾祐为大夫，始置狱，由是中丞、侍御史皆得系人（《唐书》卷一三〇《崔隐甫传》）。

造就法律人才，则有律学。

律学博士一人（太宗置）……学生五十人。博士掌教文武官八品已上及庶人子为生者。以律令为专业，格式法例亦兼习之（《旧唐书》卷四十四《职官志三·国子监》）。

贞观六年二月……初置律学（《旧唐书》卷三《太宗本纪》）。

（4）学校

唐时学校，自表面上观之，不可谓不盛。然士人视线，皆集注于科举，学校只为入仕之阶梯而已。

（甲）京师学

国子监领六学（生徒皆隶尚书省补）：一曰“国子学”，生徒三百人（分习五经，一经六十人，以文武官三品以上及国公子孙、从二品以上之曾孙为之）；二曰“太学”，生徒五百人（每一经百人，以四品、五品及郡、县公子孙，及从三品之曾孙为之）；三曰“四门学”，生徒千三百人（分经之制与太学同，其五百人以六品、七品及侯、伯、子、男之子为之。其八百人以庶人之俊造者为之）；四曰“律学”，生徒五十人（取年十八以上、二十五以下，以八品、九品子孙及庶人之习法令者为之）；五曰“书学”，生徒三十人（以习文字者为之）；六曰“算学”，生徒三十人（以习计数者为之）；凡二千二百一十人（《通典》卷五十三《礼十三》）。

太宗时加以扩充，生徒尤众。

太宗贞观五年以后，数幸国学。……国学、太学、四门亦增生员，其书、算各置博士，凡三百六十员。其屯营、飞骑，亦给博士，授以经业。无何，高丽、百济、新罗、高昌、吐蕃诸国酋长，亦遣子弟请入国学，于是国学之内，八千余人（《通考》卷四十一《学校考二》）。

学校既为科举而设，则所肄习之课程，亦为应举之预备。

凡博士、助教，分经授诸生，未终经者，无易业。……凡《礼记》《春秋左氏传》为“大经”，《诗》《周礼》《仪礼》为“中经”，《易》《尚书》《春秋公羊传》《穀梁传》为“小经”。通二经者，大经、小经各一，若中经二。通三经者，大经、中经、小经各一。通五经者，大经皆通，余经各一，《孝经》《论语》皆兼通之（《通考》卷四十一《学校考二》）。

生徒成绩佳者，即送于礼部与试。

分其人而教育之，其有通经力学者，必于岁之杪，升于礼部听简试焉（《柳宗元集》卷二十六《四门助教厅壁记》）。

（乙）州郡学

唐制，京都学生八十人，大都督、中都督府、上州各六十人，下都督府、中州各五十人，下州四十人，京县五十人，上县四十人，中县、中下县各三十五人，下县二十人。州、县学生，州、县长官补，长史主焉。每岁仲冬，州、县馆监举其成者，送之尚书省（《通考》卷四十六《学校考七》）。

武德七年，诏诸州、县及乡，并令置学，有明一经以上者，有司试册加阶。玄宗开元二十一年，敕诸州、县学生，年二十一已下，通一经已上，及未通经、精神聪悟有文词、史学者，每年铨量举送所司简试，听入四门学充俊士（《通考》卷四十六《学校考七》）。

学校为官所立，私人不得设立。

不得辄使诸百姓任立私学（《通考》卷四十六《学校考七》）。

（5）科举

唐行科举制度，凡举士铨官，皆重考试。自魏晋以来，造成门阀之九品中正制度，至是始完全废除。且科举盛行，白衣及第，得通婚于世宦，而门第之风亦衰，此实为中古社会上一大变革也。至其举士铨官之法，多为后来所沿袭。兹特分述之。

（甲）举士

唐制，取士之科……有三：由学馆者曰“生徒”，由州、县者曰“乡贡”，皆升于有司而进退之。……其天子自诏者曰“制举”，所以待非常之才焉（《唐书》卷四十四《选举志上》）。

国子监……丞……每岁七学生业成，与司业、祭酒莅试，登第者上于礼部（《唐书》卷四十八《百官志三》）。

自京师、郡、县，皆有学焉。每岁仲冬，郡县馆监课试其成者……而与计偕。其不在馆学而举者，谓之乡贡。旧令诸郡，虽一、二、三人之限（上郡岁三人、中郡二人、下郡一人），而实无常数，到尚书省，始由户部集阅。而关于考功课试，可者为第（《通典》卷十五《选举三》）。

所设科目甚多，常制凡八，所谓“八科”者也。

其科之目，有“秀才”，有“明经”……有“进士”，有“明法”，有“明字”，有“明算”……有“道举”，有“童子”（《唐书》卷四十四《选举志上》）。

各科考试中第之标准，亦有规定。

“律”，凡明法，试律七条、令三条，全通为甲第，通八为乙第（《唐书》卷四十四《选举志上》）。

“书”，凡书学，先口试，通乃墨试《说文》《字林》二十条，通十八为第（《唐书》卷四十四《选举志上》）。

“算”，试《九章》《海岛》《孙子》《五曹》《张邱建》《夏侯阳》《周髀》《五经》《缀术》《缉古》，帖各有差，兼试问大义，皆通者为第（《通典》卷十五《选举三》）。

“明经”，凡明经，先帖文，然后口试，经问大义十条，答时务策三道，亦为四等（《唐书》卷四十四《选举志上》）。

“进士”，凡进士，试时务策五道、帖一大经，经、策全通为甲第，策通四帖过四以上为乙第（《唐书》卷四十四《选举志上》）。

“道举”，开元二十九年，始于京师置崇玄馆，诸州置道学生徒有差，谓之道举（《通典》卷十五《选举三》）。

“童子”，童子科，凡十岁以下，能通一经，及《孝经》《论语》，每卷诵文十通者予官，通七者予出身（《通考》卷三十五《选举考八》）。

至于玄宗，复有改定。

开元八年七月，国子司业李元瓘上言："三《礼》、三《传》及《毛诗》《尚书》《周易》等，并圣贤微旨……今明经所习，务在出身，咸以《礼记》文少，人皆竞读。……贡人参试之日，习《周礼》《仪礼》《公羊》《穀梁》并请帖十通五许其入策，以此开劝，即望四海均习九经该备。"诏从之（《通志》卷五十八《选举略一》）。

调露二年……又加《老子》。……开元二十一年，明皇新注《老子》成，诏天下每岁贡士，减《尚书》《论语》二策而加《老子》焉（《通志》卷五十八《选举略一》）。

开元二十五年二月，制，明经每经帖十，取通五以上，免旧试一帖；仍按问大义十条，取通六以上，免试经策十条，令答时务策三道，取粗有文理者与及第。其进士停小经，准明经帖大经十帖，取通四以上，然后准例试杂文及策，考通与及第。其明经中有明五经以上，试无不通者；进士中兼有精通一史，能试策十条得六以上者，奏听进止（《通志》卷五十八《选举略一》）。

考试艺业，皆有帖经，其法毫无意义，遂渐趋重文章。至玄宗加试诗赋，遂为唐代承袭不变之制。

凡举司课试之法，帖经者以所习经，掩其两端，中间开唯一行，裁纸为帖。凡帖三字，随时增损，可否不一，或得四、得五、得六者为通（注：后举人积多，故其法益难，务欲落之，至有帖孤章绝句疑似参互者以惑之，甚者或上抵其注，下余一、二字，使寻之难知，谓之"倒拔"。既甚难矣，而举人则有驱悬孤绝、索幽隐，为诗赋而诵习之，不过十数篇，则难者悉详矣。其于平文大义，或多面墙焉。〔《通典》卷十五《选举三》〕）。

天宝十三载，玄宗御勤政楼，试博通坟典、洞晓玄经、辞藻宏丽、军谋出众等举人。……取词藻宏丽外，别试诗、赋各一首。制举试诗、赋，自此始也（《旧唐书》卷一一九《杨绾传》）。

先是，进士试诗、赋及时务策五道。……建中二年，中书舍人赵赞权知贡举，乃以箴、论、表、赞代诗、赋。……太和八年，礼部复罢进士议论，而试诗、赋（《唐书》卷四十四《选举志上》）。

唐设科虽多，而士人所趋，惟“明经”“进士”两科。后因尚文，明经所试之艺，不为人所重，而进士独为矜贵。

其常贡之科，有“秀才”，有“明经”，有“进士”，有“明法”，有“书”，有“算”。……贞观中，有举而不第者，坐其州长。……自是士族所趣向，惟明经、进士二科而已（《通典》卷十五《选举三》）。

按令文科第，秀才与“明经”同为四等，“进士”与明法同为二等，然秀才之科久废。……自武德以来，明经惟有丁第，进士惟乙科而已（《通典》卷十五《选举三》）。

其进士，大抵千人得第者百一、二；明经倍之，得第者十一、二。……开元以后，四海晏清，士无贤不肖，耻不以文章达，其应诏而举者，多则二千人，少犹不减千人，所收百才有一（《通典》卷十五《选举三》）。

进士科，始于隋大业中，盛于贞观，缙绅虽位极人臣，不由进士者，终不为美（王定保《摭言》）。

唐时试官，初归尚书省吏部主之，后移于礼部，遂为科举时代之定制。

武德旧制，以考功郎中监试贡举。贞观以后，则考功员外郎专掌之（《通典》卷十五《选举三》注）。

开元二十四年，制，移贡举于礼部，以侍郎掌之（注：因考功员外郎李昂，诋诃进士李权文章，大为权所陵诟，朝议以郎官地轻，故移于礼部，遂为永制。〔《通典》卷十五《选举三》〕）。

举人入场时，礼节隆重，防弊亦甚严。

先试之期，命举人谒于先师，有司卜日，宿张于国学，宰辅以下皆会而观焉，博集群议，讲论而退之。礼部阅试之日，皆严设兵卫，荐棘围之，搜索衣服，讥诃出入，以防假滥焉（《通典》卷十五《选举三》）。

武后策贤良方正，诏吏部尚书李景谌“糊名”较覆。说所对第一，后署乙等（《唐书》卷一二五《张说传》）。

武后策贡士于洛城殿，为殿试之始。

武太后载初元年二月，策问贡人于洛城殿，数日方了。“殿前试”人自此始（《通典》卷十五《选举三》）。

以上为文科，至武科，则始于武后时。

长安二年（西元七〇二年），教人习武艺。其后，每岁如明经、进士之法，行乡饮酒礼，送于兵部。其课试之制，画帛为五规，置之于垜，去之百有五步，列坐引射，名曰“长垜”。又穿土为埒，其长与垜均，缀皮为两鹿，历置其上，驰马射之，名曰“马射”。又断木为人，戴方版于顶上，凡四偶人，互列埒上，驰马入埒，运枪左右触，必版落而人不踣，名曰“马枪”。皆以儇好不失者为上。兼有步射、穿札、翘关、负重、身材、言语之选，通得五上者为第（《通典》卷十五《选举三》）。

其制有长垜、马射、步射、平射、筒射，又有马枪、翘关、负重、身材之选。翘关者，长一丈七尺，径三寸半，凡十举后，手持关距，出处无过一尺。负重者负米五斛，行二十步，皆为中第。亦以乡饮酒礼送兵部（《通考》卷三十四《选举考七》）。

唐之举人，先藉当世显人，以姓名达之主司，然后以所业投献。逾数日又投，谓之温卷（赵彦卫《云麓漫抄》卷二）。

薛登……疏曰：“……方今举士。……明诏方下，固已驱驰府寺之廷、出入王公之第，陈篇希恩，奏记誓报。故俗号举人，皆称觅举。”（《唐书》卷一一二《薛登传》）

为进士者，皆诵当代之文，而不通经、史。明经，但记帖括。又投牒自举(《唐书》卷四十四《选举志上》)。

当时社会人心,注重于科举,而进士登第,尤为光荣,演出许多风尚。

进士杏园初会,谓之探花宴。以少俊二人为探花使,遍游名园,若他人先折得名花,则二人被罚(陈耀文《天中记》卷三十八)。

神龙以来,杏园宴后,皆于慈恩寺塔下题名。……他时有将相,则朱书之(王定保《摭言》)。

唐大中以来,礼部放榜,岁取二三人姓氏稀僻者,谓之色目人,亦曰榜花(潘自牧《记纂渊海》卷三十七)。

嗣复领贡举,时于陵(嗣复父)自洛入朝,乃率门生出迎,置酒第中,于陵坐堂上,嗣复与诸生坐两序(《唐书》卷一七四《杨嗣复传》)。

进士曲江大会,先牒教坊请奏,上御紫云楼垂帘观焉。公卿家率以是日择婿,车马填塞(王定保《摭言》)。

当代以进士登科为登龙门,释褐,多拜清紧。十数年间,拟迹庙堂,轻薄者语曰:"及第进士,俯视中黄郎。落第进士,揖蒲华长马。"(落第当可再举,一得即蹿清要。平揖蒲州华州之令长。〔《封演封氏闻见记》卷三〕)

(乙)铨选

(自六品以下)……凡旨授官,悉由于尚书,文官属吏部,武官属兵部,谓之铨选(《通典》卷十五《选举三》)。

凡士人登科后,尚须经过吏部考试,中式者方授以官,所谓"释褐试"者也。

凡选,始于孟冬,终于季春(注:先时五月,颁格于郡、县,示人科限而集之。初皆投状于本郡,或故任所述罢免之由,而上尚书省,限十月至省,乃考核资叙、郡县、乡里名籍、父祖官名、内外族姻、年齿形状、优劣课最、谴负刑犯必具焉。……其试之日，除场援棘，讥察防检，如礼部举人之法。〔《通典》卷十五《选举三》〕）。

其考取方法，计有四事。

其择人有四事：一曰“身”（取其体貌丰伟）；二曰“言”（取其言词辩正）；三曰“书”（取其楷法遒美）；四曰“判”（取其文理优长）。……始集而“试”，观其书判；已试而“铨”，察其身言；已铨而“注”，询其便利，而拟其官。已注而“唱”示之，不厌者，得反通其辞。……三唱而不厌，听冬集（《通典》卷十五《选举三》）。

取中者，经过审核，方能上请授官。

厌者以类相从，攒之为甲，先简仆射，乃上门下省，给事中读之，黄门侍郎省之，侍中审之，不审者皆得驳下。既审然后上闻，主者受旨而奉行焉（《通典》卷十五《选举三》）。

武官考试，亦明定标准。

武选亦然，课试之法，如举人之制，取其躯干雄伟、应对详明、有骁勇才艺及可为统帅者（《通典》卷十五《选举三》）。

文、武官取中后，则给以凭照，谓之告身。

各给以符，而印其上，谓之“告身”，其文曰“尚书吏部告身之印”。自出身之人，至于公卿，皆给之。武官则受于兵部（《通典》卷十五《选举三》）。

以上文、武官考试是为常制，尚有所谓“南选”者，则为特制。

其黔中、岭南、闽中郡、县之官，不由吏部，以京官五品以上一人充使就补，御史一人监之，四岁一往，谓之“南选”（《通典》卷十五《选举三》）。

唐中叶以后，铨选制度渐坏，任便授予，仕途遂冗滥矣。

唐初“职事官”，有六省、一台、九寺、三监、十六卫、十率府之属。

其外又有“勋官”“散官”，勋官以赏战功，散官以褒勤（当为“勋”字之误）旧，故必折馘执俘，然后赐勋，积资累考，然后进阶，以其不可妄得，故当时人以为荣。及高宗东封，武后预政，欲求媚于众，始得“泛阶”。自是品秩浸讹，朱紫日繁矣。肃宗之后，四方麋沸，兵革不息，财力屈竭，勋官不足以劝武功，府库不足以募战士，遂并职事官，通用为赏，不复选材，无所爱吝，将帅出征者，皆给空名告身，自开府至郎将，听临事注名。后又听以信牒授人，有至异姓王者。于是金帛重而官爵轻矣，或以大将军告身，才易一醉，其滥如此。重以藩方跋扈，朝廷畏之，穷极褒宠，苟求姑息，遂有朝编卒伍，暮拥节旄，夕解缇衣，旦纡公衮者矣（司马光《传家集》卷六十八《百官表总序》）。

（6）冠服

（甲）服色

品官旧服止黄、紫，于是三品服紫，四品、五品朱，六品、七品绿，八品、九品青（《唐书》卷九十八《马周传》）。

贞观四年八月，诏：“三品已上服紫，五品已上服绯，六品、七品以绿，八品、九品以青，妇人从夫色。”（《旧唐书》卷三《太宗本纪下》）

唐高祖以赭黄袍、巾带为常服。……既而天子袍衫稍用赤黄，遂禁臣民服（《唐书》卷二十四《车服志》）。

司礼少常伯孙茂道奏称：“八品、九品旧令著青，乱紫，非卑品所服，望令著碧。”诏从之（《旧唐书》卷四《高宗本纪上》）。

（乙）用料

亲王及三品、二王后，服大科绫罗，色用紫，饰以玉。五品以上服小科绫罗，色用朱，饰以金。六品以上服丝布交梭双紃绫，色用黄。六品、七品服用绿，饰以银。八品、九品服用青，饰以鍮石。……流外官、庶人、部曲、奴婢，则服䌷絁绝布，色用黄白，饰以铁、铜。太宗时，又命七品服龟甲双巨十花绫，色用绿。九品服丝布杂绫，色用青（《唐书》卷二十四《车服志》）。

（丙）衣衫

是时，士人以棠苎襕衫为上服。……一命以黄，再命以黑，三命以纁，四命以绿，五命以紫。士服短褐，庶人以白。中书令马周上议："《礼》无服衫之文，三代之制，有深衣。请加襕、袖、褾、襈为士人上服。开骻者，名曰缺骻衫，庶人服之。"（《唐书》卷二十四《车服志》）

马周上疏云："士庶服章……请中单上加半臂，以为得礼。"（马缟《中华古今注》卷中）

（丁）冠巾

太宗尝以幞头起于后周，便武事者也。方天下偃兵，采古制为翼善冠自服之。又制进德冠，以赐贵臣（《唐书》卷二十四《车服志》）。

贞观八年五月……上初服翼善冠，贵臣服进德冠（《旧唐书》卷三《太宗本纪下》）。

幞头本名上巾，亦名折上巾，但以三尺皂罗后裹发，盖庶人之常服。沿至后周，武帝裁为四脚，名曰幞头。以至唐侍中马周，更与罗代绢，又令重系前后，以象二仪，两边各为三撮，取法三才，百官及士、庶为常服（马缟《中华古今注》卷中）。

（戊）带佩

腰带者，搢垂头以下，名曰铊尾，取顺下之义。一品、二品銙以金，六品以上以犀，九品以上以银，庶人以铁（《唐书》卷二十四《车服志》）。

咸亨三年五月，五品已上改赐新鱼袋，并饰以银。三品已上，各赐金装刀子、砺石一具。……上元元年……敕文武官三品已上服紫，金玉带；四品深绯，五品浅绯，并金带；六品深绿，七品浅绿，并银带；八品深青，九品浅青，鍮石带；庶人服黄，铜、铁带。一品已下文官，并带手巾、算袋、刀子、砺石，武官欲带亦听之（《旧唐书》卷五《高宗本纪下》）。

（己）笏

玄宗开元八年，敕诸笏。三品以上，前诎后直；五品以上，前诎后挫；并用象。九品以上，任用竹、木，上挫下方，听依品爵报笏。假版官者，亦依此例（《通考》卷一一二《王礼七》）。

故事，皆搢笏于带，而后乘马。九龄体羸，常使人持之，因设笏囊。笏囊之设，自九龄始也（《旧唐书》卷九十九《张九龄传》）。

（7）音乐

（甲）雅乐

高祖受禅，擢祖孝孙为吏部郎中，转太常少卿，渐见亲委，孝孙由是奏请作乐。时军国多务，未遑改创乐府，尚用隋氏旧文。武德九年，始命孝孙修定雅乐，至贞观二年六月奏之。……孝孙又奏：陈、梁旧乐，杂用吴、楚之音；周、齐旧乐，多涉胡戎之伎。于是斟酌南北，考以古音，作为大唐雅乐（《旧唐书》卷二十八《音乐志一》）。

（乙）舞

贞观七年，太宗制《破阵舞图》：左圆右方，先偏后伍，鱼丽鹅鹳，箕张翼舒，交错屈伸，首尾回互，以象战阵之形。令吕才依图教乐工百二十人，被甲执戟而习之。凡为三变，每变为四阵，有来往疾徐击刺之象，以应歌节。……更名《七德》之舞（《旧唐书》卷二十八《音乐志一》）。

贞观六年，太宗行幸庆善宫，宴从臣于渭水之滨，赋诗十韵。其宫即太宗降诞之所。车驾临幸，每特感庆，赏赐闾里，有同汉之宛、沛焉。于是起居郎吕才，以御制诗。……被之管弦………令童儿八佾，皆进德冠、紫袴褶，为《九功》之舞（《旧唐书》卷二十八《音乐志一》）。

《圣寿乐》，高宗武后所作也。舞者百四十人，金铜冠，五色画衣，舞之行列必成字，十六变而毕。有“圣超千古”“道泰百王”“皇帝万年”“宝祚弥昌”字（《旧唐书》卷二十九《音乐志二》）。

（丙）法曲

初，隋有法曲，其音清而近雅。其器有铙、钹、钟、磬、幢箫、琵琶。琵琶圆体修颈而小，号曰“秦汉子”，盖弦鼗之遗制，出于胡中，传为秦、汉所作。其声金、石、丝、竹以次作。……玄宗既知音律，又酷爱法曲，选坐部伎子弟三百教于梨园，声有误者，帝必觉而正之，号“皇帝梨园弟子”。宫女数百，亦为梨园弟子，居宜春北院。……更置小部音声三十余人。帝幸骊山，杨贵妃生日，命小部张乐长生殿，因奏新曲，未有名，会南方进荔枝，因名曰《荔枝香》（《唐书》卷二十二《礼乐志十二》）。

玄宗又于听政之暇，教太常乐工子弟三百人，为丝竹之戏。音响齐发，有一声误，玄宗必觉而正之，号为皇帝弟子，又云梨园弟子，以置院近于禁苑之梨园。太常又有别教院，教供奉新曲。……玄宗又制新曲四十余，又新制乐谱（《旧唐书》卷二十八《音乐志一》）。

（丁）杂戏

则天末年季冬，为泼寒胡戏。……泼寒胡未闻典故，裸体跣足……挥水投泥（《旧唐书》卷九十七《张说传》）。

每初年望夜……即遣宫女于楼前缚架出眺，歌舞以娱之。若绳戏竿木，诡异巧妙，固无其比（《旧唐书》卷二十八《音乐志一》）。

玄宗又尝以马百匹，盛饰分左右，施三重榻，舞《倾杯》数十曲，壮士举榻，马不动。乐工少年姿秀者十数人，衣黄衫、文玉带，立左右（《唐书》卷二十二《礼乐志十二》）。

侍宴鱼藻宫，张水嬉彩舰，宫人为棹歌，众乐间发，德宗欢甚（《唐书》卷七《顺宗纪》）。

睿宗时，婆罗门国献人，倒行以足舞，仰植铦刀，俯身就锋，历脸下，复植于背，觱篥者立腹上，终曲而不伤。又伏伸其手，二人蹑之，周旋百转（《唐书》卷二十二《礼乐志十二》）。

时帝薄于德，昵宠优人李可及。可及者能新声，自度曲，辞调凄折，京师偷薄少年争慕之，号为“拍弹”。同昌公主丧毕，帝与郭淑妃悼念不已，可及为帝造曲，曰《叹百年》，教舞者数百，皆珠翠襐饰，刻画鱼龙地衣，度用缯五千，倚曲作辞，哀思裴回，闻者皆涕下。舞阕，珠宝覆地。帝以为天下之至悲，愈宠之（《唐书》卷一八一《曹确传》）。

（五）唐与诸族之关系

唐与诸族关系最多。在唐初国势甚盛，各族酋长诣阙，尊太宗为天可汗。其沿边各地，先后设有六都护府，以资控制。兹表列如下。

六都护简表

都护府名	道别	治所		控制	设置与沿革	备考
		古地	今释			
安东	河北	平壤	朝鲜平壤	高丽诸府州，及百济、新罗皆属焉。	总章元年，平高丽，置安东都护府于平壤。	天宝二年，属平卢节度。至德后遂废。
安南	岭南	交州	越南北部	交趾府州，及海南诸国。	隋交趾郡。武德五年，改交州为总管府。调露元年，改为安南都护府。	
安西	陇右	龟兹	新疆库车县	西域诸府州。	贞观十四年，平高昌，置安西都护府。	德宗后，没于吐蕃。
安北	关内	金山	科布多境	碛北诸府州。	永徽初，讨平漠北，置燕然都护府。总章二年，改为安北大都护府。	天宝初，属朔方节度使。
单于	河东	云中	内蒙呼和浩特	碛南诸府州。	龙朔三年，置云中都护府。麟德元年，改为单于大都护府。	同上。
北庭	陇右	庭州	新疆乌鲁木齐	天山以北府州。	贞观十四年，讨高昌，及平，乃置庭州。长安二年，改为北庭都护府。	德宗后，没于吐蕃。

自睿宗景云二年，始置节度使，玄宗承之，沿边遂有十节度使之设。

十节度简表

名称	治所		控制	备考
	古地	今释		
平卢	营州	热河朝阳县	室韦、靺鞨等部。	玄宗天宝初，分范阳节度使置。
范阳	幽州	北京	奚、契丹等部。	睿宗景云二年置。
河东	太原	山西阳曲县	犄角朔方。	玄宗开元十一年置。
朔方	灵州	甘肃灵武县	回纥等部。	玄宗开元九年置。
河西	凉州	甘肃武威县	回纥、吐蕃等部。	睿宗景云二年置。
陇右	鄯州	青海乐都县	吐蕃等部。	玄宗开元二年置。
镇西	龟兹	新疆库车县	西域诸国。	玄宗开元六年置。
北庭	庭州	新疆乌鲁木齐	突骑施、坚昆、默啜等部。	玄宗开元二十九年置。
剑南	益州	四川成都县	吐蕃、蛮、僚等部。	玄宗开元五年置。
岭南	广州	广东番禺县	南海诸国。	开元中置，亦作五府经略使。

唐代盛时，备边之兵，非常雄厚。

兵之戍边者，大曰军，小曰守捉、曰城、曰镇（《唐书》卷五十《兵志》）。

凡天下军有四十，府有六百三十四，镇有四百五十，戍五百九十，守捉有三十五（兵四十九万人，马八万余匹。〔王溥《唐会要》卷七十〕）。

其通各国之道路有七。

唐置羁縻诸州，皆傍塞外，或寓名于夷落，而四夷之与中国通者甚众，若将臣之所征讨，敕使之所慰赐，宜有以记其所从出。天宝中，玄宗问诸蕃国远近，鸿胪卿王忠嗣以《西域图》对，才十数国。其后贞元宰相贾耽，考方域道里之数最详，从边州入四夷，通译于鸿胪者，莫不毕纪。其入四夷之路与关戍走集，最要者七：一曰营州，入安东道；二曰登州，海行入高丽、渤海道；三曰夏州，塞外通大同、云中道；四曰中受降城，入回鹘道；五曰安西，入西域道；六曰安南，通天竺道；七曰广州，通海夷道（《唐书》卷四十三下《地理志七下》）。

与唐发生关系之诸族，特依其方位顺序表列之。

唐代诸族简表

方位	国名	居地	关系	备考
北方	东突厥	蒙古地。	归附	
	西突厥	金山以西，至苏联中亚地。	归附	
	回纥	蒙古地。	和亲	
	铁勒	蒙古、新疆一带，散布甚广，及于西伯利亚。	朝贡	武德初，太宗图颉利，遣使通之，来贡方物。
	流鬼	西伯利亚贝加尔湖北。	朝贡	贞观十四年，其王遣子三译来朝。
	黠戛斯	乌梁海之地。	朝贡	唐利用之以制回纥。
西方及极西方	高昌	新疆吐鲁番一带。	纳土	武德七年，献方物，后畔。贞观十四年，命侯君集伐之，破其国，置西州。
	龟兹	新疆库车县。	归附	高祖时，遣使来朝。太宗时，臣于西突厥，遂绝。贞观二十年，讨降之。
	党项	甘肃西部。	归附	初附吐谷浑抗唐。贞观九年，李靖破降之。

续表

方位	国名	居地	关系	备考
西方及极西方	吐谷浑	青海之地。	归附	高祖受禅，遣使朝贡。太宗时入侵，贞观九年，命李靖等讨破之，自后称臣。
	焉耆	新疆焉耆县。	朝贡	贞观六年，使来贡方物。
	疏勒	新疆疏勒县。	朝贡	贞观九年，遣使来献方物。开元十六年，玄宗册封其王。
	于阗	新疆和阗县。	朝贡	贞观六年，使来贡方物。十三年，又遣子入侍。其后常朝贡。
	天竺	印度。	朝贡	贞观十五年，使来献物。
	罽宾	印度克什米尔。	朝贡	贞观十一年，使来献名马，其后常有使来。
	吐蕃	西藏。	和战不常	
	康国	苏联乌孜别克共和国。	朝贡	武德九年，使来献名马，自此朝贡岁至。
	波斯	伊朗。	朝贡	永徽元年，为突厥所迫朝于唐，唐置波斯都督府，屡朝贡。
	大食	阿拉伯半岛。	聘问、通商	长安中，遣使献马。开元初，遣使来朝。
	拂菻	或谓即东罗马帝国。	聘问、通商	贞观十七年，使来献物，太宗答赐。
	甘棠	里海之南。	朝贡	
	朱俱波	葱岭之北。	纳土	贞观九年，遣使来朝。开元中，平其国。

续表

方位	国名	居地	关系	备考
西方及极西方	泥婆罗	尼泊尔。	朝贡	贞观中,卫尉丞李义辰使天竺,曾经其国。永徽中,使来朝贡。
	石国	苏联乌孜别克共和国。	朝贡	武德时,数献方物。显庆三年,授其王都督。开元初,封其君长为石国王,遣使朝贡不绝。
东方	日本	日本国。	来留学	咸亨、长安中,数遣使于唐,浮屠随来留学。
	高丽	朝鲜半岛之北,及辽、吉二省境。	纳土	高丽初臣服于唐,盖苏文当国,复畔。贞观十九年,太宗亲征,未克而还。总章元年,灭之。
	新罗	朝鲜半岛东部。	朝贡、留学	武德四年,遣使朝贡,自此不绝。
	百济	朝鲜半岛西部。	纳土	显庆五年,命苏定方统兵讨之,大破其国,乃以其地置五都督府。
东北方	靺鞨	黑龙江境,及吉林以东地。	朝贡	武德初,遣使朝贡,自后不绝。
	渤海	辽宁东部,及吉林地。	朝贡	高丽别种,高宗灭高丽,徙其人,散处中国。后有大乞乞仲,各分王高丽地,称渤海。开元以后,常来朝贡。
	奚	热河东南部。	畔附不常	武德中,遣使朝贡。贞观二十二年,内属。延和元年,唐边将袭之,不克,遂畔。开元三年,复内附,妻以公主。

续表

方位	国名	居地	关系	备考
东北方	契丹	热河东北部，及内蒙古自治区中部。	畔附不常	贞观二十三年，内附。武后时畔，至开元三年，其首领又内附，妻以公主。天宝后，复畔。贞元间，常修藩礼。
	霫	辽宁西北部。	朝贡	贞观三年，使来贡方物。
	室韦	内蒙古自治政府北部地。	朝贡	武德、贞观中，使来朝贡。
	蒙兀	或即蒙古。	朝贡	贞观六年，使来献物。
西南方及海外	南诏	云南省地。	畔附不常	
	林邑	越南中部。	朝贡	武德六年，其王遣使来朝贡。八年，又使献方物。贞观初，又来朝贡不绝。
	骠国	缅甸。	朝贡	贞元八年，其国王弟悉利移，因南诏重译来朝献方物。
	真腊	柬埔寨。	朝贡	武德六年，遣使贡方物。贞观二年，又与林邑同来。高宗、武后、玄宗时，并有使来。
	东谢蛮	贵州西部。	纳土	贞观三年，其首领谢元琛入朝，以其地为应州。
	南平僚	四川东南部。	纳土	遣使内附，以其地隶于渝州。
	牂牁蛮	贵州西南。	朝贡	武德三年，使初来朝贡，其后不绝。
	婆利	婆罗洲。	朝贡	贞观四年，其王遣使随林邑来献方物。

续表

方位	国名	居地	关系	备考
西南方及海外	盘盘	在林邑西南海曲中。	朝贡	贞观九年，遣使来贡方物。
	陁洹	在林邑西南大海中。	朝贡	贞观十八年，遣使来朝。二十一年，又遣使献方物。
	诃陵	在南方海中洲上居，东接婆利。	朝贡	贞观十四年，遣使来朝。大历三年、元和十一年、十三年，遣使献方物。
	堕和罗	南与盘盘，东与真腊接。	朝贡	贞观十二年、二十三年，均有使来献方物。
	堕婆登	在林邑南海中。	朝贡	贞观二十一年，使来贡方物。

上列诸族，其与唐有特别关系者，分详于后。

（1）突厥

隋末唐初之际，突厥复兴，势力盛强，为北边巨患。其东西两部与唐之关系，特分述之如下。

（甲）东突厥之盛衰

始毕可汗咄吉者，启民可汗子也，隋大业中嗣位。值天下大乱，中国人奔之者众，其族强盛，东自契丹、室韦，西尽吐谷浑、高昌诸国，皆臣属焉。控弦百余万……高视阴山，有轻中夏之志（《旧唐书》卷一九四上《突厥传上》）。

窦建德、薛举、刘武周、梁师都、李轨、王世充等倔起虎视，悉臣尊之（《唐书》卷二一五上《突厥传上》）。

高祖起义太原，遣大将军府司马刘文静聘于始毕，引以为援。始毕遣其特勒康稍利等，献马千匹，会于绛郡，又遣二千骑助军（《旧唐书》卷一九四上《突厥传上》）。

以上唐初突厥之情况。唐既借其兵力，亦称臣焉。

高祖即位，前后赏赐，不可胜纪。始毕自恃其功，益骄踞，每遣使者至长安，颇多横恣。高祖以中原未定，每优容之（《旧唐书》卷一九四上《突厥传上》）。

武德二年二月，始毕帅兵渡河至夏州，贼帅梁师都出兵会之，谋入抄掠（《旧唐书》卷一九四上《突厥传上》）。

自是迭为边患，至颉利益甚，高祖竟欲迁都以避之，赖太宗力谏而止。

颉利初嗣立（以始毕之子什钵苾为突利可汗，使居东），承父兄之资，兵马强盛，有凭陵中国之志。高祖以中原初定，不遑外略，每优容之，赐与不可胜计。颉利言辞悖傲，求请无厌（《旧唐书》卷一九四上《突厥传上》）。

武德七年（西元六二四年）秋，突利、颉利二可汗，自原州入寇，侵扰关中。有说高祖云："只为府藏子女在京师，故突厥来。若烧却长安而不都，则胡寇自止。"高祖乃遣中书侍郎宇文士及行山南可居之地，即欲移都。……太宗独曰："……尚使胡尘不息，遂令陛下议欲迁都，此臣之责也。"（《旧唐书》卷二《太宗本纪上》）

太宗之讨突厥，先行反间以弱其势。

因纵反间于突利，突利悦而归心焉。……突利因自托于太宗，愿结为兄弟（《旧唐书》卷一九四上《突厥传上》）。

突厥俗素质略，颉利得华士赵德言，才其人，委信之，稍专国；又委政诸胡，斥远宗族不用，兴师岁入边，下不堪苦。胡性冒沓，数翻覆不信，号令无常。岁大饥，裒敛苛重，诸部愈贰（《唐书》卷二一五上《突厥传上》）。

贞观元年（西元六二七年），阴山已北，薛延陀、回纥、拔也古等部，皆相率背叛，击走其欲谷设。颉利遣突利讨之，师又败绩，轻骑奔还。颉利怒，拘之十余日，突利由是怨望，内欲背之（《旧唐书》卷一九四上《突厥传上》）。

其内部既分，唐始出兵击之。命李靖、李勣、柴绍、任成王道宗、卫孝节、薛万彻为六总管，帅兵十万，皆受靖节度，一举而成功。

贞观三年，李勣为通漠道行军总管，至云中，与突厥颉利可汗兵会，大战于白道，突厥败。……靖将兵逼夜而发，勣勒兵继进。靖军既至，贼营大溃。颉利与万余人欲走渡碛，勣屯军于碛口，颉利至，不得渡碛。其大酋长率其部落，并降于勣（《旧唐书》卷六十七《李勣传》）。

贞观四年二月，颉利计窘，窜于铁山，兵尚数万，使执失思力入朝谢罪，请举国内附。太宗遣……唐俭……持节安抚之。颉利稍自安，李靖乘间袭击，大破之，遂灭其国。颉利乘……马独骑，奔于从侄沙钵罗部落。行军副总管张宝相，率众奄至沙钵罗营，生擒颉利，送于京师。……授右卫大将军（《旧唐书》卷一九四上《突厥传上》）。

颉利之败也，其部落或走薛延陁，或走西域，而来降者甚众。诏议安边之术，朝士多言突厥恃强，扰乱中国，为日久矣。今……穷来归我，本非慕义之心，因其归命，分其种落，俘之河南、兖、豫之地，散居州、县，各使耕织，百万胡虏，可得化为百姓，则中国有加户之利，塞北可常空矣。唯中书令温彦博，议请准汉建武时，置降匈奴于五原塞下，全其部落，得为捍蔽，又不离其土俗，因而抚之，一则实空虚之地，二则示无猜心。若遣向河南、兖、豫，则乖物性，故非含育之道。……太宗遂用其计，于朔方之地，自幽州至灵州，置顺、祐、化、长四州都督府。又分颉利之地六州，左置定襄都督府，右置云中都督府，以统其部众。其酋首至者，皆拜为将军、中郎将等官（《旧唐书》卷一九四上《突厥传上》）。

乃以突利可汗为顺州（热河朝阳县）都督，令率其下就部（《唐书》卷二一五上《突厥传上》）。

颉利、突利既灭亡，其继起者为薛延陁。

贞观三年，薛延陁自称可汗于漠北，遣使来贡方物（《旧唐书》卷一九四上《突厥传上》）。

贞观中，擒降突厥颉利等可汗之后，北虏唯菩萨薛延陁为盛（《旧唐书》卷一九五《回纥传》）。

贞观十五年（西元六四一年）十一月……薛延陁以同罗、仆骨、回纥、靺鞨、霫之众，度漠屯于白道川。命营州都督张俭，统所部兵压其东境。兵部尚书李勣为朔方行军总管，右卫大将军李大亮为灵州道行军总管，凉州都督李袭誉为凉州道行军总管，分道以御之。十二月……李勣及薛延陁战于诺真水，大破之。……薛延陁跳身而遁（真珠毗伽可汗死。〔《旧唐书》卷三《太宗本纪下》〕）。

薛延陁后，又有车鼻。

先是，贞观中，突厥别部有车鼻者，亦阿史那之族也。代为小可汗，牙于金山之北。颉利可汗之败，北荒诸部将推为大可汗。遇薛延陁为可汗，车鼻不敢当，遂率所部，归于延陁。为人勇烈有谋略，颇为众附，延陁恶而将诛之。车鼻密知其谋，窜归于旧所。其地去京师万里，胜兵三万人，自称乙注车鼻可汗。……自延陁破后，遣其子沙钵罗特勒来朝，贡方物，又请身入朝。太宗遣将军郭广敬征之，竟不至，太宗大怒。贞观二十三年（西元六四九），遣右骁卫郎将高偘潜，引回纥、仆骨等兵众袭击之。其酋长……等，率部落背车鼻相继来降。永徽元年（西元六五〇年），偘军次阿息山。车鼻闻王师至，召所部兵，皆不赴，遂携其妻子从数百骑而遁，其众尽降。偘率精骑追车鼻获之，送于京师。……车鼻既破之后，突厥尽为封疆之臣，于是分置单于、瀚海二都护府。单于都护领狼山、云中、桑乾三都督、苏农等一十四州。瀚海都护领金微、新黎等七都督、仙萼、贺兰等八州，各以其首领为都督、刺史。……自永徽已后殆三十年，北鄙无事（《旧唐书》卷一九四上《突厥传上》）。

此后复小有变乱，唐之兵力尚能威服之。至武后时，默啜复兴，其势力与颉利时相仿佛，为突厥中兴时期。自此大为边患，至开元时始讨平之，

骨咄禄，颉利族人也，云中都督舍利元英之部酋，世袭吐屯。伏念败（高宗永隆元年，突厥阿史那伏念叛于夏州，斐行俭讨破之），乃啸亡散保总材山，又治黑沙城，有众五千。盗九姓畜马，稍强大，乃自立为可汗，以弟默啜为杀，咄悉匐为叶护。……嗣圣、垂拱间，连寇朔、代，掠吏士（《唐书》卷二一五上《突厥传上》）。

天授初，骨咄禄死。……默啜自立为可汗。篡位数年，始攻灵州，多杀略士民。武后以薛怀义……等凡十八将军兵出塞，杂华蕃步骑击之，不见虏还（《唐书》卷二一五上《突厥传上》）。

契丹李尽忠等反，默啜请击贼自效。诏："可。"……拜迁善可汗。默啜乃引兵击契丹，会尽忠死，袭松漠部落，尽得……辎重。……诏……为特进颉跌利施大单于立功报国可汗。未及命，俄攻灵、胜二州，纵杀略（《唐书》卷二一五上《突厥传上》）。

默啜负胜，轻中国，有骄志，大抵兵与颉利时略等，地纵广万里，诸蕃悉往听命。复立咄悉匐为左察，骨咄禄子默矩为右察，皆统兵二万。子匐俱为小可汗，位两察上。典处木昆等十姓兵四万，号拓西可汗。岁入边，戍兵不得休（《唐书》卷二一五上《突厥传上》）。

初，默啜景云中，率兵西击娑葛，破灭之。契丹及奚，自神功之后，常受其征役，其地东西万余里，控弦四十万，自颉利之后，最为强盛，自恃兵威，虐用其众。默啜既老，部落渐多逃散。开元二年（西元七一四年），遣其子移涅可汗，及同俄特勒妹婿火拔、颉利发石阿失毕，率精骑围逼北庭。右骁卫将军郭虔瓘婴城固守，俄而出兵，擒同俄特勒于城下，

斩之。虏因退缩，火拔惧不敢归，携其妻来奔。……明年（三年），十姓部落左厢五咄六啜、右厢五弩失毕五俟斤，及子婿高丽莫离支……等，各率其众，相继来降，前后总万余帐。制令居河南之旧地。……其秋，默啜与九姓首领阿布思等战于碛北，九姓大溃，人畜多死，阿布思率众来降。四年，默啜又北讨九姓拔曳固，战于独乐河，拔曳固大败。默啜负胜轻归，而不设备，遇拔曳固进卒颉质略于柳林中，突出击默啜，斩之，仍与入蕃使郝灵筌传默啜首至京师。骨咄禄之子阙特勒鸠合旧部，杀默啜子小可汗及诸弟并亲信略尽，立其兄左贤王默棘连，是为毗伽可汗（《旧唐书》卷一九四上《突厥传上》）。

毗伽可汗以开元四年即位，本蕃号为小杀，性仁友，自以得国是阙特勒之功，固让之，阙特勒不受，遂以为左贤王，专掌兵马。是时，奚、契丹相率款塞，突骑施苏禄自立为可汗，突厥部落颇多携贰，乃召默啜时卫官暾欲谷为谋主。初默啜下卫官，尽为阙特勒所杀，暾欲谷以女为小杀可敦，遂免死，废归部落。及复用，年已七十余，蕃人甚敬伏之（《旧唐书》卷一九四上《突厥传上》）。

小杀既得降户，谋欲南入为寇。暾欲谷曰："唐王英武，人和年丰，未有间隙，不可动也。我众新集，犹尚疲羸，须且息养之数年，始可观变而举。"小杀又欲修筑城壁，造立寺观。暾欲谷曰："不可。突厥人户寡少，不敌唐家百分之一，所以常能抗拒者，正以随逐水草、居处无常、射猎为业，又皆习武，强则进兵抄掠，弱则窜伏山林，唐兵虽多，无所施用。若筑城而居，改变旧俗，一朝失利，必将为唐所并。"……小杀等深然其策。……小杀由是大振，尽有默啜之众。……开元十五年，小杀使其大臣梅录啜来朝，献名马。……时吐蕃与小杀书，将计议同时入寇，小杀并献其书。上嘉其诚……仍许于朔方军西受降城为互市之所，每年赍缣帛数十万匹，就边以遗之。……二十年，小杀为其大臣梅录啜所毒，药发未死，先讨斩梅录啜，尽灭其党（《旧唐书》卷一九四上《突厥传上》）。

突厥自小杀之后，日见衰微，至于灭亡。

小杀既卒，国人立其子为伊然可汗。……无几，伊然病卒，又立其弟为登利可汗。登利者，犹华言果报也。登利年幼，其母即暾欲谷之女，与其小臣饮斯达干奸通，干预国政，不为蕃人所伏。登利从叔父二人分掌兵马，在东者号为左杀，在西者号为右杀，其精锐皆分在两杀之下。开元二十八年（西元七四〇年）……册立登利为可汗。俄而，登利与其母诱斩西杀，尽并其众。而左杀惧祸及己，勒兵攻登利，杀之，自立，号乌苏米施可汗。左杀又不为国人所附，拔悉密部落起兵击之，左杀大败，脱身遁走，国中大乱（《旧唐书》卷一九四上《突厥传上》）。

天宝初，其大部回纥、葛逻禄、拔悉蜜并起，攻叶护杀之，尊拔悉蜜之长为颉跌伊施可汗。于是回纥、葛逻禄自为左、右叶护，亦遣使者来告。国人奉判阙特勒子为乌苏米施可汗，以其子葛腊哆为西杀。……其下不与、拔悉蜜等三部，共攻乌苏米施，米施遁亡。其西叶护阿布思及葛腊哆率五千帐降，以葛腊哆为怀恩王。三载，拔悉蜜等杀乌苏米施，传首京师。……其弟白眉特勒鹘陇匐立，是为白眉可汗，于是突厥大乱，国人推拔悉蜜酋为可汗。诏朔方节度使王忠嗣以兵乘其乱，抵萨河内山，击其左阿波达干十一部破之，独其右未下。而回纥、葛逻禄杀拔悉蜜可汗，奉回纥骨力裴罗定其国（《唐书》卷二一五下《突厥传下》）。

（乙）西突厥之盛衰

西突厥本与北突厥同祖，初木杆与沙钵略可汗有隙，因分为二。其国即乌孙之故地，东至突厥国，西至雷翥海，南至疏勒，北至瀚海……铁勒、龟兹及西域诸胡国皆归附之。其人杂有都陆及弩失毕、歌逻禄、处月、处密、伊吾等诸种，风俗大抵与突厥同，唯言语微差。其官有叶护、有特勒，常以可汗子弟及宗族为之。又有乙斤、屈利啜、阎洪达、颉利发、吐屯、俟斤等官，皆代袭其位（《旧唐书》卷一九四下《突厥传下》）。

阿波西走达头。当是时，达头为西面可汗，即授阿波兵十万，使与东突厥战，而阿波竟为沙钵略所禽。及启民可汗时，达头可汗岁以兵相加，而隋常助启民，故达头败，奔吐谷浑。始阿波既禽，国人立鞅素特勒子，是为泥利可汗。达头之奔，泥利亦败，及死，其子达漫立，是为泥撅处罗可汗。……大业中，从炀帝征高丽。……留其弟阙达度设畜牧于会宁郡，即自称阙可汗。……初，曷萨那（即泥撅处罗可汗）朝隋，国人皆不欲。既被留不遣，乃共立达头孙，号射匮可汗（《唐书》卷二一五下《突厥传下》）。

西突厥自射匮可汗后，日见兴盛。

射匮可汗者，达头可汗之孙也。既立后，始开土宇，东至金山，西至海，自玉门已西诸国皆役属之。遂与北突厥为敌，乃建庭于龟兹北三弥山。寻卒。弟统叶护可汗代立（《旧唐书》卷一九四下《突厥传下》）。

统叶护可汗，勇而有谋，善攻战。遂北并铁勒，西拒波斯，南接罽宾，悉归之，控弦数十万，霸有西域，据旧乌孙之地。又移庭于石国北之千泉。其西域诸国王悉授颉利发，并遣吐屯一人监统之，督其征赋。西戎之盛，未之有也。武德三年，遣使贡条支巨卵。时北突厥作患，高祖恩加抚结，与之并力以图北蕃，统叶护许以五年冬。大军将发，颉利可汗闻之大惧，复与统叶护通和，无相征伐。……贞观元年，遣真珠统俟斤……来（《旧唐书》卷一九四下《突厥传下》）。

统叶护自负强盛，无恩于国，部众咸怨，歌逻禄种多叛之。……为其伯父所杀而自立，是为莫贺咄侯屈利俟毗可汗（《旧唐书》卷一九四下《突厥传下》）。

俟毗可汗初分统突厥，为小可汗。既称大可汗，国人不附。弩失毕部自推泥孰莫贺设为可汗，泥孰辞不受。会统叶护可汗子咥力特勤避莫贺咄乱，亡在康居，泥孰迎立之，为乙毗钵罗肆叶护可汗，与俟毗可汗分王其国，拿斗不解（《唐书》卷二一五下《突厥传下》）。

由是西域诸国悉叛之，国大虚耗，众悉附肆叶护可汗，虽俟毗之部，亦稍稍去，共以兵击俟毗。俟毗走保金山，为泥孰所杀，奉肆叶护为大可汗。肆叶护已立，即北讨铁勒薛延陁，为延陁所败。性猜愎，狭于统下，小可汗乙剌者，于国最有功，肆叶护听谗，种夷之。众皆沮骇，又忌泥孰，阴图杀之，泥孰亡入焉耆。未几，没卑达干与弩失毕部诸豪，谋执废肆叶护，肆叶护轻骑走康居，忧死。国人迎泥孰于焉耆，立之，是为咄陆可汗（《唐书》卷二一五下《突厥传下》）。

泥孰卒，其弟同娥设立，是为沙钵罗咥利失可汗。……俄而其国分为十部，每部令一人统之，号为十设。每设赐以一箭，故称十箭焉。又分十箭为左、右厢，一厢各置五箭。其左厢号五咄六部落，置五大啜，一啜管一箭；其右厢号为五弩失毕，置五大俟斤，一俟斤管一箭，都号为十箭。其后或称一箭为一部落，大箭头为大首领。五咄六部落居于碎叶已东，五弩失毕部落居于碎叶已西，自是都号为十姓部落。咥利失既不为众所归，部众携贰，为其统吐屯所袭，麾下亡散。咥利失以左右百余骑拒之，战数合，统吐屯不利而去。咥利失奔其弟步利设，与保焉耆（《旧唐书》卷一九四下《突厥传下》）。

咥利失复得旧地，弩失毕、处密等并归咥利失。贞观十二年，西部竟立欲谷设为乙毗咄陆可汗。乙毗咄陆可汗既立，与咥利失大战，两军多死，各引去。因与咥利失中分，自伊列河已西属咄陆，已东属咥利失。咄陆可汗又建庭于镞曷山西，谓为北庭。……咥利失为其吐屯俟利发与欲谷设通谋作难，咥利失穷蹙，奔拔汗那而死。弩失毕部落酋帅迎咥利失弟伽那之子薄布特勤而立之，是为乙毗沙钵罗叶护可汗。……建庭于睢合水北，谓之南庭。东以伊列河为界，自龟兹、鄯善、且末……皆受其节度。……咄陆可汗与叶护频相攻击……咄陆于时兵众渐强……遣石国吐屯攻叶护禽之，送于咄陆，寻为所杀。咄陆可汗既并其国，弩失毕诸姓，心不服咄陆，皆叛之。咄陆……自恃其强，专擅西域，遣兵寇伊州。

安西都护郭恪率轻骑二千，自乌骨邀击败之。……恪乘胜进拔处月俟斤所居之城，追奔及于遏索山。……咄陆初以泥孰啜自擅取所部物，斩之以徇。寻为泥孰啜部将胡禄居所袭，众多亡逸，其国大乱（《旧唐书》卷一九四下《突厥传下》）。

弩失毕不欲咄陆为可汗，遣使者至阙下，请所立。帝（太宗）遣通事舍人温无隐，持玺、诏与国大臣择突厥可汗子孙贤者授之，乃立乙屈利失乙毗可汗之子，是为乙毗射匮可汗。……使弩失毕将兵攻白水胡城，咄陆勒兵自城出，鸣鼓角薄斗，弩失毕不能军，杀获甚多。咄陆因其胜，招徕旧部，皆曰："战千人，存一人，我犹不从也。"咄陆自知众怨，乃走吐火罗。乙毗射匮遣使贡方物，且请昏。帝令割龟兹、于阗、疏勒、朱俱波、葱岭五国为聘礼，不克昏，于是阿史那贺鲁反，尽得可汗部落（《唐书》卷二一五下《突厥传下》）。

阿史那贺鲁者，曳步利设射匮特勒之子也。初，阿史那步真既来归国，咄陆可汗乃立贺鲁为叶护，以继步真，居于多逻斯川。……统处密、处月、姑苏、歌罗禄、弩失毕五姓之众。其后，咄陆西走吐火罗国，射匮可汗遣兵迫逐，贺鲁不常厥居。贞观二十二年，乃率其部落内属，诏居廷州，寻授左骁卫将军、瑶池都督。高宗即位，进拜左骁卫大将军、瑶池都督如故。永徽二年（西元六五一年），与其子咥运率众西遁，据咄陆可汗之地，总有西域诸郡，建牙于双河及千泉，自号沙钵罗可汗，统摄咄陆、弩失毕十姓。其咄陆有五啜：一曰处木昆律啜，二曰胡禄居阙啜……三曰摄舍提暾啜，四曰突骑施贺逻施啜，五曰鼠尼施处半啜。弩失毕有五俟斤：一曰阿悉结阙俟斤，最为强盛；二曰哥舒阙俟斤；三曰拔塞幹暾沙钵俟斤；四曰阿悉结泥孰俟斤；五曰哥舒处半俟斤；各有所部，胜兵数十万，并羁属贺鲁。西域诸国，亦多附隶焉（《旧唐书》卷一九四下《突厥传下》）。

贺鲁寻立咥运为莫贺咄叶护。……进寇廷州。永徽三年，诏遣左武卫大将军梁建方、右骁卫大将军契苾何力,率燕然都护所部回纥兵五万骑讨之。……虏渠帅六十余人(《旧唐书》卷一九四下《突厥传下》)。

咄陆可汗死,其子真珠叶护请讨贺鲁自效,为贺鲁所拒,不得前(《唐书》卷二一五下《突厥传下》)。

显庆二年,遣右屯卫将军苏定方……等率师讨击……贼众大败……俘贺鲁至京师。……分其种落,置昆陵、蒙池二都护府。其所役属诸国,皆分置州府,西尽于波斯,并隶安西都护府(《旧唐书》卷一九四下《突厥传下》)。

以阿史那弥射为兴昔亡可汗……领五咄陆部。阿史那步真为继往绝可汗……领五弩失毕部(《唐书》卷二一五下《突厥传下》)。

至高宗时,西突厥亦臣服于唐。后为突厥所灭。

龙朔二年(西元六六二年),弥射、步真以兵从飔海道总管苏海政讨龟兹,步真怨弥射,且欲并其部,乃诬以谋反。海政不能察,即集军吏计议先发诛之,因称诏发所赍赐可汗首领,弥射以麾下至,悉收斩之。……步真死乾封时。咸亨二年(西元六七一年),以西突厥部酋阿史那都支为左骁卫大将军兼匐延都督,以安辑其众。仪凤中,都支自号十姓可汗,与吐蕃连和,寇安西,诏吏部侍郎裴行俭讨之。行俭请毋发兵,可以计取。即诏行俭册送波斯王子,并安抚大食,若道两蕃者。都支果不疑,率子弟上谒,遂禽之,召执诸部渠长,降别帅李遮匐以归。时调露元年(西元六七九年)也。西姓自是益衰,其后二部人日离散。遂擢弥射子元庆为左玉钤卫将军,步真子步利设斛瑟罗为右玉钤卫将军,尽袭父所领及可汗号(《唐书》卷二一五下《突厥传下》)。

自垂拱已后,十姓部落,频被突厥默啜侵掠,死散殆尽。及随斛瑟罗,才六七万人,徙居内地,西突厥阿史那氏于是遂绝(《旧唐书》卷一九四下《突厥传下》)。

西突厥虽灭亡,其别种继之而起,然不久即衰败。

突骑施乌质勒者，西突厥之别种也。初隶在斛瑟罗下，号为莫贺达干。后以斛瑟罗用刑严酷，众皆畏之，尤能抚恤其部落，由是为远近诸胡所归附，其下置都督二十员，各统兵七千人。尝屯聚碎叶西北界，后渐攻陷碎叶，徙其牙帐居之。东北与突厥为邻，西南与诸胡相接，东南至西廷州。斛瑟罗以部众削弱，自则天时入朝，不敢还蕃，其地并为乌质勒所并。景龙（中宗）二年（西元七〇八年）……乌质勒卒，其长子娑葛代统其众，诏便立娑葛为金河郡王。……初，娑葛代父统兵，乌质勒下部将阙啜忠节甚忌之。……三年，娑葛弟遮弩，恨所分部落少于其兄，遂叛入突厥，请为乡导以讨娑葛。默啜乃留遮弩，遣兵二万人与其左右来讨娑葛，擒之而还。默啜顾谓遮弩曰："汝于兄弟尚不和协，岂能尽心于我？"遂与娑葛俱杀之。默啜兵还，娑葛下部将苏禄鸠集余众，自立为可汗（《旧唐书》卷一九四下《突厥传下》）。

苏禄者，突骑施别种也。颇善绥抚，十姓部落，渐归附之，众二十万，遂雄西域之地。寻遣使来朝。开元三年（西元七一五年）……册立为忠顺可汗，自是每年遣使朝献。……晚年抄掠所得，留不分之。又因风病，一手挛缩，其下诸部，心始携贰。有大首领莫贺达干、都摩度两部落最为强盛，百姓又分为黄姓、黑姓两种，互相猜阻。二十六年夏，莫贺达干勒兵夜攻苏禄，杀之（《旧唐书》卷一九四下《突厥传下》）。

种人自谓娑葛后者为黄姓，苏禄部为黑姓，更相猜雠（《唐书》卷二一五下《突厥传下》）。

自是之后，延至宋初，犹有存者，然而微弱矣。

（2）回纥（《新唐书》作"回鹘"）

唐北方诸族，突厥既衰，继之而起者则为回纥。其部族盛衰，及与唐之关系，分别叙之于下。

（甲）部落

回纥，其先匈奴也。俗多乘高轮车。元魏时，亦号高车部，或曰敕勒，讹为铁勒。其部落……凡十有五种，皆散处碛北（《唐书》卷二一七上《回鹘传上》）。

回纥诸部简表

部别	居地	国情与风俗	与唐之关系
回纥	居薛延陁北娑陵水上，距京师七千里。	众十万，胜兵半之。地碛卤，畜多大足羊。	
薛延陁	树牙郁督军山，直京师西北六千里。	风俗大抵与突厥同。	
拔野古	漫散碛北，地千里，直仆骨东，邻于靺鞨。	帐户六万，兵万人。地有薦草，产良马、精铁。	贞观三年入朝，二十一年内属，置幽陵都督府。显庆时叛。至天宝间，又自来朝。
仆骨	在多览葛之东。	帐户三万，兵万人。地最北，俗梗骜，难召率。	始臣突厥，后附薛延陁。延陁灭，其酋娑匐俟利发歌滥拔延始内属，以其地为金微州。
同罗	在薛延陁北、多览葛之东，距京师七千里而赢。	胜兵三万。	贞观二年，遣使者入朝，请内属，置龟林都督府。安禄山反，劫其兵用之。
浑	在诸部最南者。		薛延陁灭，大俟利发浑汪举部内向，以其地为皋兰都督府。
契苾	在焉耆西北鹰娑川、多览葛之南。		来归时，贞观六年，诏处之甘、凉间，以其地为榆溪州。
多览葛	在薛延陁东，滨同罗水。	胜兵万人。	延陁已灭，其酋俟斤多滥葛末，与回纥皆朝，以其地为燕然都督府。

续表

部别	居地	国情与风俗	与唐之关系
阿跌			始与拔野古等皆朝，以其地为鸡田州。
都播	北濒小海，西坚昆，南回纥。	其俗无岁时，结草为庐，无畜牧，不知稼穑，土多百合草，掇其根以饭，捕鱼鸟兽食之，衣貂鹿皮，无刑罚。	贞观二十一年，因骨利幹入朝，亦以使通中国。《旧书》谓浑都部为皋兰州。
骨利幹	处瀚海北，其地北距海，去京师最远。	胜兵五千。草多百合，产良马。又北度海，则昼长夜短，日入烹羊胛，熟东方已明。	既入朝，以其地为玄阙州。其大酋俟斤因使者献马，帝取其异者号十骥，皆为美名。
白霫	居鲜卑故地，直京师东北五千里，与同罗、仆骨接。	地圆袤二千里，山缭其外。胜兵万人。业射猎，以赤皮缘衣。妇贯铜钏，以子铃缀襟。	其君长臣突厥颉利可汗为俟斤。贞观中，再来朝，后列其地为寘颜州，以别部为居延州。
斛薛	处多览葛北。		既来朝，列其地州县之。
奚结	处同罗北。		同上。
思结	在薛延陁故牙。	合兵凡二万。	同上。
说明	一、上表依《唐书》。 一、“娑陵水”即今色楞格河。“同罗水”即今土拉河。“海”即贝加尔湖。		

（乙）强盛时代之回纥

回纥者，亦曰乌护，曰乌纥，至隋曰韦纥。其人骁强，初无酋长，逐水草转徙，善骑射，喜盗钞。臣于突厥，突厥资其财力，雄北荒。大业中，处罗可汗攻胁铁勒部。……韦纥乃并仆骨、同罗、拔野古叛去，自为俟斤，称回纥。……有时健俟斤者，众始推为君长。子曰菩萨，材勇有谋，嗜猎射，战必身先，所向辄摧破，故下皆畏附。……时键死，部人贤菩萨，立之。母曰乌罗浑，性严明，能决平部事，回纥由是浸盛。与薛延陁共攻突厥北边，颉利遣……骑十万讨之。菩萨……破之马鬣山……大俘其部人，声震北方。由是附薛延陁，相唇齿，号活颉利发，树牙独乐水上。……突厥已亡，惟回纥与薛延陁为最雄强。菩萨死，其酋胡禄俟利发吐迷度，与诸部攻薛延陁，残之，并有其地，遂南逾贺兰山境诸河。遣使者献款，太宗为幸灵州，次泾阳，受其功。于是铁勒十一部皆来……请置唐官（《唐书》卷二一七上《回鹘传上》）。

太宗为置六府七州，府置都督，州置刺史。……时吐迷度已自称可汗，署官号，皆如突厥故事（《旧唐书》卷一九五《回纥传》）。

骨力裴罗立……天宝初……自称骨咄禄毗伽阙可汗。……南居突厥故地，徙牙乌德鞬山昆河之间……北尽碛口三百里，悉有九姓地。九姓者，曰药罗葛（回纥姓也），曰胡咄葛，曰啒罗勿，曰貊歌息讫，曰阿勿嘀，曰葛萨，曰斛嗢素，曰药勿葛，曰奚邪勿。……后破有拔悉蜜。葛逻禄总十一姓，并置都督，号十一部落。……诏拜为……怀仁可汗。……裴罗又攻杀突厥白眉可汗……斥地愈广，东极室韦，西至金山，南控大漠，尽得古匈奴地（《唐书》卷二一七上《回鹘传上》）。

肃宗于灵武即位，遣……使于回纥以修好征兵。……回纥遣其太子叶护，领……兵马四千余众，助国讨逆。……及肃宗还西京……叶护自东京至……辞归蕃。……乾元元年（西元七五八年）七月，诏以幼女封为宁国公主出降，其降蕃日……册立回纥英武威远毗伽可汗（《旧唐书》卷一九五《回纥传》）。

德宗立，使中人告丧且修好。时九姓胡劝可汗入寇，可汗欲悉师向塞，见使者不为礼。宰相顿莫贺达干曰：“唐大国，无负于我。……今举国远斗，有如不捷，将安归？”可汗不听，顿莫贺怒，因击杀之……自立为合骨咄禄毗伽可汗，使……入朝。建中元年（西元七八〇年），诏……册顿莫贺为武义成功可汗。……后三年，使使者献方物请和亲。……李泌曰：“……愿听昏而约，用开元故事，如突厥可汗称臣。”……帝曰：“善。”乃许降公主，回纥亦请如约。诏咸安公主下嫁。……是时，可汗上书恭甚，言：“昔为兄弟，今婿，半子也。陛下若患西戎，子请以兵除之。”又请易回纥曰回鹘，言捷鸷犹鹘然。……拜可汗为汨咄禄长寿天亲毗伽可汗（《唐书》卷二一七上《回鹘传上》）。

（丙）衰落时代之回纥

贞元五年（西元七八九年），可汗（汨咄禄长寿天亲毗伽）死，子多逻斯立，国人号泮官特勒……册拜爱登里逻汨没蜜施俱禄毗伽忠贞可汗。……沙陀别部六千帐，与北廷相依，亦厌虏裒索至三。葛禄白眼突厥素臣回鹘者，尤怨苦，皆密附吐蕃。故吐蕃因沙陀共寇北廷。……回鹘以壮卒数万……还取北廷，为吐蕃所击，大败。……回鹘大恐，稍南其部落，以避之。是岁，可汗为少可敦叶公主所毒死。……可汗之弟乃自立。伽斯（回纥大将）方攻吐蕃，其大臣率国人共杀篡者，以可汗幼子阿啜嗣。……册阿啜为奉诚可汗。……十一年，可汗死，无子，国人立其相骨咄禄为可汗。……册拜爱滕里逻羽录没蜜施合胡禄毗咖怀信可汗。……永贞（顺宗）元年（西元八〇五年），可汗死。……册所嗣为滕里野合俱录毗伽可汗。……无几，可汗亦死。……册拜爱登里罗汨蜜施合毗伽保义可汗（《唐书》卷二一七上《回鹘传上》）。

穆宗立……可汗死。……册所嗣为登啰羽录没蜜施句主毗伽崇德可汗。……敬宗即位之年，可汗死，其弟曷萨特勒立。……册为爱登里罗汨没蜜施合毗伽昭礼可汗。……太和六年，可汗为其下所杀，从子胡特勒立。……册为爱登里啰汨没蜜施合句录毗伽彰信可汗。开成四年，其相掘罗勿作难，引沙陀共攻可汗，可汗自杀，国人立䮄驳特勒为可汗（《唐书》卷二一七下《回鹘传下》）。

武宗即位……乃知其国乱。俄而，渠长句录莫贺与黠戛斯合骑十万，攻回鹘城，杀可汗，诛掘罗勿，焚其牙，诸部溃。其相驳职与庞特勒十五部，奔葛逻禄，残众入吐蕃、安西。于是可汗牙部十三姓，奉乌介特勒为可汗，南保错子山（《唐书》卷二一七下《回鹘传下》）。

黠戛斯，古坚昆国也。……其种杂丁零，乃匈奴西鄙也。……其君曰阿热，遂姓阿热氏。建一纛，下皆尚赤，余以部落为之号。……始隶薛延陁，延陁以颉利发一人监国。……贞观二十二年……遣使者献方物，其酋长俟利发失钵屈阿栈身入朝，太宗劳享之。……乾元中，为回纥所破，自是不能通中国。后狄语讹为黠戛斯，盖回鹘谓之，若曰黄赤面云。……回鹘稍衰，阿热即自称可汗。……回鹘遣宰相伐之，不胜，拿斗二十年不解（《唐书》卷二一七下《黠戛斯传》）。

黠戛斯破回鹘，得太和公主。黠戛斯自称李陵之后，与国同姓。遂令达干十人，送公主至塞上。乌介途遇黠戛斯使，达干等并被杀，太和公主却归乌介可汗（《旧唐书》卷一九五《回纥传》）。

阿热以使者见杀，无以通于朝，复……上书言状。……至大中（宣宗）元年（西元八四七年），卒……册黠戛斯为英武诚明可汗（《唐书》卷二一七下《黠戛斯传》）。

乌介……南渡大碛……诸部犹称十万众，驻牙大同军北闾门山。时会昌二年秋，频劫东陕已北……诏诸道兵悉至防捍，以河东节度使刘沔充南面招控回鹘使；以幽州节度使张仲武充东面招控回鹘使。……回鹘……七部共三万众，相次降于幽州。诏配诸道……首领皆赐姓李氏。……有特勒叶被沽兄李二部南奔吐蕃，有特勒可质力二部东北奔大室韦，有特勒荷勿啜东讨契丹，战死。……乌介部众至大中元年诣幽州降，留者漂流饿冻，众十万，所存止三千已下。乌介嫁妹与室韦，托附之。为回鹘相美权者逸隐啜逼诸回鹘杀乌介于金山，以其弟特勒遏捻为可汗，复有众五千以上，其食用粮羊皆取给于奚。……张仲武大破奚众，其回鹘无所取给，日有耗散，至二年春，唯存名王贵臣五百人已下依室韦。……黠戛斯相阿播……大败室韦，回鹘在室韦者，阿播皆收归碛北（《旧唐书》卷一九五《回纥传》）。

遗帐伏山林间，狙盗诸蕃自给，稍归庞特勒。是时，特勒已自称可汗，居甘州，有碛西诸城。宣宗……遣使者抵灵州。……回鹘因遣人随使者来京师，帝即册拜温禄登里逻汨没蜜施合俱录毗伽怀建可汗。……懿宗时，大酋仆固俊自北廷击吐蕃，斩论尚热，尽取西州、轮台等城。……其后王室乱……其国卒不振，时时以玉马与边州相市云（《唐书》卷二一七下《回鹘传下》）。

（3）吐蕃

唐初与吐蕃和亲，文化交通极盛，佛法亦同时自中土输入。

（甲）吐蕃之兴起

吐蕃本西羌属，盖百有五十种，散处河、湟、江、岷间，有发羌、唐旄等，然未始与中国通。居析支水西。祖曰鹘提勃悉野，健武多智，稍并诸羌，据其地。蕃、发声近，故其子孙曰吐蕃，而姓勃窣野。或曰南凉秃发利鹿孤之后，二子，曰樊泥，曰傉檀。傉檀嗣，为乞佛炽盘所灭。樊泥挈残部臣沮渠蒙逊，以为临松太守。蒙逊灭，樊泥率兵西济河，逾积石，遂抚有群羌云（《唐书》卷二一六上《吐蕃传上》）。

（乙）吐蕃之风俗与制度

其俗谓强雄曰赞，丈夫曰普，故号君长曰赞普，赞普妻曰末蒙。……国多霆电风雹积雪，盛夏如中国春时。山谷常冰，地有寒疠。……衣率毡韦，以赭涂面为好。妇人辫发而萦之。其器屈木而韦底，或毡为盘，凝麨为碗，实羹酪并食之，手捧酒浆以饮（《唐书》卷二一六上《吐蕃传上》）。

其俗重鬼右巫，事羱羝为大神。喜浮屠法，习咒诅。……贵壮贱弱，母拜子，子倨父。……以累世战没为甲门，败懦者垂狐尾于首示辱，不得列于人。拜必手据地，为犬号，再揖身止。居父母丧，断发黛面墨衣，既葬而吉（《唐书》卷二一六上《吐蕃传上》）。

其地气候大寒，不生秔稻，有青稞麦、䜶豆、小麦、乔麦。畜多牦牛、猪、犬、羊、马。又有天鼠，状如雀鼠，其大如猫，皮可为裘。又多金、银、铜、锡。其人或随畜牧而不常厥居（《旧唐书》卷一九六上《吐蕃传上》）。

其官有大相曰论茝，副相曰论茝扈莽，各一人，亦号大论、小论。都护一人，曰悉编掣逋。又有内大相，曰曩论掣逋，亦曰谕莽热。副相曰曩论觅零逋，小相曰曩论充，各一人。又有整事大相曰喻寒波掣逋，副整事曰喻寒觅零逋，小整事曰喻寒波充，皆任国事，总号曰尚论掣逋突瞿（《唐书》卷二一六上《吐蕃传上》）。

其君臣自为友，五六人曰共命。君死，皆自杀以殉（《唐书》卷二一六上《吐蕃传上》）。

其官之章饰，最上琴瑟，金次之，金涂银又次之，银次之，最下至铜止。差大小缀臂前，以辨贵贱（《唐书》卷二一六上《吐蕃传上》）。

用刑严峻，小罪剜眼鼻，或皮鞭鞭之，但随喜怒，而无常科。囚人于地牢，深数丈，二三年方出之（《旧唐书》卷一九六上《吐蕃传上》）。

军令严肃，每战，前队皆死，后队方进。重兵死，恶病终（《旧唐书》卷一九六上《吐蕃传上》）。

无文字，结绳、齿木为约（《唐书》卷二一六上《吐蕃传上》）。

贞观十五年，太宗以文成公主妻之。……弄赞……为公主筑一城。……筑城邑，立栋宇，以居处焉。……渐慕华风，仍遣酋豪子弟，请入国学，以习诗书。又请中国识文之人，典其表疏（《旧唐书》卷一九六上《吐蕃传上》）。

（丙）强盛时代之吐蕃

弄赞弱冠嗣位，性骁武，多英略，其邻国羊同及诸羌，并宾服之。太宗遣行人……往抚慰之……乃遣使……入朝……求婚。太宗未之许。……弄赞遂与羊同连发兵，以击吐谷浑。吐谷浑不能支，遁于青海之上以避其锋。……于是进兵攻破党项及白兰诸羌，率其众二十余万，顿于松州西境（四川松潘县）。……太宗遣吏部尚书侯君集为……行营大总管……以击之。……弄赞大惧，引兵而退，遣使谢罪，因复请婚，太宗许之。……贞观十五年（西元六四一年），太宗以文成公主妻之（《旧唐书》卷一九六上《吐蕃传上》）。

永徽（高宗）元年，弄赞卒……其孙继立。……时年幼，国事皆委禄东赞。禄东……性明毅严重，讲兵训师，雅有节制，吐蕃之并诸羌、雄霸本土，多其谋也。……东赞有子五人。……及东赞死……兄弟复专其国。后与吐谷浑不和……递相表奏，各论曲直，国家依违未为与夺。吐蕃怨怒，遂率兵以击吐谷浑。吐谷浑大败……走投凉州，遣使告急。咸亨元年（西元六七〇年）四月，诏以右威卫大将军薛仁贵……率众十余万以讨之。……为吐蕃……所败。……自是吐蕃连岁寇边，当悉等州诸羌尽降之。……吐蕃尽收羊同、党项及诸羌之地，东与凉（甘肃武威县）、松、茂（四川茂县）、嶲等州相接，南至婆罗门（即印度），西又攻陷龟兹、疎勒等四镇，北抵突厥，地方万余里。自汉魏已来，西戎之盛未之有也（《旧唐书》卷一九六上《吐蕃传上》）。

长寿（则天）元年（西元六九二年），武威军总管王孝杰，大破吐蕃之众，克复龟兹、于阗、疎勒、碎叶等四镇，乃于龟兹置安西都护府，发兵以镇守之（《旧唐书》卷一九六上《吐蕃传上》）。

吐蕃自论钦陵(东赞子)兄弟专统兵马,钦陵每居中用事,诸弟分据方面。赞婆(亦东赞子)则专在东境,与中国为邻,三十余年,常为边患。其兄弟皆有才略,诸蕃惮之。……其赞普器弩悉弄,年渐长,乃与其大臣论岩等密图之。……发使召钦陵、赞婆等,钦陵举兵不受召,赞普自帅众讨之,钦陵未战而溃,遂自杀。……赞婆……及其兄子……等来降……封归德郡王。……寻卒(《旧唐书》卷一九六上《吐蕃传上》)。

则天……时,吐蕃南境属国泥婆罗门等皆叛,赞普自往讨之,卒于军中。诸子争立,久之,国人立器弩悉弄之子弃隶蹜赞为赞普,时年七岁(《旧唐书》卷一九六上《吐蕃传上》)。

神龙(中宗)元年……赞普之祖母遣其大臣……来献方物,为其孙请婚。中宗以所养雍王宗礼女为金城公主许嫁之。自是,频岁贡献(《旧唐书》卷一九六上《吐蕃传上》)。

睿宗即位。……时杨矩为鄯州都督,吐蕃遣使厚遗之,因请河西九曲之地(甘肃导河县边外一带)以为金城公主汤沐之所,矩遂奏与之。吐蕃既得九曲,其地肥良,堪顿兵畜牧,又与唐境接近,自是复叛,始率兵入寇……连年犯边。……天宝初……以哥舒翰为陇右节度使。……十四载……安禄山已窃据洛阳,以河陇募兵,令哥舒翰为将屯潼关。……于是岁调山东丁男为戍卒……万里相继,以却于强敌。陇右鄯州为节度,河西凉州为节度,安西、北庭亦置节度,关内则于灵州置朔方节度,又有受降城、单于都护庭为之藩卫。及潼关失守,河洛阻兵,于是尽征河、陇、朔方之将镇兵入靖国难,谓之行营。……边州无备预……吐蕃乘我间隙,日蹙边城。……数年之后,凤翔之西、邠州之北,尽蕃戎之境,堙没者数十州(《旧唐书》卷一九六上《吐蕃传上》)。

至德初……使使来请讨贼,且修好。肃宗遣……报聘。然岁内侵……使数来请和,帝虽审其谲,姑务纾患,乃诏……与盟。宝应元年(西元七六二年),陷临洮,取秦、成、渭等州。……(三年)入大震关,取兰、河、鄯、洮等州，于是陇右地尽亡。进围泾州，入之，降刺史高晖。又破邠州，入奉天。……代宗幸陕……高晖导虏入长安，立广武王承宏为帝，改元，擅作赦令，署官吏。衣冠皆南奔荆襄，或逋栖山谷，乱兵因相攘钞，道路梗闭。……吐蕃留京师十五日乃走，天子还京（《唐书》卷二一六上《吐蕃传上》）。

永泰（代宗）元年（西元七六五年）九月，仆固怀恩诱吐蕃、回纥之众，南犯王畿……至奉天界……京师戒严。……副元帅郭子仪，于河中府领众赴援。……交战二百余阵。……回纥三千骑，诣泾阳降款，请击吐蕃为效，子仪许之。于是……合……攻破吐蕃……京师解严（《旧唐书》卷一九六上《吐蕃传上》）。

德宗即位，先内靖方镇。顾岁与虏角，其亡获相偿，欲以德绥怀之……归其俘……约盟。……唐地泾州右尽弹筝峡（甘肃平凉西百里），陇州右极清水，凤州西尽同谷，剑南尽西山大度水。……朱泚之乱，吐蕃请助讨贼。……及泚平，责先约求地。天子薄其劳，第赐诏书，偿……帛万匹。于是虏以为怨……入寇……泾、陇、邠之民荡然尽矣。诸将曾不能得一俘，但贺贼出塞而已。……贞元五年，韦皋以剑南兵……杀虏将……西南稍安。不三年，尽得嶲州地……定昆明。……元和（宪宗）……五年……赐钵阐布书。钵阐布者，虏浮屠，豫国事者也。……自是朝贡岁入。又款陇州塞，丐互市，诏可（《唐书》卷二一六下《吐蕃传下》）。

唐自开元二年，始与吐蕃会盟定界。德宗时，定清水之盟。后凡一再行之，以宰相莅盟。今拉萨尚存吐蕃会盟碑，书盟辞及两方与事之臣，以唐、蕃文分两面刻之，其文如下。

大唐文武孝德皇帝、大蕃圣神赞普舅甥二主，商议社稷如一，结立大和盟约，永无沦替，神人俱以证之，世世代代使其称赞是盟，大节留传之于后也。文武孝德皇帝与圣神赞普得知黎赞陛下二圣，浚哲鸿被，晓全永之化，享矜愍之情，思覆其无内外，商议叶同，务令万姓安泰，所思如一，成久远大治之责，慈睹同心，以申怜好之意，共成厥美。今汉蕃二国所守见管封疆，洮、泯之东，属大唐国界；其塞之西，尽是大蕃地土，彼此不为杀敌，不举兵革，不相侵谋。封境或有积阻，捉生闲事，说给以衣粮放归。令社稷山川无扰，各敬神人。然舅甥相好之义若难，每思通传，彼此相倚，二国常相往来。西路所遣唐差蕃使，于将谷交马，其洮、泯之东，大唐供应；清水县以西，大蕃供应，须合舅甥亲近之礼，使其两界烟尘不起，同闻颂德之名，频无惊恐之处，行人撤备，乡土俱安，永无相扰之犯，垂恩万代，则称羡之声，遍于日月所照矣。蕃于蕃国受安，汉亦汉国受乐，兹合其大业耳。各依此盟誓，永不移易，当三宝与日月星辰之下，共陈刑具，为设此大誓约。如有不依此事誓背汉蕃背纳，破其名者，来其殃祸也。倘倾覆以及动阴谋者，不在破盟之限。蕃汉君臣，并稽首告立。周细为文，二君之德，万远称扬，内外蒙庥，人民咸颂矣（缺名《西藏考》）。

（丁）衰落时代之吐蕃

赞普……死，以弟达磨嗣。达磨嗜酒，好畋猎，喜内，且凶愎少恩，政益乱。……会昌（武宗）二年，赞普死。……无子，以妃綝兄尚延力子乞离胡为赞普，始三岁，妃共治其国。大相结都那见乞离胡不肯拜……用事者共杀之。别将尚恐热……约三部，得万骑……与宰相尚与思罗战……杀之。……国人以赞普立非是，皆叛去。恐热自号宰相，以兵二十万，击鄯州节度使尚婢婢。……婢婢……伏兵衷击……恐热单骑而逃。既不得志，尤猜忍杀戮部将。……大中三年……恐热大略鄯、廓、瓜、肃、伊、西等州，所过捕戮，积尸狼藉。麾下内怨，皆欲图之，乃扬声将请唐兵五十万，共定其乱。保渭州，求册为赞普，奉表归唐。……宣宗诏……迎援。恐热至……且求河渭节度使。帝不许。还……趋落门川，收散卒，将寇边。会久雨粮绝，恐热还奔廓州（青海西宁县）。于是……复……清水……原州……安乐州……萧关……秦州……扶州。……沙州首领张义潮，奉瓜（新疆哈密县南）、沙、伊（哈密县）、肃（甘肃酒泉县）、甘（甘肃张掖县）等十一州地图以献。始义潮阴结豪英归唐，一日，众擐甲譟噪州门，汉人皆助之，虏守者惊走，遂摄州事。缮甲兵，耕且战，悉复余州。……帝嘉其忠……号归义军，遂为节度使。其后河渭州虏将尚延心，以国破亡，亦献款。……咸通（懿宗）七年，北廷回鹘仆固俊击取西州，收诸部。……与尚恐热战，破之。……斩恐热，首传京师（《唐书》卷二一六下《吐蕃传下》）。

（4）南诏

唐中叶以后，西南诸族中输入中土之文化最多者，则有南诏。南诏原六部落所合并，故又谓之六诏。

南诏蛮，本乌蛮之别种也（云南蛮族中，有乌、白两种。乌蛮为东爨，白蛮为西爨），姓蒙氏。蛮谓王为诏。……代居蒙舍州，为渠帅，在汉永昌故郡东、姚州之西（云南楚雄县地）。其先渠帅有六，自号六诏。兵力相埒，各有君长，无统帅（《旧唐书》卷一九七《南诏蛮传》）。

六诏部落简表

诏名	今地	备考
蒙嶲	西康西昌县	
越析	云南丽江县	亦称磨些诏
浪穹	云南洱源县	
邆赕	云南邓川县	
施浪	云南洱源县蒙次和山下	
蒙舍	云南蒙化县	蒙舍诏地居最南，故亦称南诏

南诏在高宗时来朝，至玄宗开元间，酋长皮逻阁吞并五诏，势力始增大。

皮逻阁立，开元二十六年，诏授特进封越国公，赐名曰归义。其后破洱河蛮，以功策授云南王。归义渐强盛，余五诏浸弱。先是，剑南节度使王昱受归义赂，奏六诏合为一诏。归义既并五诏，服群蛮，破吐蕃之众兵，日以骄大。……二十七年，徙居大和城（云南大理县）。……天宝七载，归义卒。诏立子阁罗凤袭云南王（《旧唐书》卷一九七《南诏蛮传》）。

厥后边臣失政，激起变乱。南诏与吐蕃结合，西南圉从此多事。

无何，鲜于仲通为剑南节度使，张虔陁为云南太守，仲通褊急寡谋，虔陁矫诈，待之不以礼……有所征求，阁罗凤多不应。虔陁遣人骂辱之，仍密奏其罪恶。阁罗凤忿怨，因发兵反。……明年（天宝十载），仲通率兵……逼大和城，为南诏所败。自是阁罗凤北臣吐蕃，吐蕃令阁罗凤为赞普钟，号曰东帝，给以金印。蛮谓弟为钟，时天宝十一载也（《旧唐书》卷一九七《南诏蛮传》）。

杨国忠当权，征兵征讨，骚动天下，依然无功。

制大募两京及河南、北兵以击南诏。人闻云南多瘴疠，未战士卒死者什八九，莫肯应募。杨国忠遣御史分道捕人，连枷送诣军所。……时调兵既多……行者愁怨（《资治通鉴》卷二一六《唐纪三十二》）。

天宝十二载，剑南节度使杨国忠执国政，仍奏征天下兵，俾留后侍御史李宓将十余万（击南诏），辇饷者在外，涉海瘴死者相属于路，天下始骚然苦之。宓复败于大和城北，死者十八九（《旧唐书》卷一九七《南诏蛮传》）。

安史之乱，复乘隙扰害西川。

至德（肃宗）元载九月……南诏乘乱，陷越巂会同军，据清溪关

（四川汉源县。〔《资治通鉴》卷二一八《唐纪三十四》〕）。

惟南诏附吐蕃后，赋役甚重，深以为苦，遂又附唐，合力破吐蕃，西川之患始解。

大历十四年，阁罗凤子凤迦异先阁罗凤死，立迦异子，是为异牟寻，颇知书，有才智，善抚其众。吐蕃役赋南蛮重数，又夺诸蛮险地立城堡，岁征兵以助镇防，牟寻益厌苦之。有郑回者，本相州人，天宝中举明经，授巂州西泸县令，巂州陷，为所虏。阁罗凤以回有儒学，更名曰蛮利，甚爱重之，命教凤迦异。……蛮谓相为清平官，凡置六人。牟寻以回为清平官，事皆咨之，秉政用事。……回尝言于牟寻曰："自昔南诏尝款附中国，中国尚礼义，以惠养为务，无所求取。今弃蕃归唐，无远戍之劳、重税之困，利莫大焉。"牟寻善其言，谋内附者十余年矣。韦皋（剑南西川节度使）招抚诸蛮……闻牟寻之意……寓书于牟寻，且招怀之。……牟寻乃去吐蕃所立帝号……请复南诏旧名（《旧唐书》卷一九七《南诏蛮传》）。

初（贞元十年），吐蕃因争北庭，与回鹘大战，死伤颇众，乃征兵于牟寻，须万人。牟寻既定计归我，欲因征兵以袭之，乃示寡弱。……遣兵五千人戍吐蕃，乃自将数万踵其后，昼夜兼行，乘其无备，大破吐蕃于神川（《旧唐书》卷一九七《南诏蛮传》）。

文宗时，牟寻孙丰祐在位，唐又边备废弛，戍卒抄掠，南诏乘间入侵。

太和三年，杜元颖镇西川，以文儒自高，不练戎事。南蛮乘我无备，大举诸部入寇。……蜀川出军与战，不利，陷我邛州，逼成都府，入梓州西郭，驱劫玉帛子女而去。……明年（四年）……以表自陈请罪。……国家方事柔远，寻释其罪（《旧唐书》卷一九七《南诏蛮传》）。

宣、懿之际，南诏酋长酋龙，又举兵进攻岭南，并陷安南都护府。

大中(宣宗)十三年……丰祐适卒,子酋龙立。……酋龙乃自称皇帝,国号大礼,改元建极。遣兵陷播州(贵州遵义县。〔《资治通鉴》卷二四九《唐纪六十五》〕)。

咸通(懿宗)元年十二月,安南土蛮引南诏兵,合三万余人,乘虚攻交趾,陷之。……二年七月,南诏攻邕州(广西邕宁县),陷之(《资治通鉴》卷二五〇《唐纪六十六》)。

后经高骈击败蛮兵,安南始平。

咸通七年十一月……置静海军于安南,以高骈为节度使。自李涿时(宣宗大中时,为安南都护)侵扰安南,为安南患,殆将十年,至是始平(《资治通鉴》卷二五〇《唐纪六十六》)。

酋龙又攻西川,连陷诸州。唐复调高骈以赴之,击败南诏兵。

乾符(僖宗)元年十一月……南诏寇西川。……十二月……南诏乘胜陷黎州,入邛崃关,攻雅州(西康雅安县)……蛮兵及新津而还。……诏发河东、山南西道、东川兵援之。仍命……高骈诣西川,制置蛮事(《资治通鉴》卷二五二《唐纪六十八》)。

至酋龙卒,南诏亦衰,复来请和。自此西南边始安,而唐亦困敝矣。

乾符四年二月……南诏酋龙嗣立以来,为边患殆二十年,中国为之虚耗,而其国中亦疲弊。酋龙卒……子法立。……好畋猎酣饮,委国事于大臣。闰月,岭南西道节度使辛谠,奏南诏……来请和。……诏许之(《资治通鉴》卷二五三《唐纪六十九》)。

（六）武、韦执政

（1）武后

（甲）武周革命

则天顺圣皇后武氏，讳曌，并州文水人也。父士彟，官至工部尚书、荆州都督，封应国公。后年十四，太宗闻其有色，选为才人。太宗崩后，削发为比丘尼，居于感业寺。高宗幸感业寺，见而悦之，复召入宫。久之，立为昭仪，进号宸妃。永徽六年（西元六五五年），高宗废皇后王氏，立宸妃为皇后。高宗自显庆后，多苦风疾，百司奏事，时时令后决之，常称旨，由是参预国政。……后既专宠与政，而高宗春秋高，苦疾，后益用事，遂不能制。……上元元年，高宗号天皇，皇后亦号天后，天下之人，谓之二圣。……高宗崩，遗诏皇太子即皇帝位，军国大务不决者，兼取天后进止。皇太子即皇帝位（中宗），尊后为皇太后，临朝称制（《唐书》卷四《武后本纪》）。

嗣圣元年二月，废皇帝为庐陵王，幽于别所，仍改赐名哲。立豫王轮为皇帝，令居于别殿。……改元文明。皇太后仍临朝称制（《旧唐书》卷六《则天皇后本纪》）。

武后临政，废易君主，李敬业遂起匡复之兵。

李勣孙敬业，高宗崩，则天太后临朝，既而废帝为庐陵王，立相王为皇帝，而政由天后，诸武皆当权任，人情愤怨。……嗣圣元年七月，敬业……自称扬州司马……遂据扬州，鸠聚民众，以匡复庐陵为辞，乃开三府：一曰匡复府；二曰英公府；三曰扬州大都督府。……旬日之间，胜兵有十余万。……则天命左玉钤卫大将军李孝逸，将兵三十万讨之。……敬业……还江都，屯兵高邮以拒之。频战，大败，孝逸乘胜追蹑……捕获之（《旧唐书》卷六十七李勣附李敬业传）。

李敬业既败，武后益猜忌宗室功臣，大开告密之门，任周兴、来俊臣、索元礼等酷吏，滥用刑诛，以示威严。

太后……欲大诛杀以威之。乃盛开告密之门，有告密者，臣下不得问，皆给驿马，供五品食，使诣行在。虽农夫、樵人皆得召见，廪于客馆，所言或称旨，则不次除官，无实者不问。于是四方告密者蜂起，人皆重足屏息。有胡人索元礼，知太后意，因告密召见，擢为游击将军，令案制狱。元礼性残忍，推一人必令引数十百人。太后数召见赏赐，以张其权。于是尚书都事长安周兴、万年人来俊臣之徒效之，纷纷继起。兴累迁至秋官侍郎，俊臣累迁至御史中丞，相与私畜无赖数百人，专以告密为事。欲陷一人，辄令数处俱告，事状如一(《资治通鉴》卷二〇三《唐纪十九》)。

来俊臣……则天……擢拜左台御史中丞。……招集无赖数百人，令其告事，共为罗织，千里响应。……则天……于丽景门别置推事院，俊臣推勘必获，专令俊臣等按鞫，亦号为新开门。但入新开门者，百不全一。(王)弘义戏谓丽景门为"例竟门"，言入此门者，例皆竟也。……俊臣每鞫囚，无问轻重，多以醋灌鼻，禁地牢中，或盛之瓮中，以火圜绕炙之。……又以索元礼等作大枷，凡有十号：一曰定百脉，二曰喘不得，三曰突地吼，四曰著即承，五曰失魂胆，六曰实同反，七曰反是实，八曰死猪愁，九曰求即死，十曰求破家。……朝士多因入朝，默遭掩袭，以至于族，与其家无复音息。故每入朝者，必与其家诀曰："不知重相见不？"(《旧唐书》卷一八六上《来俊臣传》)

周兴、来俊臣、索元礼以外，酷吏见于《旧唐书》(卷七)《中宗本纪》者如左：

其酷吏刘光业、王德寿、王处贞、屈贞筠、刘景阳等五人，虽已身死，官爵并宜追夺。景阳见在，贬禄州乐单尉。邱神勣、来子珣、万国俊、周兴、来俊臣、鱼承晔、王景昭、索元礼、傅游艺、王弘义、张知默、裴籍、焦仁亶、侯思立、郭霜、李敬仁、皇甫文备、陈嘉言等，虽已身死，并宜除名。唐奉一配流，李秦授、曹仁哲，并改与岭南远恶处。

及正位后，王后、萧良娣被废，各杖二百，反接投酿瓮中曰："令二妪骨醉，数日死，犹殊其尸。"并窜长孙无忌、褚遂良等至死，又杀上官仪，其出手行事，即凶焰绝人。然此犹曰："妒者常情，不得不害人以利己也。"称制后，欲立威以制天下，开告密之门，纵酷吏周兴、来俊臣、邱神勣等起大狱，指将相俾相连染，一切案以反论，吏争以周内为能。于是诛戮无虚日，大臣则裴炎、刘祎之……等数十人，大将则程务挺、李光谊……等亦數十人，庶僚则周思茂、郝象贤……等数十百人，皆骈首就戮。……然此犹曰："中外官僚，非戚属也。"越王贞、琅琊王冲，起兵谋复王室，事败被诛。于是杀韩王元嘉、鲁王灵夔……等数十百人，除其属籍，幼者流岭表。……然此犹曰李氏宗室，非武族也。武元庆、元爽，则后兄也；惟良、怀运，则后兄子也，元庆、元爽寻坐事死。后姊之女，为高宗所私，封魏国夫人，后私毒之死，又归罪于惟良、怀运，杀之。然此犹曰异母兄侄，本不相睦也。若高宗子，则后之诸子也。后宫所生忠，已立为皇太子。因武后有子宏，甘让储位，改封梁王，乃废流黔州，赐死。泽王上金，后宫杨氏所生。许王素节，萧淑妃所生。武三思讽周兴，诬以谋反，缢素节于驿亭，上金闻之亦自缢，上金七子、素节九子并诛，幼者悉囚雷州。然此犹曰非己所生也。太子宏，则后亲子，立为储贰。……以其请萧淑妃女之幽于掖廷者出嫁，遂恶之。又以其聪睿不便于己，竟酖之死。宏既死，立其弟贤为太子，亦后亲子也，又以触忌……废为庶人，流巴州后，又……逼杀之。……永泰公主，则后女孙也……令自杀（赵翼《廿二史札记》卷十九《武后之忍》）。

武后既除异己，乃代唐而称帝。

天授元年九月……改国号周，大赦，改元。……降皇帝为皇嗣，赐姓武氏（《唐书》卷四《武后本纪》）。

神皇自以曌字为名，遂改诏书为制书。……改内外官所佩鱼并作龟

（《旧唐书》卷六《则天皇后本纪》）。

武后任用诸武，其侄承嗣欲继为太子者屡矣，赖狄仁杰等谏阻而止。其后后病，张柬之等举兵迎中宗复位，反周为唐。

昭德密奏曰："承嗣陛下之侄，又是亲王，不宜更在机权，以惑众庶。且自古帝王，父子之间犹相篡夺，况在姑侄，岂得委权与之？脱若乘便，宝位宁可安乎？"则天矍然，曰："我未之思也。"……延载初，凤阁舍人张嘉福，令洛阳人王庆之率轻薄恶少数百人诣阙，上表请立武承嗣为皇太子，则天不许。……昭德因奏曰："……天皇是陛下夫也，皇嗣是陛下子也，陛下正合传之子孙，为万代计。……若立承嗣，臣恐天皇不血食矣。"则天寤之，乃止（《旧唐书》卷八十七《李昭德传》）。

嗣圣（中宗）元年二月，皇太后废帝为庐陵王，幽于别所。其年五月，迁于均州，寻徙居房陵。圣历元年，召还东都，立为皇太子，依旧名显。时张易之与弟昌宗，潜图逆乱。神龙元年正月，凤阁侍郎张柬之、鸾台侍郎崔玄暐、左羽林将军敬晖、右羽林将军桓彦范、司刑少卿袁恕己等定策，率羽林兵诛易之、昌宗，迎皇太子监国，总司庶政。……则天传位于皇太子……复国号依旧为唐。……十二月，则天皇太后崩（《旧唐书》卷七《中宗本纪》）。

（乙）武后之政治

嗣圣元年九月……改尚书省及诸司官名，初置右肃政御史台官员（《旧唐书》卷六《则天皇后本纪》）。

嗣圣元年九月……旗帜尚白，易内外官服青者以碧。大易官名（《唐书》卷四《武后本纪》）。

至所改各官名，依《旧唐书·职官志》与《唐书·百官志》，撮录如下：

"尚书省"，光宅元年改曰文昌台，俄曰文昌都省。垂拱元年曰都台。长安三年曰中台。

“吏部尚书”，改曰天官，改主爵曰司封。

“户部尚书”，改曰地官。

“礼部尚书”，改曰春官。

“兵部尚书”，改曰夏官。

“刑部尚书”，改曰秋官。

“工部尚书”，改曰冬官。

“门下省”，垂拱元年改曰鸾台。

“侍中”，改曰纳言。

“侍郎”，改曰鸾台侍郎。

“中书省”，光宅元年改曰凤阁。

“中书令”，改曰内史。

“侍郎”，改曰凤阁侍郎。

“秘书省”，垂拱元年改曰麟台。

“殿中省”，万岁通天元年，置仗内六闲：一曰飞龙，二曰祥麟，三曰凤苑，四曰鹓鸾，五曰吉良，六曰六群，亦号六厩。

“内侍省”，垂拱元年改曰司宫台。

“御史台”，文明元年改曰肃政台，光宅元年分左右台，左台知百司、监军旅，右台察州县、省风俗。

“九寺”

“太常寺”，改曰司常寺。

“光禄寺”，改曰司膳寺。

“卫尉寺”

“宗正寺”，改曰司属寺。

“太仆寺”，改曰司仆寺。

“大理寺”，改曰司刑寺。

“鸿胪寺”，改曰司宾寺。

“司农寺”

“太府寺”，改曰司府寺。

“五监”

“国子监”，改曰成均监。

“少府监”，改曰尚方监。

“将作监”

“军器监”

“都水监”，改曰水衡监，使者曰都尉。

此外服色，亦加改易。

嗣圣元年九月……旗帜改从金色，饰以紫，画以杂文（《旧唐书》卷六《则天皇后本纪》）。

垂拱二年正月……初令都督、刺史，并准京官带鱼（《旧唐书》卷六《则天皇后本纪》）。

并将都邑名称，从事更改。

嗣圣元年九月……改东都为神都（《旧唐书》卷六《则天皇后本纪》）。

天授三年九月……并州改置北都（《旧唐书》卷六《则天皇后本纪》）。

载初元年十月，改并州文水县为武兴县。依汉丰沛例，百姓子孙相承给复（《旧唐书》卷六《则天皇后本纪》）。

天授二年七月，徙关内、雍、同等七州户数十万以实洛阳。分京兆，置鼎、稷、鸿、宜四州（《旧唐书》卷六《则天皇后本纪》）。

又依周制改正朔，未几而复如旧。

载初元年正月……依周制建子月为正月，改……十二月为腊月，改旧正月为一月（《旧唐书》卷六《则天皇后本纪》）。

圣历三年十月，复旧正朔，改一月为正月，仍以为岁首，正月依旧为十一月（《旧唐书》卷六《则天皇后本纪》）。

武后以女主临天下，欲示尊贵，屡易尊号，每改元必大赦、大酺。

垂拱四年五月，皇太后加尊号曰圣母神皇。七月，大赦天下。改宝图曰天授圣图。……天下大酺五日（《旧唐书》卷六《则天皇后本纪》）。

永昌元年正月……改元，大酺七日。……载初元年九月九日，革唐命……改元……大赦天下，赐酺七日。……加尊号曰圣神皇帝（《旧唐书》卷六《则天皇后本纪》）。

长寿二年九月，上加金轮圣神皇帝号，大赦天下，大酺七日（《旧唐书》卷六《则天皇后本纪》）。

长寿三年五月，上加尊号为越古金轮圣神皇帝，大赦天下，改元……大酺七日（《旧唐书》卷六《则天皇后本纪》）。

证圣元年一月，上加尊号曰慈氏越古金轮圣神皇帝，大赦天下，改元，大酺七日。……二月，上去慈氏越古尊号。九月……加尊号天册金轮圣神皇帝，大赦天下，改元……大酺九日（《旧唐书》卷六《则天皇后本纪》）。

圣历三年五月，上以所疾康，复大赦天下，改元。……停金轮等尊号，大酺五日（《旧唐书》卷六《则天皇后本纪》）。

武后虽果于杀戮，尚能留心政治，屡求直谏。

垂拱元年五月……诏内外文武九品已上及百姓，咸令自举（《旧唐书》卷六《则天皇后本纪》）。

垂拱二年三月，初置匦于朝堂，有进书言事者临投之。由是人间善恶事，多所知悉（《旧唐书》卷六《则天皇后本纪》）。

永昌元年六月，令文武官五品已上，各举所知（《旧唐书》卷六《则天皇后本纪》）。

证圣元年一月……手诏责躬，令内外文武九品已上，各上封事，极言正谏（《旧唐书》卷六《则天皇后本纪》）。

万岁登封元年四月……以天下大旱，命文武官九品已上，极言时政得失(《旧唐书》卷六《则天皇后本纪》)。

武后时，诸臣颇能直谏，武后亦能容之。

初称制，刘仁轨上疏，以吕后为戒。后即使武承嗣赍敕慰谕之(《仁轨传》)。大石国献狮子，姚琦奏不贵异物，后即诏止其来使。九鼎成，欲以黄金涂之，亦为琦谏而罢(《琦传》)。后欲以季冬讲武，有司迁延至孟春，王方庆谏孟春不可习武，即从之(《方庆传》)。……河北民陷契丹者，武懿宗将奏杀之，景俭以为皆迫胁所致，宜原之；王求礼并谓懿宗遇贼退缩，反加罪被胁之民，请斩懿宗以谢河北，后即为赦河北(杜景俭、王求礼传)。张庭珪谏造大像，即允之，并召见面慰(《庭珪传》)。朱敬则请改严刑、从宽政，亦从之(《敬则传》)。李峤请雪旧为酷吏破家者，后未听；桓彦范等又上十疏，卒从之(峤等传)。苏安恒奏请归政太子，后亦不怒。然此犹论列朝政也，至其所最宠幸而讳之者，宜莫如薛怀义、张易之、张昌宗。然苏良嗣遇怀义于朝，命左右批其颊，怀义诉于后，后第戒其出入北门，毋走南牙触宰相，而未闻罪良嗣也(《良嗣传》)。怀义度白丁为僧，御史周矩劾之，后曰："朕即令赴台。"怀义至，坦腹于床，矩召吏将案之，怀义遽乘马去。矩以闻，后曰："此道人病风，不可苦问。其所度僧听卿勘。"矩悉配流之。后矩为怀义所谮免官，亦未闻加以罪也(《矩传》)。后晚年，尤爱张易之、昌宗兄弟，易之诬奏魏元忠，欲挟太子为耐久朋，引张说为证。及廷诘，说言元忠无此语。虽贬元忠为高要尉，流说钦州，然未闻致之死也。易之赃赂事发，为御史台所劾，诏桓彦范、袁恕己等鞫之，彦范等奏罪当族。昌宗自陈为后炼丹有功，诏虽释之，然尚以赃赂归罪于其兄昌仪、同休，而罢其官，亦未闻罪彦范等也。昌宗引术者，占己有天子分。宋璟劾奏，请付狱，便穷究。后阳许而令璟出使幽州，别令崔神庆鞫免其罪。璟犹执奏昌宗当斩，李邕曰："璟言是。"后虽不听，亦未尝罪璟、邕等也(《昌宗传》)。易之引蜀商宋霸子等入宫宴后前，韦安石奏贱类不宜预，顾左右逐出之，后更慰免，不闻其罪安石也（《安石传》）。然此犹未直陈其淫秽之丑也。至朱敬则，疏谏选美少年，则曰："陛下内宠，有薛怀义、张易之、昌宗矣。近又闻尚食柳模，自言其子良宾，洁白美须眉……堪充宸内供奉。"桓彦范以昌宗为宋璟所劾，后不肯出昌宗付狱。彦范亦奏云："陛下以簪履恩，久不忍加刑。"此皆直揭后之燕昵嬖幸，可羞可耻，故以下所难堪，而后不惟不罪之，反赐敬则彩百段曰："非卿不闻此言。"而于璟、彦范亦终保护倚任。夫以怀义、易之等，床笫之间，何言不可中伤善类，而后迄不为所动摇，则其能别白人才，主持国是，有大过人者，其视怀义、易之等，不过如面首之类。……故后初不以为讳，并若不必讳也。至用人行政之大端，则独握其纲，至老不可挠撼。陆贽谓后收人心，擢才俊，当时称知人之明，累朝赖多士之用。李绛亦言后命官猥多，而开元中名臣多出其选。《旧书》本纪赞谓，后不惜官爵，笼豪杰以自助，有一言合辄不次用，不称职亦废诛不少假，务取实才真贤。……而知人善任，权不下移，不可谓非女中英主也（赵翼《廿二史札记》卷十九《武后纳谏知人》）。

惟为收拾人心，每滥用爵禄，无耻之徒，夤缘并进，养成模棱唾面之风，社会人心，蒙其恶影响者至巨。

则天临朝，通天二年，太平公主荐易之弟昌宗入侍禁中。既而……兄弟俱侍宫中，皆傅粉施朱，衣锦绣服，俱承辟阳之宠。……武承嗣……候其门庭，争执鞭辔，呼易之为"五郎"、昌宗为"六郎"。……以易之为奉宸令。……每因宴集，则令嘲戏公卿以为笑乐。若内殿曲宴，则二张、诸武侍坐，樗蒱笑谑，赐与无算。时谀佞者奏云："昌宗是王子晋后身。"乃令被羽衣吹箫，乘木鹤，奏乐于庭，如子晋乘空。词人皆赋诗以美之（《旧唐书》卷七十八《张行诚附张易之张昌宗传》）。

后每燕集，则二张、诸武杂侍，樗博争道为笑乐，或嘲诋公卿，淫蛊显行，无复羞畏。……后知丑声甚，思有以掩覆之，乃诏昌宗，即禁中论著，引李峤、张说、宋之问、富嘉谟、徐彦伯等二十有六人，撰《三教珠英》。加昌宗司仆卿、易之麟台监（《唐书》卷一〇四《张易之张昌宗传》）。

上官昭容者名婉儿……天性韶警，善文章。年十四，武后召见，有所制作，若素构。自通天以来，内掌诏命，掞丽可观。……婉儿劝帝侈大书馆，增学士员，引大臣名儒充选。数赐宴赋诗，君臣赓和，婉儿常代帝及后、长宁、安乐二主，众篇并作，而采丽益新。又差第群臣所赋，赐金爵，故朝廷靡然成风。……帝即婉儿居，穿沼筑岩，穷饰胜趣，即引侍臣宴其所。是时，左右内职皆听出外，不呵止。婉儿与近嬖至皆营外宅，衺人秽夫，争候门下，肆狎昵，因以求遽职要官。与崔湜乱，遂引知政事（《唐书》卷七十六《上官昭容传》）。

杨再思……为人巧佞邪媚，能得人主微旨，主意所不欲，必因而毁之；主意所欲，必因而誉之。然恭慎畏忌，未尝忤物。或谓再思曰："公名高位重，何为屈折如此？"再思曰："世路艰难，直者受祸，苟不如此，何以全其身哉？"长安末，昌宗既为法司所鞫……廷问宰臣曰："昌宗于国有功否？"再思对曰："昌宗往因合炼神丹，圣躬服之有效，此实莫大之功。"则天甚悦，昌宗竟以复职。时人贵彦范而贱再思也，时左补阙戴令言作《两脚野狐赋》以讥刺之。……公卿大臣，宴于司礼寺，预其会者，皆尽醉极欢。同休（张易之兄）戏曰："杨内史面似高丽。"再思欣然请剪纸自帖于巾，却披紫袍为高丽舞，萦头舒手，举动合节，满座嗤笑。又易之弟昌宗，以姿貌见宠幸，再思又谀之曰："人言六郎面似莲花，再思以为莲花似六郎，非六郎似莲花也。"其倾巧取媚也如此（《旧唐书》卷九十《杨再思传》）。

义府貌状温恭，与人语，必嬉怡微笑，而褊忌阴贼。既处权要，欲人附己，微忤意者，辄加倾陷，故时人言义府笑中有刀。又以其柔而害物，亦谓之李猫。……而义府贪冒无厌，与母妻及诸子女婿，卖官鬻狱，其门如市。多引腹心，广树朋党，倾动朝野。……义府本无藻鉴才，怙武后之势，专以卖官为事，铨序失次，人多怨讟。……入则谄言自媚，出则肆其奸宄，百寮畏之，无敢言其过者（《旧唐书》卷八十二《李义府传》）。

苏味道……为相，特具位，未尝有所发明，脂韦自营而已。常谓人曰："决事不欲明白，误则有悔，模棱持两端可也。"（《唐书》卷一一四《苏味道传》）。

则天尝以季秋内出梨花一枝，示宰臣曰："是何祥也？"诸宰臣曰："陛下德及草木，故能秋木再花。虽周文德及行苇，无以过也。"（《旧唐书》卷九十《杜景俭传》）。

垂拱四年四月，魏王武承嗣伪造瑞石，文云："圣母临人，永昌帝业。"令雍州人唐同泰表称获之洛水。皇太后大悦，号其石为宝图，擢授同泰游击将军（《旧唐书》卷六《则天皇后本纪》）。

有沙门十人，伪撰《大云经》表上之，盛言神皇受命之事，制：颁于天下，令诸州各置大云寺，总度僧千人（《旧唐书》卷六《则天皇后本纪》）。

（2）韦后

中宗既崩，韦后才不及武后，乃欲临朝称制，秽乱朝政，委用群小。玄宗起兵诛之，睿宗始继中宗而立。

中宗韦庶人，京兆万年人也。祖弘表，贞观中为曹王府典军。中宗为太子时，纳后为妃。……嗣圣元年，立为皇后。其年，中宗见废，后随从房州。时中宗惧不自安，每闻制使至，惶恐欲自杀。后劝王曰："祸福倚伏，何常之有，岂失一死，何遽如是也？"累年同艰危，情义甚笃。……及中宗复立为太子，又立后为妃。……帝在房州时，常谓后曰："一朝见天日，誓不相禁忌。"及得志，受上官昭容邪说，引武三思入宫中，升御床，与后双陆，帝为点筹以为欢笑，丑声日闻于外（《旧唐书》卷五十一《中宗韦庶人传》）。

晖等以唐室中兴，武氏诸王，咸宜降爵。……于是诸武降为公，武三思益怒，乃讽帝阳尊晖等为郡王，罢知政事，仍赐铁券，恕十死，朔望趋朝。初，晖与彦范等诛张易之兄弟也，洛州长史薛季昶谓晖曰："二凶虽除，产、禄犹在，请因兵势诛武三思之属。"……晖与张柬之屡陈不可，乃止。季昶叹曰："吾不知死所矣。"翌日，三思因韦后之助，潜入宫中，内行相事，反易国政，为天下所患，时议以此归咎于晖（《旧唐书》卷九十一《敬晖传》）。

韦皇后既干朝政，德静郡王武三思又居中用事，以则天为彦范等所废，常深愤怨。又虑彦范等渐除武氏，乃先事图之。韦皇后既雅为帝所信宠，言无不从，三思又私通于韦氏，乃日夕谗毁彦范等。帝竟用三思计，进封彦范为扶阳郡王、敬晖为平阳郡王、张柬之为汉阳郡王、崔玄暐为博陵郡王、袁恕己为南阳郡王。……虽外示优崇，而实夺其权也。……神龙二年……乃贬彦范为泷州司马、敬晖崖州司马、袁恕己窦州司马、崔玄暐白州司马、张柬之新州司马。……是岁秋，武三思又阴令人疏皇后秽行，榜于天津桥，请加废黜。中宗闻之怒……御史……希三思旨，奏言彦范与敬晖……等，教人密为此榜，虽托废后为名，实有危君之计，请加族灭。制依……奏（《旧唐书》卷九十一《桓彦范传》）。

三思，元庆子也。少以后族，累转右卫将军。……及革命，封梁王。……三思略涉文史，性倾巧便僻，善事人。……初，敬晖等立功后，掌知国政。三思虑其更为己患，而令其子崇训，因安乐公主，构诬敬晖等，并流于岭表而死。自是三思威权日盛，军国政事多所参综（《旧唐书》卷一八三《武承嗣附武三思传》）。

武三思……乃讽百官，上帝尊号为应天皇帝，后为顺天皇后。……三思骄横用事（《旧唐书》卷五十一《中宗韦庶人传》）。

三思既猜嫉正士，尝言"不知何等名作好人，唯有向我好者，是好人耳"。……三思既与韦庶人及上官昭容私通，尝忌节愍太子，又因安乐公主密谋废黜之（《旧唐书》卷一八三《武承嗣附武三思传》）。

节愍太子重俊，中宗第三子也。神龙二年秋，立为皇太子。……武三思得幸中宫，深忌重俊。三思子崇训尚安乐公主，常教公主凌忽重俊，以其非韦氏所生，常呼之为奴。或劝公主请废重俊为王，自立为皇太女，重俊不胜忿恨。三年七月，率左羽林大将军李多祚……等，矫制发左、右羽林兵，及千骑三百余人，杀三思及崇训于其第，并杀党与十余人。又令左金吾大将军……分兵守宫城诸门，自率兵……斩关而入，求韦庶人及安乐公主。……帝驰赴玄武门楼，召左羽林将军刘仁景等。……千骑王欢喜等倒戈。……重俊既败……奔终南山……为左右所杀（《旧唐书》卷八十六《节愍太子重俊传》）。

景龙三年正月……宴侍臣及近亲于梨园亭。二月，幸玄武门，与近臣观宫女大酺。既而左右分曹，共争胜负。上又遣宫女为市肆，鬻卖众物，令宰臣及公卿为商贾，与之交易，因为忿争，言辞猥亵，上与后观之，以为笑乐（《旧唐书》卷七《中宗本纪》）。

景龙四年正月，及皇后微行以观灯（《唐书》卷四《中宗本纪》）。

景龙四年正月望夜，帝与后微行市里以观烧灯。又放宫女数千，夜游纵观，因与外人阴通，逃逸不还（《旧唐书》卷五十一《中宗韦庶人传》）。

景龙四年五月……前州司兵参军燕钦融上书，言：“皇后干预国政，安乐公主、武延秀、宗楚客等同危宗社。”帝怒，召钦融廷见，扑杀之。时安乐公主志欲皇后临朝称制，而求立为皇太女，由是与后合谋进鸩。六月，帝遇毒崩……秘不发丧，皇后亲总庶政。……立温王重茂为皇太子……宣遗制皇太后临朝（《旧唐书》卷七《中宗本纪》）。

睿宗……讳旦，高宗第八子。……则天临朝，废中宗……立……为皇帝，仍临朝称制。……中宗自房陵还，帝数称疾不朝，请让位于中宗，则天遂立中宗为皇太子，封帝为相王。……神龙元年，以诛张易之昆弟功，进号安国相王。……其年，立为皇太弟。景龙四年（即景云元年）六月，中宗崩，韦庶人临朝，引用其党，分握政柄，忌帝望实素高，潜谋危害。庚子夜，临淄王讳（玄宗），与太平公主子薛崇简、前朝邑尉刘幽求、长上果毅麻嗣宗、苑总监钟绍京等，率兵入北军，诛韦温、纪处讷、宗楚客、武延秀、马秦客、叶静能、赵履温、杨均等，诸韦、武党与皆诛之。……其日，王公百寮上表，咸以国家多难，宜立长君。以帝众望所归，请即尊位。……即皇帝位（《旧唐书》卷七《睿宗本纪》）。

临淄王讳，举兵诛诸韦、武，皆枭首于安福门外，韦太后为乱兵所杀（《旧唐书》卷七《中宗本纪》）。

韦后虽死，太平公主颇预政柄。公主武后女，颇有机谋，欲谋危太子（玄宗）。太子乃以羽林诛公主及其党与，睿宗不得不传位于太子，是为玄宗。至此武后之乱，始告结束。

太平公主，则天皇后所生，后爱之。……仪凤中，吐蕃请主下嫁，后不欲弃之夷，乃真筑宫，如方士熏戒，以拒和亲事。久之，主衣紫袍玉带，折上巾，具粉砺，歌舞帝前。帝及后大笑曰："儿不为武官，何遽尔？"主曰："以赐驸马可乎？"帝识其意，择薛绍尚之。……绍死，更嫁武承嗣。会承嗣小疾，罢婚。后杀武攸暨妻以配主。主方额广颐，多阴谋，后常谓"类我"。而主内与谋，外检畏，终后世无它訾。……玄宗将诛韦氏，主与秘计，遣子崇简从。事定，将立相王，未有以发其端者。主顾温王，乃儿子，可劫以为功。……乃掖王下，取乘舆服进睿宗。睿宗即位，主权由此震天下。……朝廷大政事，非关决不下，间不朝则宰相就第咨判，天子殆画可而已。……玄宗以太子监国，使宋王、岐王总禁兵，主恚权分，乘辇至光范门召宰相，白废太子。于是宋璟、姚元之不悦，请出主东都，帝不许。……时宰相七人，五出主门下。……主内忌太子明，又宰相皆其党，乃有逆谋。……太子得其奸，召岐王、薛王、兵部尚书郭元振、将军王毛仲……定策。……毛仲取内闲马三百，率太仆少卿李令问、王守

一、内侍高力士、果毅李守德叩虔化门，枭元楷、慈（主党左羽林大将军常元楷、知羽林军李慈）于北阙下。……主闻变，亡入南山，三日不出，赐死于第（《唐书》卷八十三《太平公主传》）。

延和元年八月，帝传位于皇太子，自称太上皇帝，五日一度受朝于太极殿，自称曰朕。……皇帝每日受朝于武德殿，自称曰予。……太平公主……等谋逆事觉，皇帝率兵诛之。……翌日，太上皇诰曰："朕将高居无为，自今后，军国刑政，一事以上，并取皇帝处分。"（《旧唐书》卷七《睿宗本纪》）

（七）玄宗时代之治乱

（1）开元、天宝之政况

（甲）任贤相

（玄宗即位）大赦天下，改元为开元。内外官赐勋一转，改尚书左右仆射为左右丞相、中书省为紫微省、门下省为黄门省、侍中为监（《旧唐书》卷八《玄宗本纪上》）。

是时，上初即位，务修德政，军国庶务，多访于崇。同时宰相卢怀慎、源乾曜等，但唯诺而已。崇独当重任，明于吏道，断割不滞（《旧唐书》卷九十六《姚崇传》）。

于是帝方躬万几，朝夕询逮。它宰相畏帝威决，皆谦惮，唯独崇佐裁决，故得专任。……凡大政事，帝必令源乾曜就咨焉。乾曜所奏善，帝则曰："是必崇画之。"有不合，则曰："胡不问崇？"（《唐书》卷一二四《姚崇传》）

宋璟刚正，又过于崇，玄宗素所尊惮，常屈意听纳，故唐史臣称崇善应变，以成天下之务。璟善守文，以持天下之正。二人道不同，同归于治。此天所以佐唐使中兴也（《唐书》卷一二四《姚崇宋璟传赞》）。

玄宗开元时，厉精求治，元老魁旧，动所尊惮。故姚元之（崇初名元之）、宋璟，言听计行（《唐书》卷一二六列传赞）。

（乙）吏治

玄宗即位。……九龄建言："……今刺史，京辅雄望之郡，犹少择之，江、淮、陇、蜀、三河大府之外，稍非其人。由京官出者，或身有累，或政无状，用牧守之任，为斥逐之地。或因附会以忝高位，及势衰，谓之不称京职，出以为州。武夫、流外，积资而得，不计于才。刺史乃尔，县令尚可言哉？甿庶，国家之本，务本之职，乃为好进者所轻，承弊之民，遭不肖所扰。……臣愚谓欲治之本，莫若重守令。守令既重，则能者可行。宜遂科定其资：凡不历都督、刺史，虽有高第，不得任侍郎、列卿；不历县令，虽有善政，不得任台郎。……夫吏部尚书、侍郎以贤而授者也……今胶以格条，据资配职，为官择人，初无此意，故时人有平配之诮。……今若刺史、县令，精核其人……无庸人之繁矣。今岁选乃万计，京师米物为耗……如知其贤能，各有品第，每一官缺，不以次用之，岂不可乎？”……俄选左补阙。九龄有才鉴，吏部试拔萃与举者，常与右拾遗赵冬曦考次，号称详平（《唐书》卷一二六《张九龄传》）。

（丙）政绩

史臣曰：……自武后移国三十余年，朝廷罕有正人，附丽无非险辈。持苞苴而请谒，奔走权门；效鹰犬以飞驰，中伤端士。……朋比成风，廉耻都尽。开元……纠之以典刑，明之以礼乐，爱之以慈俭，律之以轨仪。黜前朝徼幸之臣，杜其奸也；焚后庭珠翠之玩，戒其奢也；禁女乐而出宫嫔，明其教也；赐酺赏而放哇淫，惧其荒也；叙友于而敦骨肉，厚其俗也。……朝集而计最，校吏能也。庙堂之上，无非经济之才；表著之中，皆得论思之士。……贞观之风，一朝复振（《旧唐书》卷九《玄宗本纪下论》）。

励精政事，开元之际，几致太平（《唐书》卷五《玄宗本纪赞》）。

玄宗晚年，流于怠荒，不但政治窳败，且唐乱亡之因多种于其时。

（丁）李林甫与杨国忠

林甫面柔而有狡计，能伺候人主意，故骤历清列，为时委任。而中官妃家，皆厚结托，伺上动静，皆预知之。故出言进奏，动必称旨。而猜忌阴中人，不见于词色。朝臣受主恩，顾不由其门，则构成其罪。与之善者，虽厮养下士，尽至荣宠（《旧唐书》卷一〇六《李林甫传》）。

九龄由文学进，守正持重。而林甫特以便佞，故得大任，每嫉九龄阴害之。……帝……益疏薄九龄。俄……罢政事，专任林甫。……林甫善刺上意，时帝春秋高，听断稍怠，厌绳检，重接对大臣，及得林甫，任之不疑。林甫善养君欲，自是帝深居燕适，沉蛊衽席，主德衰矣。……公卿不由其门而进，必被罪徙；附离者，虽小人且为引重。同时相若九龄、李适之皆遭逐；至杨慎矜、张瑄、卢幼临、柳升等缘坐数百人，并相继诛。……林甫居相位凡十九年，固宠市权，蔽欺天子耳目，谏官皆持禄养资，无敢正言者。补阙杜琎再上书言政事，斥为下邽令。因以语动其余曰："……君等独不见立仗马乎，终日无声，而饫三品刍豆；一鸣，则黜之矣。后虽欲不鸣，得乎？"由是谏争路绝（《唐书》卷二二三上《李林甫传》）。

林甫恃其早达，舆马被服，颇极鲜华。自无学术，仅能秉笔，有才名于时者，尤忌之。……林甫典选部时，选人严迥判语有用杕杜二字者，林甫不识杕字，谓吏部侍郎韦陟曰："此云杖杜，何也？"陟俯首不敢言。太常少卿姜度，林甫舅子。度妻诞子，林甫手书庆之曰："闻有弄麞之庆。"客视之，掩口（《旧唐书》卷一〇六《李林甫传》）。

初，杨国忠登朝，林甫以微才不之忌。及位至中司，权倾朝列，林甫始恶之。……林甫卒，国忠竟代其任（《旧唐书》卷一〇六《李林甫传》）。

杨国忠，太真妃之从祖兄……也。……国忠已得柄……处决枢务，自任不疑，盛气骄愎，百僚莫敢相可否，官属悉苛督句剥相甚。又便佞，专徇帝嗜欲，不顾天下成败。……安禄山方有宠，总重兵于边，偃蹇不奉法，帝护之，下莫敢言。国忠知终不出己下，又恃内援，独暴发反状，帝疑以位相娼，不之信。禄山虽逆久，以帝遇之厚，故隐忍，伺帝一日晏驾则称兵。及见帝嬖国忠，甚畏不利己，故谋日急。俄而禄山授尚书右仆射，帝恐国忠不悦，故册拜司空。禄山还幽州，觉国忠图己，反谋遂决。国忠令客……刺求反状，讽京兆尹李岘围其第，捕禄山所善……杀之。……

禄山上书自陈，而条上国忠大罪二十。帝归过于岘，贬……以慰禄山意。国忠寡谋矜躁，谓禄山跋扈不足图，故激怒之使必反，以取信于帝，帝卒不悟。乃建言:“请以禄山为平章事，追入辅政。”……禄山反，以诛国忠为名(《唐书》卷二〇六《杨国忠传》)。

(戊)杨贵妃

玄宗贵妃杨氏……始为寿王妃。开元二十四年，武惠妃薨，后廷无当帝意者。或言妃姿质天挺，宜充掖廷。遂召内禁中，异之。即为自出妃意者，丐籍女官号太真。……太真得幸，善歌舞，邃晓音律，且智算警颖，迎意辄悟，帝大悦，遂专房，宴宫中，号“娘子”。……天宝初，进册贵妃(《唐书》卷七十六《杨贵妃传》)。

有姊三人，皆有才貌，玄宗并封国夫人之号：长曰大姨，封韩国；三姨封虢国；八姨封秦国，并承恩泽，出入宫掖，势倾天下。……三夫人岁给钱千贯，为脂粉之资(《旧唐书》卷五十一《杨贵妃传》)。

帝常岁十月，幸华清宫，春乃还。而诸杨汤沐馆在宫东垣，连蔓相照。帝临幸，必遍五家，赏赉不赀，计出有赐曰“饯路”，反有劳曰“软脚”(《唐书》卷二〇六《杨国忠传》)。

开元已来，豪贵雄盛，无如杨氏之比也。……玄宗每年十月，幸华清宫，国忠姊妹五家扈从，每家为一队，著一色衣，五家合队，照映如百花之焕发。而遗钿坠舄，瑟瑟珠翠，璨斓芳馥于路。……天宝中，范阳节度使安禄山大立边功，上深宠之。禄山来朝，帝令贵妃姊妹，与禄山结为兄弟。禄山母事贵妃，每宴赐，锡赉稠沓。及禄山叛，露檄数国忠之罪。……及潼关失守，从幸至马嵬，禁军大将军陈玄礼，密启太子诛国忠父子。既而四军不散，玄宗遣力士宣问，对曰:“贼本尚在。”盖指贵妃也。力士复奏，帝不获已，与妃诏，遂缢死于佛室(《旧唐书》卷五十一《杨贵妃传》)。

（2）安史之乱

（甲）安禄山

安禄山，营州柳城胡也。……忮忍多智，善亿测人情，通六蕃语，为互市郎。……御史中丞张利贞采访河北，禄山百计谀媚，多出金，谐结左右为私恩。利贞入朝，盛言禄山能。乃授（禄山）……顺化州刺史。使者往来，阴以赂中其嗜，一口更誉，玄宗始才之。天宝元年，以平卢（热河朝阳一带）为节度，禄山为之使，兼柳城太守。押两蕃、渤海、黑水四府经略使。明年（二年）入朝，奏对称旨，进骠骑大将军。又明年（三年），代裴宽为范阳节度（河北、北京一带）、河北采访使，仍领平卢军。……时宰相李林甫，嫌儒臣以战功进，尊宠间己，乃请颛用蕃将。故帝宠禄山益牢，群议不能轧。……时杨贵妃有宠，禄山请为妃养儿，帝许之。其拜，必先妃后帝，帝怪之，答曰："蕃人先母后父。"帝大悦。……禄山有乱天下意，令麾下刘骆谷居京师，伺朝廷隙。……帝春秋高，嬖艳钳固，李林甫、杨国忠更持权，纲纪大乱。禄山计天下可取，逆谋日炽。……峙兵积谷，养同罗降奚、契丹曳落河八千人为假子。……引张通儒、李廷坚、平洌、李史鱼、独孤问俗署幕府，以高尚典书记，严庄掌簿最，阿史那承庆、安太清、安守忠、李归仁、孙孝哲、蔡希德、牛廷玠、向润客、高邈、李钦凑、李立节、崔乾祐、尹子奇、何千年、武令珣、能元皓、田承嗣、田乾真，皆拔行伍，署大将。……进禄山东平郡王。……遂拜云中太守、河东（山西省城以西）节度使。既兼制三道，意益侈。……禄山……乃悉兵，号二十万，讨契丹以报。帝闻，诏朔方节度使阿布思以师会。……禄山雅忌其才，不相下，欲袭取之。……布思惧而叛，转入漠北。……会布思为回纥所掠，奔葛逻禄。禄山厚募其部落，降之。葛逻禄惧，执布思送北廷，献之京师。禄山已得布思众，则兵雄天下，愈偃肆。皇太子及宰相屡言禄山反，帝不信。是时，国忠疑隙已深……然禄山亦惧朝廷图己，每使者至，称疾不出。……帝赐庆宗（禄山子）娶宗室女，手诏禄山观礼，辞疾甚，献马三千匹，驺靮自倍，车三百乘，乘三士，因欲袭京师。……天宝十四载（西元七五五年）十一月，反范阳，诡言奉密诏讨杨国忠。……以高尚、严庄为谋主，孙孝哲、高邈、张通儒、通晤为腹心，兵凡十五万，号二十万，师行日六十里（天下承平日久，人不知战，闻其兵起，朝廷震惊。禁卫皆市井商贩之人，乃开左藏库出锦帛召募。……禄山令严肃，得士死力，无不一当百，遇之必败。……以上《旧唐书》卷二〇〇上《安禄山传》)。……时兵暴起，州、县发官铠仗，皆穿朽钝折不可用，持梃斗，弗能亢，吏皆弃城匿，或自杀，不则就禽，日不绝。……据东京。……明年（至德元载）正月，僭称雄武皇帝，国号燕，建元圣武。……达奚珣为左相，张通儒为右相，严庄为御史大夫，署拜百官（《唐书》卷二二五上《安禄山传》）。

常山太守颜杲卿，杀贼将李钦凑，禽高邈、何千年，于是赵郡、巨鹿、广平、清河、河间、景城六郡，皆为国守。禄山所有，才卢龙、密云、渔阳、汲、邺、陈留、荥阳、陕郡、临汝而已。……僭号（禄山）……复取常山，杀颜杲卿。……李光弼出土门救常山。……郭子仪自云中引兵与光弼合，败史思明于九门。……光弼收郡十三，河南诸郡皆严兵守。潼关不开，禄山惧，欲还范阳，召严庄、高尚责曰:“我起而曹谓万全，今四方兵日盛，自关以西，不跬步进。尔谋何在，尚见我为?”遣尚等出。……田乾真自潼关来，劝禄山曰:“自古兴王，战皆有胜负……无一举而得者。……且高尚、严庄佐命元勋也……何遽绝之?”……乃内尚等与饮宴……君臣如初。……会高仙芝等死，哥舒翰守潼关，为乾祐所败，囚之。贼不谓天子能遽去，驻兵潼关十日乃西。……于是汧、陇以东，皆没于贼（《唐书》卷二二五上《安禄山传》）。

天宝十四载十一月……以郭子仪为灵武太守、朔方节度使。……以京兆牧荣王琬为元帅，命高仙芝副之，于京城召募，号曰“天武军”，其众十万（《旧唐书》卷九《玄宗本纪下》）。

仙芝……师发，玄宗御望春亭慰劳遣之，仍令监门将军边令诚监其军，屯于陕州（《旧唐书》卷一〇四《高仙芝传》）。

以常清为范阳节度，俾募兵东讨。其日，常清乘驿赴东京……禄山渡河……常清……战……败……西奔至陕郡，遇高仙芝，具以贼势告之，恐贼难与争锋，仙芝遂退守潼关。玄宗闻常清败，削其官爵，令白衣与仙芝军效力。……监军边令诚每事干之，仙芝多不从。令诚入奏事，具言仙芝、常清逗挠奔败之状。玄宗怒，遣令诚赍敕至军，并诛之（《旧唐书》卷一〇四《封常清传》）。

天宝十四载十二月……斩封常清、高仙芝于潼关，以哥舒翰为太子先锋兵马元帅，领河陇，募兵守潼关以拒之（《旧唐书》卷九《玄宗本纪下》）。

国忠计迫，谬说帝趣翰出潼关，复陕、洛。……帝入国忠之言，使使者趣战，项背相望也。翰窘……出关，次灵宝西原，与安禄山将崔乾祐战。……既败，翰引数百骑……至潼津，收散卒，复守关。乾祐进攻，于是火拔归仁（翰帐下将）等绐翰出关……执以降贼。……京师震动，由是天子西幸（《唐书》卷一三五《哥舒翰传》）。

关门不守，京师大骇，河东、华阴、上洛等郡，皆委城而走。……谋幸蜀。……发马嵬（陕西兴平县西）……幸扶风。……及行，百姓遮路乞留皇太子，愿戮力破贼。……因留太子（肃宗）……诏以皇太子讳充天下兵马元帅，都统朔方、河东、河北、平卢等节度兵马，收复两京（《旧唐书》卷九《玄宗本纪下》）。

上至灵武……冕（裴冕）等凡六上笺，辞情激切。上不获已，乃从。是月，上即皇帝位于灵武……敬崇徽号，上尊圣皇（玄宗）曰“上皇”……改元曰至德。……诏以子仪为兵部尚书、依前灵州大都督府长史，光弼为户部尚书、兼太原尹、北京留守、同中书门下平章事。回纥、吐蕃遣使继至，请和亲，愿助国讨贼，皆宴赐遣之（《旧唐书》卷十《肃宗本纪》)。

禄山未至长安，士人皆逃入山谷，东西络绎二百里，宫嫔散匿行哭，将相第家委宝货不赀，群不逞争取之，累日不能尽。又剽左藏大盈库，百司帑藏竭，乃火其余。禄山至，怒，乃大索三日，民间财资尽掠之，府县因株根牵连，勾剥苛急，百姓愈骚。……虏性得所欲，则肆为残虐，人益不附，诸大将欲有咨决，皆因严庄以见。御下少恩，虽腹心雅故，皆为仇敌，郡县相与杀守将，迎王师。……肃宗治兵灵武，天下日跂首待。……都畿豪杰杀贼吏自归者无虚日，贼斩刈惩之不能止。又贼将类慓勇无远谋，日纵酒，嗜声色、财利，车驾危得入蜀，终无进蹑之患。帐下李猪儿者，本降竖，幼事禄山谨甚，使为阉人，愈亲信。禄山腹大垂膝，每易衣，左右共举之，猪儿为结带。……及老愈肥，曲隐常疮，既叛不能无恚惧，至是目复盲。俄又得疽疾，尤卞躁，左右给侍，无罪辄死或棰掠，而辱猪儿尤数，虽严庄亲倚，时时遭笞，故二人深怨禄山。初庆绪善骑射，未冠为鸿胪卿，贼僭号，嬖段夫人，爱其子庆恩，欲立之。庆绪惧不立，庄亦疑难作不利己……遂与定谋。至德二载正月朔，禄山朝群臣，创甚罢。是夜，庄、庆绪持兵扈门，猪儿入帐下，以大刀斫其腹……肠溃于床即死。……因传疾甚，伪诏立庆绪为皇太子。又矫称禄山传位庆绪，乃伪尊太上皇。既袭伪位，改载初元年。即纵乐饮酒，委政于庄而兄事之。以张通儒、安守忠等屯长安，史思明领范阳，镇恒阳军，牛廷玠屯安阳，张志忠戍井陉(《唐书》卷二二五上《安禄山传》)。

至德二年(西元七五七年)二月，肃宗南幸凤翔郡，始知禄山死，使仆固怀恩使于回纥，结婚请兵讨逆。其月，郭子仪拔河东郡，崔乾祐南遁。八月，回纥三千骑至。九月，广平王领蕃汉之众收西京。……郭子仪等与贼战于陕西曲沃，大破之。……严庄奔至东京，告庆绪，庆绪率其余众奔河北，保邺郡。……思明伪称燕王。……庆绪……被围……思明引众来救。……庆绪……诣思明……思明曰:“……尔为人子，杀汝父以求位，庸非大逆乎？吾为太上皇讨贼。”即牵出，并其四弟，及高尚、孙孝哲、崔乾祐皆缢杀之，禄山父子僭逆，三年而灭（《旧唐书》卷二〇〇上《安禄山传》）。

至导贼僭逆之人，以高尚、严庄为最。

高尚……善文辞……禄山表为平卢掌书记，因出入卧内。禄山喜睡，尚尝执笔侍，通宵不寝，由是亲爱，遂与严庄语图谶导禄山反。……贼所下赦令，皆尚为之。严庄降后（拜司农卿），尚独典政事（《唐书》卷二二五上《高尚传》）。

至德二载，禄山死。庆绪遣其下尹子琦，将……劲兵……攻睢阳（河南商丘县）。巡励士固守。……远（许远）自以材不及巡，请禀军事而居其下。……贼知外援绝，围益急。众议东奔，巡、远议以睢阳江淮保障也，若弃之，贼乘胜鼓而南，江淮必亡。……贼攻城，士病不能战……城遂陷，与远俱执。……张镐……率……四节度犄角救睢阳，巡亡三日而镐至，十日而广平王收东京。……咸谓巡蔽遮江淮，沮贼势，天下不亡，其功也（《唐书》卷一九二《张巡传》）。

（乙）史思明

史思明，本名窣干，营州宁夷州突厥杂种胡人也。……性急躁，与安禄山同乡里。……及长相善，俱以骁勇闻。……解六蕃语，与禄山同为互市郎。……天宝初，频立战功，至将军，知平卢军事。……十四载，安禄山反，命思明讨饶阳等诸郡，陷之（《旧唐书》卷二〇〇上《史思明传》）。

禄山反，使思明略定河北。会贾循死，留思明守范阳。……至德二载……攻太原……（李）光弼固守且十月，不能拔。而安庆绪袭位，赐姓安，名荣国，爵妫川郡王。贼之陷两京，常以橐它载禁府珍宝贮范阳，如丘阜然。思明见富强，僴然骄，欲自取之。已而庆绪败走相州，残士三万北归，无所属，思明击杀数千人，降之。庆绪知其贰，使……诣思明议事，且共图之。……李光弼闻其绝庆绪，使人招之……思明使牙门……奉十三郡兵八万籍，归于朝。……诏思明为归义郡王、范阳长史、河北节度使，诸子并列卿。……然思明外顺命，内实通贼，益募兵。帝知之……即擢乌承恩为河北节度副大使，使图思明。……诸将返以告思明……因搒杀承恩。……九节度（朔方节度郭子仪、河东节度李光弼、关内潞州节度王思礼、淮西襄阳节度鲁炅、兴平节度李奂、滑濮节度许叔冀、平卢兵马使董秦、北庭行营节度李嗣业、郑蔡节度季广琛。……以开府鱼朝恩为观军容使。《旧唐书》卷十《肃宗纪》乾元元年）围相州急，庆绪间道求救思明。……乾元二年（西元七五九年）正月朔，筑坛僭称大圣周王，建元应天。……救相州，却王师，杀庆绪并其众，欲遂西略。虞根本未固，即留史朝义守相州，自引还。四月，更国号大燕，建元顺天，自称应天皇帝，妻辛为皇后，以朝义为怀王，周贽为相，李归仁为将，号范阳为燕京，洛阳周京，长安秦京，更以州为郡，铸顺天得一钱（《唐书》卷二二五上《史思明传》）。

乾元元年，九节度师讨庆绪，以子仪、光弼皆元功，难相临摄，第用鱼朝恩为观军容宣慰使，而不立帅。……思明自魏来……战邺南……于是王师南溃。……时王师众而无统，进退相顾望，责功不专，是以及于败（《唐书》卷一三七《郭子仪传》）。

乾元二年三月……相州行营郭子仪等，与贼史思明战，王师不利，九节度兵溃。子仪断河阳桥，以余众保东京（《旧唐书》卷十《肃宗本纪》）。

思明……兵四出，寇河南，身出濮阳……乘胜鼓行，西陷洛阳，破汝、郑、滑三州。……上元二年（西元七六一年）二月，思明以计败光弼兵于北邙，王师弃河阳、怀州，京师震恐，益兵屯陕州（《唐书》卷二二五上《史思明传》）。

思明至陕州，为官军所拒于姜子坂。战不利，退归永宁，筑三角城，约一月内毕，以贮军粮。朝义筑城毕，未泥，思明至，诟之，对曰："缘兵士疲乏，暂歇耳。"又怒曰："汝惜部下兵，违我处分。……待收陕州，斩却此贼。"朝义大惧。……朝义将骆悦……等言："主上欲害王，悦与王死无日矣。因言废兴之事。……举大事可乎。"……朝义然之。……思明……每好伶人，寝食置左右，以其残忍皆恨之。……如厕（思明）……骆悦入，问思明所在……指在厕。思明觉变，逾墙出，至马槽，备马骑之。悦等至，令傔人周子俊射中其臂，落马。………悦遂令心腹擒思明，赴柳泉驿。……思明至柳泉驿，缢杀之。朝义便僭伪位（建元显圣）。朝义，思明孽子也。宽厚，人附之。使人往范阳，杀伪太子朝英等。……时洛阳四面数百里，人相食，州、县为墟。诸节度使皆禄山旧将，与思明等夷，朝义征召不至。宝应元年（西元七六二年）十月，遣元帅雍王领河东、朔方诸节度回纥兵马赴陕，仆固怀恩与回纥左杀为先锋……自渑池入，李抱玉自河阳入，副元帅李光弼自陈留入……与朝义战于北邙山下，逆贼败绩……投汴州，汴州伪将张献诚拒之，乃渡河北投幽州。二年正月，贼伪范阳节度李怀仙于莫州生擒之，送款来降，枭首至阙下。又伪官以城降者，恒州刺史成德军、节度使张忠志……赵州刺史卢淑、定州程元胜、徐州刘如伶、相州节度薛嵩、幽州李怀仙、郑州田承嗣，并加封爵，领旧职。思明乾元二年僭号，至朝义宝应元年灭，凡四年（《旧唐书》卷二〇〇上《史思明传》）。

唐自安史乱后，政局日趋混乱，至于衰亡。

（八）唐之衰运

（1）宦官

唐制：内侍省官有内侍四，内常侍六，内谒者监、内给事各十，谒者十二，典引十八，寺伯、寺人各六。又有五局：一曰掖廷，主宫嫔簿最；二曰宫闱，扈门阑；三曰奚官，治宫中疾病死丧；四曰内仆，主供帐镫烛；五曰内府，主中藏给纳。局有令，有丞，皆宦者为之。太宗诏内侍省不立三品官，以内侍为之长，阶第四，不任以事，惟门阁守御、廷内扫除、禀食而已。武后时，稍增其人，至中宗，黄衣乃二千员，七品以上员外置千员，然衣朱紫者尚少。玄宗承平，财用富足，志大事奢，不爱惜赏赐爵位。开元、天宝中，宫嫔大率至四万，宦官黄衣以上三千员，衣朱紫千余人。其称旨者辄拜三品将军，列戟于门。其在殿头供奉，委任华重，持节传命，光焰殷殷动四方。所至郡县奔走，献遗至万计。……监军持权，节度返出其下。于是甲舍、名园、上腴之田为中人所名者半京畿矣。肃、代庸弱，倚为扞卫，故辅国以尚父显，元振以援立奋，朝恩以军容重，然犹未得常主兵也。德宗惩艾泚贼，故以左、右神策、天威等军委宦者主之，置护军中尉、中护军，分提禁兵，是以威柄下迁，政在宦人，举手伸缩，便有轻重。至慓士奇材，则养以为子；巨镇强藩，则争出我门。……又日夕侍天子，狎则无威，习则不疑，故昏君蔽于所昵，英主祸生所忽。玄宗以迁崩，宪、敬以弑殒，文以忧偾，至昭而天下亡矣。祸始开元，极于天祐（《唐书》卷二〇七《宦者列传序》）。

东汉及明，宦官之祸烈矣。然犹窃主权，以肆虐天下。至唐则宦官之权反在人主之上，立君、弑君、废君有同儿戏。……如高力士贵幸时，徼幸者愿一见如天人。肃宗在东宫，亦以兄事之，诸王公主呼为翁，戚里诸家尊曰爹，将相大臣皆由之以进。尝建佛寺、道观各一所，钟成，宴公卿，一扣者纳礼钱十万，有至二十扣者（见《唐书》卷二〇七《高力士传》）。李辅国贵幸时，人不敢斥其官，直呼为五郎。李揆当国，以子姓事之。尝矫诏迁上皇（玄宗）于西内，至忧郁以崩（见《旧唐书》卷一八四《李辅国传》）。他如鱼朝恩忌郭子仪功高，谮罢其兵柄；程元振谮来瑱赐死，李光弼遂不敢入朝；又谮裴冕罢相，贬施州，以致方镇解体，吐蕃入寇，代宗仓黄出奔，征诸道兵无一至者。此犹是未握兵权、未筦枢要以前事也。自德宗惩泾师之变，禁军仓卒不及征集，还京后，不欲以武臣典禁兵，乃以神策、天威等军，置护军中尉、中护军等官，以内官窦文场、霍仙鸣等主之，于是禁军全归宦寺。其后又有枢密之职，凡承受诏旨、出纳王命，多委之，于是机务之重，又为所参预（注：案《李吉甫传》：宪宗初，有中书小吏滑涣，与枢密使刘光琦昵，颇窃权。又《裴垍传》：李绛承旨翰林，有中人梁守谦掌密命。是枢密之职，盖始于德宗之末、宪宗之初。又《严遵美传》：枢密使无厅事，惟三楹舍藏书而已。其后遂有堂状贴黄决事，与宰相等）。是二者皆极重要之地，有一已足揽权树威，挟制中外，况二者尽为其所操乎？其始犹假宠窃灵，挟主势以制下，其后积重难返，居肘腋之地，为腹心之患，即人主废置，亦在掌握中。《僖宗纪赞》谓：自穆宗以来八世，而为宦官所立者七君。今案《本纪》，宪宗时，太子宁薨，中尉吐突承璀欲立丰王恽，而恽母贱不当立，乃立遂王宥为皇太子。宪宗崩，宦官陈宏志，杀承璀及恽，以皇太子即位，是为穆宗（注：《旧书·王守澄传》：宪宗崩，守澄与马进潭、梁守谦等，册立穆宗。盖皆与陈宏志同谋者）。是穆宗之立，由陈宏志等之力也。……敬宗夜猎还宫，与中官刘克明……等二十八人饮。帝醉，入室更衣，殿上烛忽灭，刘克明等同害帝，苏佐明等矫制立绛王。枢密使王守澄、中尉梁守谦，率禁军讨贼，诛绛王，迎江王即位，是为文宗。是文宗之立，由王守澄等之力也。……至文宗在时，已立敬宗子成美为皇太子矣。及大渐，宰相李珏、枢密使刘宏逸等，又奉密旨，以成美监国，乃中尉仇士良、鱼宏志矫诏废成美，立颍王瀍为皇太弟，即位，是为武宗。是武宗之立，由仇士良等之力也。……武宗崩，中尉马元贽，立光王怡为皇太叔，即位，是为宣宗（注：时武宗未有太子）。是宣宗之立，由马元贽之力也。宣宗疾大渐，以夔王滋属枢密使王归长、马公孺等，而中尉王宗实及丌元宝矫诏立郓王为皇太子，即位，是为懿宗。是懿宗之立，由王宗实等之力也。懿宗大渐，中尉刘行深、韩文约立普王为皇太子，即位，是为僖宗。是僖宗之立，由刘行深等之力也。僖宗大渐……观军容使杨复恭率兵迎寿王为皇太弟，即位，是为昭宗。是昭宗之立，由杨复恭之力也。统计此六七代中，援立之权，尽归宦寺，宰相亦不得与知。且不特此也，宪、敬二帝，至为陈宏志、刘克明等所弑；昭宗又为刘季述所幽。……其间非无贤哲之主，有志整饬。如宪宗无所宠假，吕全如擅取樟材治第，送狱自杀。郭旻醉触夜禁，即杖杀之。……然其后竟遭弑害。文宗欲倚李训、郑注诛宦官，甘露之变，反为仇士良等肆逆，横杀朝士，横尸阙下，帝亦惴惴不保，仅而获免。宣宗始稍黜其权（注：初，延英奏事，帝与宰相可否，枢密使候于殿西，俟宰相奏事毕，案前受事，稍防矫诈之弊），至懿、僖，又如故矣。文宗尝以周赧、汉献，受制强臣，而己受制家奴，谓不如赧、献，对周墀泣下。学士崔慎由夜直，忽仇士良召至秘殿，令草诏更立嗣君，慎由以死拒之。士良引至小殿见帝，士良等历数帝过，帝俯首而已。刘季述锢昭帝于少阳院，亦以杖画地责帝曰："某日某事，尔不从我，罪一也。"至数十不止。杨复恭之反也，既令其养子守信为神策军使，又令守贞、守忠及侄守亮为节度使，以树内外之援，与守亮书曰："承天门乃隋家旧业，儿但积粟训兵，不必进奉。吾于荆榛中立寿王，既得位，乃废定策国老。"有如此负心门生天子，此可见下陵上替之极也。卒之，朝廷纲纪为所败裂，国势日弱，方镇日强，宦寺虽握兵，转不得不结外蕃为助。于是韩全诲等劫天子，迁凤翔，倚李茂贞，致朱全忠攻围逾年，力穷势迫，帝与茂贞乃杀全诲等四人，韦处廷等二十二人以求和，又杀小使李继彝等十人。城门既开，又杀中官七十余人，全忠又令京兆诛党与百余。既还京师，遂尽杀第五可范以下八百余人，哀号之声闻于路。诸道监军亦即所在赐死。……唐室宦官之局至此始结，而国亦亡矣（赵翼《廿二史札记》卷二十《唐代宦官之祸》）。

（2）藩镇

景云（睿宗）二年，以贺拔延嗣为凉州都督、河西节度使，节度使之官由此始。然犹第统兵，而州郡自有按察等使司其殿最。至开元中，朔方、陇右、河东、河西诸镇，皆置节度使，每以数州为一镇，节度使即统此数州，州刺史尽为其所属，故节度使多有兼按察使、度支使、支度使者。既有其土地，又有其人民，又有其甲兵，又有其财赋，于是方镇之势日强。……及安、史既平，武夫战将以功起行阵，为侯王者，皆除节度使，大者连州十数，小者犹兼三四，所属文武官，悉自置署，未尝请命于朝，力大势盛。……或父死子握其兵而不肯代，或取舍由于士卒，往往自择将吏，号为留后，以邀命于朝。天子力不能制……因而抚之。……其始为朝廷患者，只河朔三镇，其后淄青、淮蔡，无不据地倔强。甚至同、华逼近京邑，而周智光以之反。潞、泽亦连畿甸，而卢从史、刘稹等以之叛。迨至末年，天下尽分裂于方镇，而朱全忠遂以梁兵移唐祚矣（赵翼《廿二史札记》卷二十《唐节度使之祸》）。

安、史乱天下，至肃宗大难略平，君臣皆幸安。故瓜分河北地，付授叛将，护养孽萌，以成祸根。乱人乘之，遂擅署吏，以赋税自私，不献于朝廷。……以土地传子孙。……讫唐亡，百余年，卒不为王土。……大历、贞元之间，有城数十，千百卒夫，则朝廷贷以法，故于是阔视大言，自树一家，破制削法，角为尊奢。天子不问，有司不呵；王侯通爵，越禄受之；觐聘不来，几杖扶之。……地益广，兵益强，僭拟益甚，侈心益昌。……淫名越号，走兵四略，以饱其志。赵、魏、燕、齐同日而起，梁、蔡、吴、蜀蹑而和之，其余混澒轩嚣，欲相效者，往往而是。……魏博传五世，至田弘正入朝，十年复乱，更四姓，传十世，有州七。成德更二姓，传五世，至王承元入朝，明年，王庭凑反，传六世，有州四。卢龙更三姓，传五世，至刘總入朝，六月，朱克融反，传十二世，有州九。淄青传五世而灭，有州十二。沧景传三世，至程权入朝，十六年而李全略有之，至其子同捷而灭，有州四。宣武传四世而灭，有州四。彰义传三世而灭，有州三。泽潞传三世而灭，有州五（《唐书》卷二一〇《藩镇列传序》）。

及其晚也，土地之广，人民之众，城池之固，器甲之利，举而予之。……方镇之患始也。各专其地以自世，既则迫于利害之谋，故其喜则连衡而叛上，怒则以力而相并，及其甚，则起而弱王室。唐自中世以后，收功弭乱，虽常倚镇兵；而其亡也，亦终以此（《唐书》卷六十四《方镇表序》）。

是唐藩镇之祸，玄宗造其因，而肃、代两朝，专务姑息以养成之，遂成尾大不掉之祸，倡始拒命者，为河北诸镇。当代宗时，其情况如下。

永泰（代宗）元年（西元七六五年）五月……平卢节度使侯希逸……好游畋……军州苦之。兵马使李怀玉得众心，希逸忌之，因事解其军职。希逸与巫宿于城外，军士闭门不纳，奉怀玉为帅。……七月，以郑王邈为“平卢淄青”节度大使，以怀玉知留，后赐名正己。时成德节度使李宝臣、魏博节度使田承嗣、相卫节度使薛嵩、卢龙节度使李怀仙，收安史余党，各拥劲卒数万，治兵完城，自署文武将吏，不供贡赋，与山南东道节度使梁崇义，及正己皆结为婚姻，互相表里。朝廷专事姑息，不能复制，虽名藩臣，羁縻而已（《资治通鉴》卷二二三《唐纪三十九》）。

德宗即位，颇思振作，不许藩镇世袭，魏博、平卢、成德、山南东四镇，遂连合抗命。

建中（德宗）二年（西元七八一年）正月，成德节度使李宝臣薨，宝臣欲以军府传其子。……惟岳……及薨，孔目官胡震、家僮王它奴，劝惟岳匿丧……诈为宝臣表，求令惟岳继袭。上不许。……惟岳乃发丧，自为留后，使将佐共奏求旌节。上又不许。初宝臣与李正己、田承嗣、梁崇义相结，期以土地传之子孙，故承嗣之死，宝臣力为之请于朝，使以节授田悦（承嗣侄），代宗从之。……至是悦屡为惟岳请继袭，上欲革前弊不许。……悦乃与李正己，各遣使诣惟岳，潜谋勒兵拒命。……会汴州城隘，广之，东方人讹言，上欲东封，故城汴州。正己惧，发兵万人屯曹州，田悦亦完聚为备，与梁崇义、李惟岳遥相应助（《资治通鉴》卷二二六《唐纪四十二》）。

四镇举兵抗命，德宗命诸将分道讨之，凡四年，始少定。

建中二年，魏博田悦反，将兵围临、洺、邢州。诏以晟为神策先锋都知兵马使，与河东节度使马燧、昭义节度使李抱真，合兵救临、洺。……晟与河东骑将……击悦于双冈，悦兵却。……晟引兵渡洺水……击悦军……大破之。三年正月，复以诸道军击败悦军于洹水，遂进攻魏州（《旧唐书》卷一三三《李晟传》）。

李希烈……德宗即位后………充淮西节度、支度营田观察使，又改淮西节度，为淮宁军以宠之。建中元年……山南东道节度梁崇义，拒捍朝命，迫胁使臣。二年六月，诏诸军节度率兵讨之……希烈破崇义众，遂讨平之（《旧唐书》卷一四五《李希烈传》）。

朱滔（卢龙节度使李怀仙，为兵马使朱希彩所杀，希彩又为部下杀死，推朱泚为节度。泚入朝，以弟滔知留后）……大历九年……权知幽州、卢龙节度留后。……建中二年，宝臣死，其子惟岳谋袭父位，滔与成德军节度张孝忠（惟岳将，以郡归国，授为成德军节度）征之，大破惟岳于束鹿。滔命偏师守束鹿，进围深州。惟岳乃统万余众，及田悦援兵围束鹿。……滔……大破之，惟岳焚营而遁（惟岳为其兵马使王武俊所杀，以其地降。〔《旧唐书》卷一四三《朱滔传》〕）。

乱事将敉平，复以赏功问题，平乱者亦起而作乱。

时河北略定，惟魏州（田悦）未下。河南诸军攻李纳（李正己死，子纳自为留后）于濮州，纳势日蹙。朝廷谓天下不日可平，以张孝忠为易、定、沧三州节度使、王武俊为恒冀都团练观察使、康日知（惟岳将，以赵州降）为深赵都团练观察使，以德、棣二州隶朱滔，令还镇。滔固请深州，不许，由是怨望，留屯深州。王武俊素轻张孝忠，自以手诛李惟岳，功在康日知上，而孝忠为节度使，己与康日知俱为都团练使，又失赵、定二州，亦不悦。……田悦闻之，遣判官王侑、许士则间道至深州，说朱滔。……又许以贝州赂滔。滔素有异志，闻之大喜。……又……诣恒州说王武俊……武俊亦喜许诺（《资治通鉴》卷二二七《唐纪四十三》）。

朱滔、王武俊亦背唐而助田悦，三镇称王，以示不臣，河北局面大变。

朱滔、王武俊，自宁晋南救魏州，诏朔方节度使李怀光……东讨田悦，且拒滔等。……朱滔、王武俊军至魏州……是日，李怀光军亦至，马燧等盛军容迎之。滔以为袭己，遽出陈。怀光……欲乘其营垒未就击之。……王武俊引二千骑横冲怀光军，军分为二。滔引兵继之，官军大败。……滔等堰永济渠，入王莽故河，绝官军粮道及归路。……燧与诸军涉水而西，退保魏县（《资治通鉴》卷二二七《唐纪四十三》）。

田悦德朱滔之救，与王武俊议，奉滔为主，称臣事之，滔不可。……滔乃自称冀王，田悦称魏王，王武俊称赵王，仍请李纳称齐王（《资治通鉴》卷二二七《唐纪四十三》）。

未几，李希烈称楚帝，朱泚称秦帝，是为藩镇中僭号之二帝。

李希烈帅所部三万徙镇许州，遣所亲诣李纳，与谋共袭汴州。……又密与朱滔等交通。……时朱滔等与官军相拒累月，官军有度支馈粮，诸道益兵，而滔与王武俊孤军深入，专仰给于田悦，客主日益困弊。闻李希烈军势甚盛，颇怨望，乃相与谋，遣使诣许州，劝希烈称帝，希烈由是自称天下都元帅（建兴王。〔《资治通鉴》卷二二七《唐纪四十三》〕）。

建中四年，希烈遣其将袭陷汝州……东都大扰。……又遣逆党……

侵抄州、县，官军皆为其所败，荆南节度张伯仪全军覆没。……神策军使白志贞又献策，谋令尝为节度都团练使者，各出家僮部曲一人及马，令刘德信总之，讨希烈。寻诏李勉为淮西招讨使，哥舒曜为副。至四月，曜率众屯襄城，频与贼战，皆不胜。八月，希烈率众二万围襄城，李勉又令将唐汉臣率兵，与刘德信同为曜之影援，皆望风败衄。希烈凶逆既甚，帝乃命舒王为荆襄江西沔鄂等道节度诸军行营兵马都元帅（《旧唐书》卷一四五《李希烈传》）。

希烈……乘襄阳之捷，进攻汴州，入之。……勉奔宋州，希烈已据汴，僭即皇帝位，国号楚，建元武成。……以汴州为大梁府……因窥江淮，盛兵攻襄邑。……汴滑副都统刘洽，率曲环、李克信军十余万战白塔，不利，洽引还……夜入宋州。贼骤胜，径薄宁陵……洽将高彦昭、刘昌共婴垒以守。……昌计……不如退。……彦昭谢曰："君少待。"……乃登城誓众……击家牛犒军，士死战，斩首三千级。请援于洽……洽……选兵八百，夜艾而入。贼不知，诘旦傅城，士奋出，希烈大败，取其旆，斩首万计，追北至襄邑。……希烈既沮却，而寿州刺史张建封亦屯固始，㢑其旁。希烈惧，还汴州，遣崇晖（翟）以精兵袭陈，复为洽败，俘众三万。……进拔汴州。……希烈遁归蔡。……贞元二年……嗣曹王李皋、建封、环及李澄，四略其地，势日蹙。希烈缩气不敢摇，啖牛肉而病，亲将陈仙奇阴令医毒之以死。……子……欲……自立……仙奇……斩之。函希烈并妻子首献天子，尸希烈于市。帝以仙奇忠，即拜淮西节度使（《唐书》卷二二五中《李希烈传》）。

为征讨李希烈，征调泾原兵赴援，经过京师，以赏薄哗变，京师根本为之覆没。德宗出走奉天。

建中四年，李希烈叛，寇陷汝州，诏哥舒曜率师攻之，营于襄城。希烈兵数万围襄城，势甚危急。十月，诏令言（泾原节度使）率本镇兵五万赴援。泾师离镇，多携子弟而来，望至京师以获厚赏，及师上路，一无所赐。时诏京兆尹王翃犒军士，唯粝食菜啖而已，军士覆而不顾，皆愤怒，扬言曰："吾辈弃父母妻子，将死于难，而食不得饱，安能以草命捍白刃耶！国家琼林、大盈（二库），宝货堆积，不取此以自活，何往耶？"行次浐水，乃反戈，大呼鼓噪而还。……斩关阵于丹凤楼下。是日，德宗仓卒出幸，贼纵入府库辇运，极力而止。时太尉朱泚罢镇居晋昌里第，是夜，叛卒谋曰："朱太尉久囚于宅，若迎为主，大事济矣。"泚尝节制泾州，众知其失权，废居怏怏。……乃请令言率骑迎泚于晋昌里（《旧唐书》卷一二七《姚令言传》）。

泚……僭即伪位，自称大秦皇帝，号应天元年。……明年（兴元元年）正月，泚改伪国号曰汉，称天皇元年（《旧唐书》卷二〇〇下《朱泚传》）。

德宗在奉天（陕西乾县），朱泚围攻之。赖浑瑊力战，河中节度李怀光入援，泚解围还长安。未几，怀光与泚和好，德宗再奔梁州（陕西南郑县）。

怀光又败泚兵于鲁店，泚乃解兵还走入城。怀光性粗厉疏愎，缘道数言卢杞、赵赞、白志贞等奸佞，且曰："天下之乱，皆此辈也，吾见上，当请诛之。"杞等微知之，惧甚，因说上令怀光乘胜逐泚，收复京师，不可许至奉天，德宗从之。怀光屯军咸阳，数上表暴扬杞等罪恶，上不得已为贬卢杞、赵赞、白志贞以慰安之。……怀光既不敢进军，迁延自疑，因谋为乱（《旧唐书》卷一二一《李怀光传》）。

李怀光既图反逆，遣使与泚通和。銮驾幸梁洋。……怀光初与泚往复通好甚密。……泚与书，事之如兄，约云（削平关中，当割据山河，永为邻国）。及怀光决计背叛，逼乘舆迁幸，泚乃下伪诏书，待怀光以臣礼，仍征兵马。怀光既为所卖，惭怒愤耻，遂领众遁归河中（《旧唐书》卷二〇〇下《朱泚传》）。

当时德宗播越汉中，幸朱、李决裂，势力减杀。李晟与浑瑊并力夹攻，破泚复长安，瑊又与马燧东击怀光平河中。然德宗还京后，委权宦寺，一意聚敛，山东之事，任其自相攻并，不复过问。顺宗在位日浅，无所措施。宪宗继立，有制裁强藩、削平祸乱之志。及魏博田弘正请命归朝，宰相李绛劝因而奖励之，于是魏博军心欢悦，款诚中央，而收拾关外，始有机会。期年之间，易镇三十有六，中唐以来，所未有也。

田弘正本名兴（承嗣从弟廷玠子）。……及季安（田悦为承嗣子田绪所杀，绪代之而立，传位于弟季安）病笃，其子怀谏幼骙……委家僮蒋士则改易军政，人情不悦，咸曰："都知兵马使田兴可为吾帅也。"衙兵数千诣兴私第陈请。……兴……度终不免……曰："吾欲守天子法，以六州版籍请吏，勿犯副大使，可乎？"皆曰："诺。"……入府视事……具事上闻（《旧唐书》卷一四一《田弘正传》）。

元和（宪宗）七年（西元八一二年）十月，魏博监军以状闻。……绛（李绛）曰："兴恭顺如此，自非恩出不次，则无以使之感激殊常。"上从之，以兴为魏博节度使。……兴感恩流涕，士众无不鼓舞。……李绛又言："魏博五十余年，不沾皇化。一旦举六州之地来归，刳河朔之腹心，倾叛乱之巢穴，不有重赏过其所望，则无以慰士卒之心，使四邻劝慕。请发内库钱百五十万缗以赐之。"……上悦……十一月，遣知制诰裴度至魏博宣慰。……军士受赐，欢声如雷（《资治通鉴》卷二三九《唐纪五十五》）。

时淮西吴元济、平卢李师道、成德王承宗，皆不奉朝命。淮西最强，故先讨之，历三年而定。

元济（淮西李希烈，为其部将陈仙奇所杀，希烈爱将吴少诚复杀仙奇，朝廷不能讨。少诚死后，牙将吴少阳杀其子而自立。少阳卒，子元济立）自领军，凶狠无义……群众四出，狂悍而不可遏，屠舞阳，焚叶县，攻掠鲁山、襄城、汝州、许州及阳翟……关东大恐。……令宣武、大宁、淮南、宣歙等道兵马合势，山南东道及魏博、荆南、江西、剑南、东川兵马与鄂、岳、许会，东都防御使与怀郑汝节度，及义成兵马犄角相应，同期进讨。……元济遣人求援于镇州王承宗（王武陵传子士真，士真传子承宗）。淄郓李师道（李纳传子师古，师古传弟师道）二帅上表于朝廷，请赦元济之罪。朝旨不从。自是两河贼帅，所在窃发，冀以沮挠王师。元和十年五月，承宗、师道遣盗烧河阴仓。……六月，承宗、师道遣盗伏于京城，杀宰相武元衡、中丞裴度。衡先死，度重伤而免。宪宗特怒，即命度为宰相，淮右用兵之事，一以委之。……十二年七月，诏以度为彰义军节度使，兼申光蔡四面行营招抚使。……度至郾城，激励士众。……时李诉（李晟子，时为唐邓节度使）营文城栅，既得吴秀琳、李祐（均元济骁将降诉者），知其可用，委信无疑，日夜与计事于帐中，祐曰："元济劲军多在洄曲西境防捍，而守蔡者皆市人疲耄之卒，可以乘虚掩袭，直抵悬匏。比贼将闻之，元济成擒矣。"诉然之。……十一月，诉夜出军（是夜阴雪大风），令李祐率劲骑三千为前锋，田进诚三千为后军，诉自率三千为中军。……至蔡州城下，坎墙而毕登，贼不之觉。……攻衙城，擒元济。……光、蔡等州平，始复为王土矣（《旧唐书》卷一四五《吴少诚附吴元济传》）。

自淮西平后，王承宗恐惧，由田弘正为介，亦归命中央。

元和十二年十月，诛吴元济。承宗始惧，求救于田弘正。十三年三月，弘正遣人送承宗男知感、知信，及其牙将石汎等，诣阙请命。……又献德、棣二州图印，兼请入管内租税，除补官吏（《旧唐书》卷一四二《王武俊附王承宗传》）。

李师道自恃其强，仍思拒命。但孤立无援，终于成擒。

及诛吴元济，师道恐惧，上表乞听朝旨，请割三州，并遣长子入侍宿卫，诏许之。师道识暗，政事皆决于群婢，婢有号蒲大姊、袁七娘者为谋主，乃言曰："自先司徒以来，有此十二州，奈何一日无苦而割之耶？今境内兵士数十万人，不献三州，不过发兵相加，可以力战，战不胜，乃议割地未晚也。"师道从之而止，表言军情不叶。乃诏诸军讨伐……诸军四合，累下城栅，师道使刘悟将兵当魏博军，既败，数令促战，师未进，乃使奴召悟计事。悟知其来杀己，乃称病不出。召将吏谋……立大功，以求富贵。众皆曰："善。"……因围其内城，以火攻之，擒师道而斩其首，送于魏博军（《旧唐书》卷一二四《李正己附李师道传》）。

卢龙刘總，本持两端，诸镇既平，恐被征讨，亦纳地归命。

（朱滔死，军中推刘怦为留后。传子济，济子總弑而代之）總遂领军务。朝廷不知其事，因授以斧钺。……及王承宗再拒命，總遣兵取贼武强县，遂驻军，持两端，以利朝廷供馈赏赐。……及元济就擒，李师道枭首，王承忠忧死，田弘正入镇州，總既无党援，怀惧，每谋自安之计。……请落发为僧，冀以脱祸。乃以判官张皋为留后，總以落发上表归朝。……至易州界暴卒（《旧唐书》卷一四三《刘怦附刘總传》）。

自天宝以后，两河陷于强藩六十余年，几如化外，至是始复隶中央。

自天宝末安禄山首乱两河，至宝应元年王师平史朝义，其将薛嵩、李怀仙、田承嗣、李宝臣等受伪命分领州郡，朝廷厌兵，因仆固怀恩请，就加官爵。及侯希逸为军人逐出，正己又据齐、鲁之地，既而递相胶固，联结姻好，职贡不入，法令不加，率以为常。仍皆署其子为副大使，父死子立，则以三军之请闻，亦有为大将所杀而自立者。自安、史以后，迄至于贞元，朝廷多务优容，每闻擅袭，因而授之，以故六十余年，两河号为反侧之俗。宪宗知人善任，削平乱迹，两河复为王土焉（《旧唐书》卷一二四《李正己附李师道传》）。

宪宗崩后，穆宗继立，怠荒于政，所任宰辅非人。长庆元年（西元八二一年），朱克融乘机再据卢龙，成德将王庭凑、魏博将史宪诚，亦各据镇以叛，朝廷发兵攻讨，多观望不进。又以运输艰难，饷糈匮乏，遂不得已而罢兵，河北再失，迄于唐亡，不能复取。自宪宗元和十三年（西元八一八年）平定河北，距是仅三年。

上（穆宗）之初即位也，两河略定，萧俛、段文昌以为天下已太平，渐宜消兵，请密诏天下军镇有兵处，每岁百人之中限八人逃、死。上方荒宴，不以国事为意，遂可其奏。军士落籍者众，皆聚山泽为盗。及朱克融、王庭凑作乱，一呼而亡卒皆集，诏征诸道兵讨之。诸道兵既少，皆临时召募乌合之众。又，诸节度既有监军，其领偏师者亦置中使监陈，主将不得专号令，战少胜则飞驿奏捷，自以为功，不胜则迫胁主将，以罪归之。悉择军中骁勇以自卫，遣羸懦者就战，故每战多败。又凡用兵，举动皆自禁中授以方略，朝令夕改，不知所从，不度可否，惟督令速战。中使道路如织。……故虽以诸道十五万之众，裴度元臣宿望，乌重胤、李光颜皆当时名将，讨幽、镇万余之众，屯守逾年，竟无成功，财竭力尽。崔植、杜元颖为相，皆庸才，无远略。史宪诚既逼杀田布，朝廷不能讨，遂并朱克融、王庭凑以节授之，由是再失河朔，迄于唐亡，不能复取（《资治通鉴》卷二四二《唐纪五十八》）。

自宪宗诛除群盗，帑藏虚竭，穆宗即位，赏赐过当，及幽、镇共起，征发百端，财力殚竭。时诸镇兵十五万余，才出其境，便仰给度支，置南北供军院。既深入贼境，辇运艰阻，刍薪不继，诸军多分番樵采。俄而度支转运车六百乘，尽为廷凑邀而虏之，兵食益困。……其供军院布帛衣赐，往往不得至院，在途为诸军强夺，而悬军深斗者，率无支给（《旧唐书》卷一四二《王庭凑传》）。

初，藩镇假兵力以抗中央，自不得不优遇士卒，使其效命。其终也，兵士骄蹇，主帅反为所制，随意易置，有如儿戏。

自肃宗至德中，田承嗣盗据相、魏、澶、博、卫、贝等六州，召募军中子弟置之部下，遂以为号。皆丰给厚赐，不胜骄宠。年代浸远，父子相袭，亲党胶固。其凶戾者，强买豪夺，逾法犯令，长吏不能禁。变易主帅，有同儿戏，如史宪诚、何进滔、韩君雄、乐彦祯，皆为其所立，优奖小不如意，则举族被害（《旧唐书》卷一八一《罗弘信传》）。

汴自李忠臣以来，士卒骄，不能自还，至玄佐弥甚。其后杀帅长，大钞劫，狃于利而然也。玄佐……母……见县令走廷中白事，退戒曰："长吏恐惧卑甚，吾思而父吏于县，亦当尔。而据案当之，可安乎？"玄佐感悟，故待下益加礼。汴有相国寺，或传佛躯汗流。玄佐自往大施金帛，于是将吏商贾奔走输金钱，惟恐后。十日，玄佐敕止，籍所入，得巨万，因以赡军（《唐书》卷二一四《刘玄佐传》）。

曹王皋……为山南东道节度使。……皋卒，新帅未至，实知留后，刻薄军士衣食，军士怨叛，谋杀之。实夜缒城而出，归诣京师（《旧唐书》卷一三五《李实传》）。

昭义自李抱真以来，皆武臣，私厨月费米六千石，羊千首，酒数十斛，潞人困甚。士美至，悉去之。……又卢从史时，日具三百人膳，以饷牙兵（《唐书》卷一四三《郗士美传》）。

咸通三年……初，王智兴得徐州，召募凶豪之卒二千人，号曰"银刀""雕旗""门枪""挟马"等军。……自后浸骄，节度使姑息不暇。田牟镇徐日，每与骄卒杂坐，酒酣抚背，时把板为之唱歌，其徒日费万计。每有宾宴，必先猒食饮酒，祁寒暑雨，卮酒盈前，然犹喧噪邀求，动谋逐帅。……温璋为节度使，骄卒素知璋严酷，深负忧疑，璋开怀抚谕，终为猜贰。给与酒食，未尝沥口，不期月而逐璋（《旧唐书》卷十九上《懿宗本纪》）。

中唐以后两河藩镇简表

<table>
<tr><th>镇名</th><th>据地</th><th>世系</th><th>时代</th><th>备考</th></tr>
<tr><td rowspan="2">魏博</td><td rowspan="2">治魏州（河北大名县），据魏、博、相、卫、磁、洺、贝七州。</td><td rowspan="2">田承嗣（安史降将）
悦（承嗣弟子）
绪（承嗣子）
季安（绪子）
弘正（承嗣从子）
布（弘正子）</td><td>代宗</td><td>广德元年，授为节度使。以其军名天雄，封雁门郡王。后与成德李宝臣等连结，同抗朝命。</td></tr>
<tr><td>德宗</td><td>田承嗣卒，悦为留后，不奉朝命，自号魏王。兴元四年，为绪所杀。</td></tr>
</table>

续表

<table>
<tr><th>镇名</th><th>据地</th><th>世系</th><th>时代</th><th>备考</th></tr>
<tr><td rowspan="13">魏博</td><td rowspan="13"></td><td rowspan="13">史宪成（魏博将）
何进滔（魏博将）
重顺（进滔子）
全皞（重顺子）
韩君雄（魏博将）
简（君雄子）
乐彦祯（檀州刺史）
罗弘信（魏博将）
绍威（弘信子）</td><td>德宗</td><td>悦死，绪继为节度使，封雁门郡王。贞元十二年卒。</td></tr>
<tr><td rowspan="2">宪宗</td><td>绪卒，众推季安为留后，即授为节度使。元和七年卒。</td></tr>
<tr><td>弘正归命，颇立功。穆宗初，命移镇成德，军乱遇害。</td></tr>
<tr><td>穆宗</td><td>河朔再叛，以布为节度使。战不利，为史宪成所逼，自杀。宪成逼杀布，众推为留后，与幽镇连结共反。</td></tr>
<tr><td>敬宗</td><td>朝廷讨不胜，即授为节度使。太和三年，军乱遇害。众推何进滔为留后，旋授为节度使。</td></tr>
<tr><td>文宗</td><td>重顺及全皞继立。</td></tr>
<tr><td>武宗</td><td></td></tr>
<tr><td rowspan="2">懿宗</td><td>咸通十一年军叛。</td></tr>
<tr><td>军乱，杀全皞，推韩君雄为帅。即授为节度使，乾符元年卒。</td></tr>
<tr><td rowspan="3">僖宗</td><td>君雄卒，简为节度使，封昌黎郡王。黄巢起兵，其将诸葛爽战败，忧愤卒。时中和元年也。</td></tr>
<tr><td>简败，众推乐彦祯为元帅，其子从训悖逆，危愤而卒。</td></tr>
<tr><td>众推赵文玠总戎事，旋以为不便，改推罗弘信。后为节度使，封临清王。元化元年卒。</td></tr>
<tr><td>昭宗</td><td>天祐二年，裨校作乱，绍威求援于朱全忠，其地为全忠所得。</td></tr>
</table>

续表

<table>
<tr><th>镇名</th><th>据地</th><th>世系</th><th>时代</th><th>备考</th></tr>
<tr><td rowspan="13">成德</td><td rowspan="13">治恒州（河北正定县），一名恒阳，领恒、冀、定、易、赵、深、冀、沧八州。按：李惟岳拒命，及讨平，以恒、冀授王武俊，深、赵授康日知，易、定、沧授张孝忠。孝忠将程日华取沧州，遂别为一使。</td><td rowspan="13">李宝臣（安史降将）
惟岳（宝臣子）
王武俊（宝臣裨将）
士真（武俊子）
承宗（士真子）

田弘正
王庭凑（武俊养子）
元逵（庭凑子）
绍鼎（元逵子）
绍懿（元逵次子）
景崇（绍鼎子）
镕（景崇子）</td><td>肃宗</td><td>乾元元年，授为节度使，其军名成德。建中二年，为妖人毒死。</td></tr>
<tr><td>代宗</td><td>惟岳拒命，为王武俊所杀。</td></tr>
<tr><td>德宗</td><td></td></tr>
<tr><td rowspan="2">宪宗</td><td>武俊死，授士真为节度使。元和四年卒。</td></tr>
<tr><td>吴元济平，承宗惧，请命于朝。</td></tr>
<tr><td>穆宗</td><td>弘正事见前。</td></tr>
<tr><td>敬宗</td><td>长庆元年，王庭凑杀弘正，自称留后。太和中，授节度使。八年卒。</td></tr>
<tr><td>文宗</td><td>元逵以破刘缜功，封太原郡公。大中十一年卒。</td></tr>
<tr><td>武宗</td><td></td></tr>
<tr><td>宣宗</td><td>绍鼎卒，三军立绍懿，数月而卒。</td></tr>
<tr><td>懿宗</td><td>景崇以讨庞勋功，封常山王。中和二年卒。</td></tr>
<tr><td>僖宗</td><td>镕附于朱全忠，全忠代唐，又附李克用。后为其将张文继所杀，其地并于李存勖。</td></tr>
<tr><td>昭宗</td><td></td></tr>
</table>

续表

<table>
<tr><th>镇名</th><th>据地</th><th>世系</th><th>时代</th><th>备考</th></tr>
<tr><td rowspan="11">卢龙（初为范阳，后改名幽州，兼曰卢龙）</td><td rowspan="11">治幽州（北京），领幽、蓟、妫、檀、易、恒、定、沧、莫九州。
按：长庆初，分瀛、莫二州，别为节度。朱克融作乱，复并于幽州。</td><td rowspan="11">李怀仙（安史降将）
朱希彩
泚（希彩同族）
滔（泚弟）
刘怦
济（怦子）
缌（济子）
朱克融（泚从孙）
延嗣（克融子）
李载义（幽州牙将）
杨志诚（义载牙将）</td><td rowspan="3">代宗</td><td>大历三年，为麾下朱希彩所杀。</td></tr>
<tr><td>希彩杀李怀仙，自称留后，即授为幽州节度使。大历五年，封高密王。七年，为下所杀。</td></tr>
<tr><td>希彩被杀，军众立泚为留后。泚入朝留京师，推滔为留后。</td></tr>
<tr><td rowspan="2">德宗</td><td>建中三年，滔与王武俊同叛，自号冀王。</td></tr>
<tr><td>滔死，众推刘怦为主帅。</td></tr>
<tr><td rowspan="2">宪宗</td><td>济为其子缌所毒死。</td></tr>
<tr><td>吴元济、李师道平，缌惧，请落发为僧入朝。</td></tr>
<tr><td>穆宗</td><td>长庆初，幽州乱，军众推朱克融为帅，寻授节度使。宝历二年，军乱被杀。</td></tr>
<tr><td>敬宗</td><td>克融死，子延嗣立，为李载义所杀。载义杀延嗣，敬宗嘉之，封武郡王，授节度使。太和五年，为部将所逐。</td></tr>
<tr><td>文宗</td><td>杨志诚逐载义，遂主戎事。太和八年，为三军所逐。</td></tr>
<tr><td>武宗</td><td>史元忠既逐志诚，即授知节度事。后为偏将陈行泰所杀。</td></tr>
</table>

续表

镇名	据地	世系	时代	备考
卢龙（初为范阳，后改名幽州，兼曰卢龙）		史元忠（幽州将） 陈行泰（元忠裨将） 张绛（次将） 张仲武（雄武军使） 直方（仲武子） 张允仲（幽州将）	武宗	会昌初，行泰杀元忠，权主留后。俄而又为部将张绛所杀。
			宣宗	绛杀行泰，三军上表，请降符节，不许。以张仲武知节度事。
			宣宗	仲武北破回纥，颇有威名。
		张公素（幽州将） 李可举 李全忠（可举将） 匡威（全忠子） 匡筹（匡威弟）	宣宗	直方袭父位，动多不法，虑为将卒所图。大中三年，托游猎奔京师。
			宣宗	大中四年，张允仲为留后。咸通十三年卒。
			懿宗	允仲卒，子简会权主留后事，张公素领本军赴焉。简会出奔，遂立为帅。未几，李茂勋夺其位。
			僖宗	茂勋逐公素，寻病，子可举遂继为帅。其将李全忠与王处存战而败，惧讨乃反，可举自燔死。
			昭宗	可举死，三军推全忠为留后。光启元年卒。
			昭宗	匡威袭父位，景福二年，为弟匡筹所逐。
			昭宗	匡筹为李克用所并。

续表

<table>
<tr><th>镇名</th><th>据地</th><th>世系</th><th>时代</th><th>备考</th></tr>
<tr><td rowspan="4">平卢淄青</td><td rowspan="4">治青州（山东益都县），据淄、青、齐、海、登、莱、沂、密、德、棣、曹、濮、徐、兖、郓十五州。</td><td rowspan="4">朱希逸（平卢将）
李正己（希逸将）
纳（正己子）
师古（纳子）</td><td>肃宗</td><td>乾元元年，军人共推朱希逸为军使，寻授为节度使。永泰元年，为下所逐。</td></tr>
<tr><td>代宗</td><td>希逸被逐，军人立李正己为帅，即授为节度使。</td></tr>
<tr><td>德宗</td><td>正己死，纳自总军政。后与田悦等反，号齐王。兴元元年归命，封陇西王。</td></tr>
<tr><td>宪宗</td><td>贞元八年，纳死，军中以师古代其位。及吴无济平，师古犹抗命。后为部将刘悟所杀，传首京师。</td></tr>
<tr><td rowspan="7">沧景（一名横海）</td><td rowspan="7">治沧州（河北沧县），领沧、景、德、棣四州。
按：初兼领景州。元和十三年，程权入朝，是年兼德、棣二州。时成德节度王承宗，以二州归命。</td><td rowspan="7">程日华（成德将）
怀直（日华子）
权（怀直子）
郑权（华州刺史）
乌重胤
杜叔良
李全略（镇州将）
同捷（全略子）</td><td>德宗</td><td>李惟岳拒命，及败，分其地为三，程日华授沧州刺史。复置横海军，以日华为使。贞元四年卒。</td></tr>
<tr><td rowspan="3">宪宗</td><td>日华死，怀直袭位。贞元十六年卒。</td></tr>
<tr><td>元和十三年，淮西平，权惧，乃请入朝，以郑权代之。</td></tr>
<tr><td>乌重胤代郑权。</td></tr>
<tr><td>穆宗</td><td>杜叔良代重胤</td></tr>
<tr><td>敬宗</td><td>李全略代叔良，宝历二年卒。</td></tr>
<tr><td>文宗</td><td>全略卒，同捷自为留后。后拒朝命，发兵讨之。太和三年，兵败伏诛。</td></tr>
</table>

续表

镇名	据地	世系	时代	备考
义武 义武	治定州（河北定县），领易、定二州。	张孝忠（成德将） 茂昭（孝忠子） 王处存（卫将军） 郜（处存子） 处直（处存弟）	德宗	李惟岳以成德叛，其将张孝忠以易州来归，授为易定沧节度使。贞元七年卒。
			宪宗	孝忠卒，茂昭继为节度。元和四年入朝。
			僖宗	乾符六年，授王处存义武节度使。乾宁二年卒。
			昭宗	处存卒，三军立郜为留后。汴将张敬存攻之，战败奔太原。
				郜出奔，三军推处直为留后，为汴所攻，降于朱全忠。

唐自再失河北后，中央势益不振。至僖宗经黄巢之变，强藩遍列于内外，朝更暮改，乍合乍离。兹依唐初十道以为差次，制为简表，略加说明以明变迁焉。

唐末节镇简表

道别	名称	治所		领州	备考
		州名	今释		
关内	邠宁号靖难军	邠	陕西邠县	邠、宁、庆、衍四州。	光启以后，朱玫、王行瑜有其地，相继作乱。其后属于李茂贞。
	泾原号彰义军	泾	甘肃泾川县	泾、原、渭、武四州。	天复初，与渭北节度，俱属李茂贞。

续表

道别	名称	治所		领州	备考
		州名	今释		
关内	渭北号保大军	坊	陕西中部县	鄜、坊、丹、延四州。	其地属于李茂贞。
	凤翔号兴平军	凤翔府	陕西凤翔县	岐、陇、金、商、秦五州。	光启三年，节度使李昌符作乱，李茂贞因代有其地。
	振武	单于都护府		绥、银、麟、胜及东、中二受降城、振武、镇北等州。	初属朔方，乾元初分置。中和以后，属于河东。
	朔方亦曰灵武	灵	甘肃灵武县	初领夏、盐、绥、银、丰、胜六州、二军、三受降城。大中以后，止领灵、盐二州。	天祐末，灵州牙将韩逊据朔方，附于朱全忠。
	定难亦曰盐夏	夏	陕西横山县	夏、绥、银三州。	贞元三年，分振武、朔方所置。广明二年，拓跋思恭有其地。
	匡国亦曰同华	同	陕西大荔县	晋、慈、隰三州。	并于朱全忠。
	镇国	华	陕西华县		中和四年，韩建有其地，屡为乱。天复初，并于朱全忠。天祐三年，废镇国军以隶匡国。
河南	宣武亦曰汴宋	汴	河南开封县	汴、宋、亳、颍、曹、陈六州。	大中初，有汴、宋、亳、颍四州。中和四年，为朱全忠所有。
	永平又号义成军	滑	河南滑县	滑、郑、濮三州	光启二年，并于朱全忠。

续表

道别	名称	治所		领州	备考
		州名	今释		
河南	平卢 亦曰淄青	青	山东益都县	青、淄、齐、登、莱五州。	中和二年，王敬武有其地。景福二年，齐州为天平所取。天祐二年，并于朱全忠。
河南	兖海 号泰宁军	兖	山东滋阳县	兖、海、沂、密四州。	光启二年，朱瑾有其地。乾宁末，并于朱全忠。
	郓曹濮 号天平军	郓	山东东阿县	郓、曹、濮三州。	元和十四年，分淄青为泰宁、天平两军。中和二年、朱瑄有其地。寻并于朱全忠。
	陈许 号忠武军	陈	河南淮阳县	许、陈、淮、蔡四州。	中和四年，叛将鹿晏宏窃据其地。光启二年，为秦宗权所并。寻并于朱全忠。
	武宁 亦曰徐泗	徐	江苏铜山县	徐、濠、泗、宿四州。	并于朱全忠。
	彰义	蔡	河南汝南县		即前淮西。广明初，秦宗权据之。文德初，并于朱全忠，亦曰奉国节度使。
	陕虢 号保义军	陕	河南陕县	陕、虢二州。	中和三年，王重荣有其地。光启三年，子琪代之。光化初军乱，为朱全忠所并。
河东	河阳	孟	河南孟县	怀、孟二州。	文德初，属于朱全忠。
	河中 号护国军	蒲	山西永济县	蒲、晋、绛、慈、隰五州。	广明中，王重荣有其地，再传至王珂。天复初，为朱全忠所并。

续表

道别	名称	治所		领州	备考
		州名	今释		
河东	昭义亦曰上党泽潞	潞	山西长治县	潞、泽二州。	大顺初，李克用并有其地。
	河东	太原府	山西阳曲县	太原府及石、岚、汾、代、忻、沁、朔、蔚、云十州。	中和四年，并于李克用。
	大同亦曰雁门节度	云	山西大同县	云、朔、蔚三州。	大中十三年，分河东置。中和四年，为赫连铎据守其地。大顺二年，李克用始并有之。
	代北	代	山西代县	代、忻二州。	初分河东所置，光启三年，并入河东。
河北	魏博				见前。
	成德				见前。
	卢龙				见前。
	义武				见前。
	横海				见前。
山南	山南东号忠义军	襄	湖北襄阳县	襄、郢、复、邓、安、随、唐七州。	中和四年，为秦宗权将赵德谭所据，文德初来归，传二世至匡凝。天祐二年，为朱全忠所并。
	昭信号戎昭军	金	陕西安康县	金、商、均、房四州。	天祐三年，并入忠义军。
	山南西	梁	陕西南郑县	梁、洋、集、壁、文、通、巴、兴、凤、利、开、渠、蓬十三州。	大顺二年，扬守亮拒命，寻为李茂贞所并。天复二年，又并于王建。

续表

道别	名称	治所		领州	备考
		州名	今释		
山南	感义 号昭武军	凤	陕西凤县	凤、兴、利三州。	天复二年，为王建所取。
	武定	洋	陕西西乡县	洋、果、阶、扶四州。	天复中，属王建。
	龙剑	龙	陕西靖边县	龙、剑、利、阆四州。	大顺二年置，寻为李茂贞所并，遂废。
	荆南	荆	湖北江陵县	荆、沣、郎、郢、复、归、夔、陕、忠、万十州。	乾符以后，变乱相继。文德初，成汭据之，兼有黔中。天复三年，山南东道赵匡凝取荆南。天祐二年，并于朱全忠。
	夔峡	夔	四川奉节县	夔、峡、涪、忠、万五州。	至德二载，分荆南设置，后复入于荆南。
陇右	陇右	鄯	青海乐都县	鄯、秦、河、渭、兰、临、武、洮、岷、廓、叠、岩十二州。	广德初，为吐蕃所陷，自是以凤翔节度兼领。景福初，属于李茂贞。
	河西	凉	甘肃武威县	凉、甘、肃、伊、西、瓜、沙七州。	广德初，吐蕃陷凉州，移治沙州。大中五年，复河湟，改置归义节度使。
	北庭	庭	新疆乌鲁木齐		贞元六年，陷于吐蕃。
	安西	龟兹	新疆库车县		贞元三年，陷以吐蕃。
淮南	淮南	扬	江苏江都县	扬、楚、滁、和、舒、庐、寿、濠八州。	光启以后，属于杨行密。
	安黄 号奉义军	安	湖北安陆县	安、黄二州。	贞元十年置。元和初，并入鄂岳观察使。

续表

道别	名称	治所		领州	备考
		州名	今释		
江南	镇海	闰 后徙杭	江苏丹徒县 浙江杭县	润、苏、常、湖、杭、睦六州。	至德初置。乾元初，改置浙江西节度。上元初，又改曰江南东。建中二年，赐曰镇海。光化初，钱镠为镇海节度使，遂有其地。
	江西	洪	江西南昌县	洪、虔、江、吉、信、袁、抚七州。	上元初置。咸通六年，改曰镇南，时钟传据其地，传二世子匡时。梁开平末，并于淮南。
	义胜 一曰威胜	越	浙江绍兴县	越、睦、衢、婺、台、明、处、温八州。	初为浙东观察使。中和三年改置，刘汉宏据其地。光启三年，为董昌所并，改曰威胜。乾宁三年，为钱镠所并，改曰镇东军。
	宁国	宣	安徽宣城县	宣、歙、池三州。	上元初，置宣歙饶节度。大顺初，升为宁国节度，以授杨行密。
	威武	福	福建闽侯县	福、泉、汀、建、漳五州。	初为观察使。乾宁三年，升为节度使。景福初，为王潮所据。
	武昌	鄂	湖北武昌县	鄂、岳、蕲、黄、安、申、光七州。	太和中置。光启中，杜洪据其地。天祐中，为淮南所并。
	钦化	潭	湖南长沙县	潭、衡、永、邵、道、郴、连七州。	初为湖南观察使。中和三年，升为军节度。光启二年，更号武安。乾宁以后，为马殷所据。

续表

道别	名称	治所		领州	备考
		州名	今释		
江南	黔中	黔	四川彭水县	辰、溪、巫、锦、业诸州。	开元二十六年，于黔中置五溪经略使。天宝十五载，升为节度。光启三年，改为武泰节度。乾宁三年，成汭有其地。天复以后，为王建及马殷所并。
剑南	剑南东	梓	四川三台县	梓、遂、绵、剑、普、荣、合、渝、泸九州。	光启二年，顾彦朗有其地，传其弟彦晖。乾宁四年，并于王建。
	武信	遂	四川遂宁县	遂、合、泸、渝、昌五州。	光化二年置，从王建之请也。
	剑南西	成都府	四川成都县	益、彭、蜀、汉、眉、嘉、邛、简、资、茂、黎、雅以西诸州。	元和初，刘辟以西川叛，高崇文讨平之。大顺二年，王建有其地。
	威戎	彭	四川彭县	彭、文、龙、武、茂五州。	文德初，田令孜假置。乾宁初，并于王建。
	永平	邛	四川邛崃县	邛、蜀、黎、雅四州。	文德初置，以授王建。大顺中，建取西川，遂并入焉。
岭南	岭南 号清海军	广	广东番禺县	广、韶、循、潮以西，至振、环、儋、万共三十七州。	天复初，刘岩有其地。
	岭南西	邕	广西邕宁县	邕、管诸州。	天复末，叶广略有其地。梁贞明初，为刘岩所并。

续表

道别	名称	治所		领州	备考
		州名	今释		
岭南	宁远	容	广西容县	容、管诸州。	唐末，庞巨昭有其地。梁开平四年，降于马殷，为刘岩所取。
	静江	桂	广西桂林县	桂、管诸州。	光化三年置，刘士政有其地。五年，为马殷所并。
	静海	交	越南河内境	安南二十一州。	初为安南节度。咸通初，陷于南诏。七年，收复改名。其后曲裕有其地，传三世，至曲承美。后唐长兴初，为刘岩所灭。

（3）朋党

李德裕……父吉甫。……初，吉甫在相位时，牛僧孺、李宗闵应制举直言极谏科，二人对诏，深诋时政之失。吉甫泣诉于上前，由是考策官皆贬。……元和初，用兵伐叛，始于杜黄裳诛蜀。吉甫经画欲定两河，方欲出师而卒，继之武元衡、裴度，而韦贯之、李逢吉沮议。……韦、李相次罢相，故逢吉常怒吉甫、裴度，而德裕于元和时久之不调，而逢吉、僧孺、宗闵以私怨恒排摈之。时德裕与李绅、元稹俱在翰林，以学识才名相类，情颇款密，而逢吉之党深恶之。……元稹自禁中出，拜工部侍郎平章事，裴度自太原复辅政。李逢吉……乃密赂纤人构成于方狱，元稹、裴度俱罢相，稹出为同州刺史，逢吉代裴度为门下侍郎平章事。既得权位，锐意报怨。时德裕与牛僧孺俱有相望，逢吉欲引僧孺，惧绅与德裕禁中阻之，出德裕为浙西观察使，寻引僧孺同平章事，由是交怨愈深。……文宗即位……太和三年八月，召为兵部侍郎，裴度荐以为相。而吏部侍郎李宗闵有中人之助，是月拜平章事，惧德裕大用……出为郑滑节度使。德裕为逢吉所摈，在浙西八年。……文宗……征之，到未旬时，又为宗闵所逐。……宗闵寻引牛僧孺同知政事，二憾相结，凡德裕之善者，皆斥之于外。四年十月，以德裕检校兵部尚书成都尹、剑南西川节度副大使、知节度事、管内观察处置、西山八国云南招抚等使。裴度于宗闵有恩，度征淮西时，请宗闵为彰义观察判官，自后名位日进。至是恨度援德裕，罢度相位，出为兴元节度使。牛、李权赫于天下。……德裕所历征镇，以政绩闻。其在蜀也，西拒吐蕃，南平蛮蜑。………疮痏之民，粗以完复。……其年（太和六年）冬，召德裕为兵部尚书，僧孺罢相。……七年二月，德裕以本官平章事。……宗闵亦罢，德裕代为中书侍郎。……其年十二月，文宗暴风恙，不能言者月余。……王守澄进郑注。……药稍效。……复进李训善易。……上欲授训谏官，德裕奏曰："李训小人，不可在陛下左右。"……训、注恶德裕排己。………复召宗闵……授中书侍郎平章事，代德裕，出德裕为兴元节度使（《旧唐书》卷一七四《李德裕传》）。

李训、郑注始用事，疾德裕，共訾短之。乃罢德裕，复召宗闵知政事。……会杨虞卿以京兆尹得罪，极言营解。帝怒……贬处州长史。训、注乃劾宗闵……贬宗闵潮州司户。……训、注欲以权市天下，凡不附己者，皆指以二人党，逐去之，人人骇栗。……帝乃诏宗闵、德裕姻家门生故吏，自今一切不问，所以慰安中外。尝叹曰："去河北贼易，去此朋党难。"……文宗崩，会昌中，刘稹以泽潞叛。……稹败，得交通状，贬漳州长史，流封州。宣宗即位，徙柳州司马，卒。……宗闵崇私党，熏炽中外，卒以是败（《唐书》卷一七四《李宗闵传》）。

会昌二年，李德裕用事，罢僧孺兵权，征为太子少保，累加太子少师。大中初卒。……僧孺少与李宗闵同门生，尤为德裕所恶。会昌中，宗闵弃斥，不为生还。僧孺数为德裕掎摭，欲加之罪，但以僧孺贞方有素，人望式瞻，无以伺其隙。德裕南迁，所著穷愁志，引里俗犊子之谶，以斥僧孺，又目为太牢公。其相憎恨如此（《旧唐书》卷一七二《牛僧孺传》）。

注、训等乱败，帝追悟德裕。……迁淮南节度使，代牛僧孺。……武宗立，召为门下侍郎、同中书门下平章事。……当国凡六年，方用兵时，决策制胜，它相无与，故威名独重于时。宣宗即位，德裕奉册太极殿。帝退，谓左右曰："向行事近我者，非太尉邪？每顾我，毛发为森竖。"翌日，罢为检校司徒、同中书门下平章事、荆南节度使。俄徙东都留守。白敏中、令狐绹、崔铉皆素仇，大中元年，使党人李咸斥德裕阴事……再贬潮州司马。明年（二年）……贬为崖州司户参军事。明年（三年）卒（《唐书》卷一八〇《李德裕传》）。

因是列为朋党，皆挟邪取权，两相倾轧。自是纷纭排陷，垂四十年（《旧唐书》卷一七六《李宗闵传》）。

（九）唐之乱亡

唐之季年，藩镇跋扈于外，宦官专权于内，政权已然解纽。益以水旱频仍，税捐烦苛，民不聊生，黄巢遂起，强藩继之，割据自雄，而唐室遂亡矣。

（1）黄巢之起兵

懿宗时，裘甫起事于浙东，庞勋发难于桂林，虽震动一时，然不久即破灭。惟黄巢一军，军锋几遍天下，其关涉于唐甚巨，故详叙之。

黄巢，曹州冤句（山东菏泽县）人。本以贩盐为事，僖宗乾符中，仍岁凶荒，人饥为盗，河南尤甚。初，里人王仙芝、尚君长聚盗起于濮阳，攻剽城邑，陷曹、濮（山东濮县）及郓州（山东东平县）。……引众历陈、许、襄、邓，无少长皆虏之，众号三十万。……陷江陵（湖北江陵县）………陷洪州（江西南昌县）。时仙芝表请符节，不允。以神策统军使宋威为荆南节度招讨使……谕以朝廷释罪，别加官爵。仙芝乃令尚君长……诣阙请罪，且求恩命。宋威……擒送阙，敕于狗脊岭斩之。贼怒，悉精锐击官军，威军大败。……朝廷以王铎代为招讨。五年八月，收复亳州（安徽亳县），斩仙芝。……先是，君长弟让，以兄奉使见诛，率部众入嵖岈山，黄巢、黄揆昆仲八人，率盗数千依让，月余，众至数万，陷汝州（河南临汝县）……众十余万。尚让乃与群盗推巢为王，号冲天大将军，仍署官属，藩镇不能制。……巢徒党既盛，与仙芝为形援。及仙芝败，东攻亳州不下，乃袭破沂州（山东临沂县）据之，仙芝余党悉附焉（《旧唐书》卷二〇〇下《黄巢传》）。

巢……驱河南、山南之民十余万掠淮南。……诸军急捕，巢方掠襄邑、雍丘。……巢寇叶、阳翟，欲窥东都。会左神武大将军刘景仁，以兵五千援东都。……巢兵在江西者，为镇海节度使高骈所破。寇新郑、郏、襄城、阳翟者，为崔安潜逐走。在浙西者，为节度使裴璩斩……甚众。巢大沮畏，乃诣天平军乞降，诏授巢右卫将军。巢度藩镇不一，未足制己，即叛去，转寇浙东。……高骈遣将……攻贼，破之。贼收众逾江西，破虔、吉、饶、信等州，因刊山开道七百里，直趋建州。……巢入闽，俘民。……是时，闽地诸州皆没。……巢陷桂、管，进寇广州……攻广州，执节度使李迢，自号义军都统，露表告将入关，因诋宦竖柄朝，垢蠹纪纲，指诸臣与中人赂遗交构状，铨贡失才，禁刺史殖财产，县令犯赃者族，皆当时极敝。……会贼中大疫，众死什四，遂引北还。自桂编大桴，沿湘下衡、永，破潭州（湖南长沙县）……进逼江陵，号五十万。……山南东道节度使刘巨容……大败之。……巢惧，度江东走。……或劝巨容穷追，答曰："国家多负人，危难不吝赏，事平则得罪，不如留贼冀后福。"止不追，故巢得复整，攻鄂州，入之。………巢畏袭，转掠江西，再入饶（江西鄱阳县）、信（江西上饶县）、杭州，众至二十万。……广明元年（西元八八〇年）……巢得计破杀高骈将张潾，陷睦（浙江建德县）、婺（浙江金华县）二州，又取宣州（安徽宣城县）。……巢……悉众度淮。……李罕之犯申（河南信阳县）、光、颍、宋、徐、兖等州，吏皆亡。巢自将攻汝州，欲薄东都。当是时，天子冲弱……宰相更共建言，悉神策并关内诸节度兵十五万守潼关。……于是募兵京师，得数千人。当是时，巢已陷东都……帝饯田令孜……赉遗丰优。然卫兵皆长安高资世籍，两军得禀赐，侈服怒马，以诧权豪。初不知战，闻科选，皆哭于家，阴出资雇贩区病坊以备行阵，不能持兵，观者寒毛以栗。……巢攻关……王师溃（《唐书》卷二二五下《黄巢传》）。

广明元年十二月三日，僖宗夜……出趋骆谷，诸王官属，相次奔命。……贼陷京师。……十三日，贼巢僭位，国号大齐，年称金统（《旧唐书》卷二〇〇下《黄巢传》）。

中和元年(西元八八一年)正月,车驾在兴元(陕西南郑县)。……沙陀……李克用军屯蔚州。……凤翔节度使郑畋……泾原节度使程宗楚、秦州经略使仇公遇、鄜延节度使李孝恭、夏州节度使拓跋思恭等,同盟起兵,传檄天下。……车驾幸成都,以河中节度使王重荣为京城北面都统、义武军节度使王处存为京城东面都统、鄜延节度使李孝恭为京城西面都统、朔方军节度使拓跋思恭为京城南面都统、以忠武监军使杨复光为天下行营兵马都监。……二年正月,天下勤王之师云会京畿。……泾原大将唐弘夫,大败贼将林言于兴平,俘斩万计。王处存率军二万,径入京城,贼伪遁去,京师百姓迎处存,欢呼叫噪。是日,军士无部伍,分占第宅,俘掠妓妾。贼自灞上分门复入,处存之众苍黄溃乱,为贼所败。黄巢怒百姓欢迎处存,凡丁壮皆杀之,坊市为之流血。自是诸军退舍,贼锋愈炽(《旧唐书》卷十九下《僖宗本纪》)。

黄巢以朱温为同州刺史,令温自取之……温遂据之。……官军四集,黄巢势已蹙,号令所行,不出同、华,民避乱,皆入深山筑栅自保(《资治通鉴》卷二五四《唐纪七十》)。

朱温屡请益兵,以扞河中。知右军事孟楷,抑之不报。温见巢兵势日蹙,知其将亡。……温杀其监军……举州降王重荣。……黄巢兵势尚强,王重荣患之。……行营都监杨……复光曰:"雁门李仆射骁勇,有强兵……召之必来,来则贼不足平矣。"……乃以墨敕召李克用。……克用将兵四万至河中……诸军皆畏贼,莫敢进。及克用军至,贼惮之曰:"鸦军至矣,当避其锋。"克用军皆衣黑,故谓之鸦军(《资治通鉴》卷二五五《唐纪七十一》)。

中和三年三月……沙陀军与贼将赵章、尚让战于成店,贼军大败,追奔至良天坡。……四月……沙陀……等军趋长安,贼悉众拒之于渭桥,大败而还。李克用乘胜追之,黄巢收其残众,由蓝田关而遁,收复京城(《旧唐书》卷十九下《僖宗本纪》)。

李克用破贼于渭南……夜袭京师。……巢战数不利，军食竭，下不用命，阴有遁谋。……渭桥三战，贼三北，于是诸节度兵皆奋，无敢后。入自光泰门……巢夜奔，众犹十五万，声趋徐州。出蓝田，入商山，委辎重珍资于道，诸军争取之，不复追，故贼得整军去。自禄山陷长安，宫阙完雄。吐蕃所燔，唯衢衖庐舍。朱泚乱定，百余年治缮，神丽如开元时。至巢败，方镇兵互入虏掠，火大内，惟含元殿独存，火所不及者，止西内、南内及光启宫而已。……巢已东，使孟楷攻蔡州，节度使秦宗权迎战，大败，即臣贼，与连和，楷击陈州，败死。巢自围之，略邓、许、孟、洛，东入徐、兖数十州。………中和四年二月，李克用率山西兵，由陕济河而东，会关东诸镇壁汝州。……诸军破尚让于太康。……又败黄邺于西华，邺夜遁，巢大恐，居三日，军中相惊，弃壁走，巢退营故阳里。……巢夜走胙城，入冤句。克用悉军穷蹑……巢愈猜忿，屡杀大将，引众奔兖州……走兖、郓。……克用军昼夜驰，粮尽，不能得巢，乃还。巢众仅千人，走保太山。六月，（徐帅）时溥遣将陈景瑜与尚让（时让已降时溥）追战狼虎谷。巢计蹙，谓林言曰："我欲讨国奸臣，洗濯朝廷，事成不退亦误矣。若取吾首献天子，可得富贵，毋为佗人利。"言，巢出也，不忍。巢乃自刎，不殊，言因斩之。……函首将诣溥，而太原博野军杀言，与巢首俱上，溥献于行在，诏以首献于庙（《唐书》卷二二五《黄巢传》）。

巢走出关，宗权与连和……扰敚梁、宋间。巢死，宗权张甚，啸会逋残，有吞噬四海意。乃……寇荆南……攻襄州……破东都……寇淮、肥……略江南……乱岳、鄂。贼渠率票惨，所至屠老孺，焚屋庐，城府穷为荆莱，自关中薄青、齐，南缭荆、郢，北亘卫、滑，皆麇骇雉伏，至千里无舍烟。惟赵犨保陈，朱全忠保汴，仅自完而已。然无霸王计，惟乱是恃。……僖宗假朱全忠都统节以讨贼。……宗权悉军……逼汴，全忠惧，求救于兖、郓，而朱瑾、朱宣皆身自将同拒贼……合击，大败之。……宗权退守中州……为爱将申丛所囚，折一足以待命。……全忠以槛车上送京师。……宗权以中和三年叛，居六年而诛（《唐书》卷二二五下《秦宗权传》）。

（2）藩镇之吞并

光启元年（西元八八五年）正月……僖宗自蜀还京。……时李昌符据凤翔，王重荣据蒲、陕，诸葛爽据河阳、洛阳，孟方立据邢、洺，李克用据太原、上党，朱全忠据汴、滑，秦宗权据许、蔡，时溥据徐、泗，朱瑄据郓、齐、曹、濮，王敬武据淄、青，高骈据淮南八州，秦彦据宣、歙，刘汉宏据浙东，皆自擅兵赋，迭相吞噬，朝廷不能制。江淮转运路绝，两河、江淮赋不上供，但岁时献奉而已。国命所能制者，河西、山南、剑南、岭南西道数十州。大约郡将自擅，常赋殆绝，藩侯废置，不自朝廷，王业于是荡然（《旧唐书》卷十九下《僖宗本纪》）。

中央既失其统摄权，于是强藩互起兵争矣。

李克用追黄巢还，过汴，朱全忠邀之，克用留兵于郊，入舍上源馆，夜帐饮，全忠自佐饔，进资宝，握手谆劳。是时全忠忌克用桀迈难制，则连车外环，陈兵道左右。克用醉，乃攻馆，下拒战，亲将郭景铢灭烛扶克用，徐告之。尚被酒……克用与薛志勤等，间关升南谯门，缒走营，部下死者数百人。……克用整众归太原，益训兵将报仇（《唐书》卷二一八《沙陀传》）。

中和四年五月……李克用……班师，次汴州，节度使朱全忠馆克用于上源驿。全忠以克用兵力寡弱，大军在远，乃图之。是夜，置酒邮舍，克用既醉，全忠以兵围驿，纵火烧之，雷雨骤作，平地水深尺余，克用逾垣仅免……率本军还太原。……克用累表诉屈，请讨汴州。天子优诏和解之，就加克用阶特进，封陇西郡王以悦之。自是全忠、克用，有寻戈之怨（《旧唐书》卷十九下《僖宗本纪》）。

幽州节度使李可举、镇州节度使王镕……乘天子播越，中原大乱，以河朔三镇休戚事同，惟易、定二郡为朝廷所有，乃同议攻王处存，以分其地。会燕将李全忠，有夺帅之志，军情相疑，全忠方围易州，处存出奇骑以击之，燕军大败，全忠收合残众攻幽州，李可举举室登楼自焚而死，全忠自称留后。沧州军乱，逐其帅杨令孜，立衙将卢彦威为留后（《旧唐书》卷十九下《僖宗本纪》）。

河北之纷扰未已，而畿辅之乱又起。

僖宗还京，丧乱之后，六市初复，国藏虚竭。观军容使田令孜，奏以安邑、解县两池榷课，直属省司，以充赡给。……重荣……恃大功……制下，不奉诏（《旧唐书》卷一八二《王重荣传》）。

令孜徙重荣兖海节度使。……重荣上书劾令孜离间方镇，令孜遣邠宁朱玫进讨（《唐书》卷一八七《王重荣传》）。

王重荣求援于太原，李克用率太原军南出阴地关……官军合战，为沙陀所败，朱玫走还邠州，神策军溃散，遂入京师肆掠。沙陀逼京师，田令孜奉僖宗出幸凤翔。……乱兵复焚宫阙，萧条鞠为茂草矣。……克用旋师河中，与朱玫、王重荣同上表，请驾驻跸凤翔，仍数田令孜之罪。……田令孜迫乘舆请幸兴元。……朱玫引步骑五千至凤翔，令孜……奉帝入散关。……朱玫、李昌言迫宰相萧遘等于凤翔驿舍，请嗣襄王煴权监军国事，玫自为大丞相……遂驱率文武百寮，奉襄王还京师。……襄王僭即皇帝位，年号建贞。……杨复恭（代田令孜为中尉）兄弟，于河中太原，有破贼连衡之旧，乃……诏宣谕。……王重荣、李克用欣然听命。………王重荣、李克用……进军。时朱玫遣将王行瑜，率……师五万屯凤州。……杨复恭密遣人说王行瑜，令谋归国。……行瑜受密诏，自凤州率众还长安……斩朱玫……襄王奔河中。王重荣绐……斩之。……光启三年三月……车驾还京，次凤翔，以宫室未完，节度使李昌符，请驻跸以俟毕工。……天威军都头杨守立，与李昌符争道，麾下相殴。上命中使谕之，不止。严兵为备，守立以兵攻昌符，战于通衢，昌符兵败，出保陇州。命扈驾都将李茂贞攻之。……陇州刺史薛知筹以城降，李茂贞遂拔陇州，斩李昌符。……制以……李茂贞检校司空同平章事，兼凤翔尹、凤翔陇右节度等使。……文德元年（西元八八八年）二月……车驾在凤翔，至京师（《旧唐书》卷十九下《僖宗本纪》）。

藩镇自行拓地，酿成混乱之局。

天下威势，举归其门。……帝欲斥复恭。……大顺二年（西元八九一年），罢复恭兵，出为凤翔监军。……复恭举族出奔，遂走兴元。……于是凤翔李茂贞、邠州王行瑜、华州韩建、同州王行约、秦州李茂荘，同劾守亮（复恭兄子，时为兴元节度使）纳叛臣，请出兵讨罪。……帝为下诏，令茂贞、行瑜讨之。景福元年（西元八九二年），破其城，复恭……奔阆州。茂贞以子继密守兴元。诏……以茂贞帅兴元，不拜。请继密为留后，帝不得已，授以节度使。自是茂贞始强大（《唐书》卷二〇八《杨复恭传》）。

时李茂贞得兴元，愈跋扈不轨。宰相杜让能……谋诛之，乃兴师。……茂贞引兵迎………王师溃，遂逼临皋（《唐书》卷二〇八《刘季述传》）。

茂贞……数宰臣杜让能之罪，请诛之。……赐杜让能自尽。……李茂贞……进封秦王。……乾宁二年（西元八九五年）五月……李茂贞、王行瑜、韩建等，各率精甲数千人入觐，京师大恐。……三帅同谋废昭宗，立吉王。……李克用举军渡河，以讨王行瑜、李茂贞、韩建等称兵诣阙之罪。……行瑜为部下所杀。……制以李克用……进封晋王。……克用班师太原。……凤翔李茂贞……谋将犯阙……覃王拒之。……接战不利……车驾将幸太原，次渭北，华州韩建遣子充奉表起居，请驻跸华州。……上……驻跸华州（《旧唐书》卷二十上《昭宗本纪》）。

朱全忠……上表，言秦中有灾，请车驾迁都洛阳。……已表率诸藩，缮治洛阳宫室。……乾宁四年二月……郓、齐、曹、棣、兖、沂、密、徐、宿、陈、许、郑、滑、濮等州，皆没于全忠。……幽州节度使刘仁恭，大败沙陀于安塞，李克用单骑仅免。……汴将葛从周率众，攻李克用邢、洺、磁等州，陷之。……车驾自华还京师（《旧唐书》卷二十上《昭宗本纪》）。

秦宗权既平，而朱全忠连兵十万，吞噬河南、兖、郓、青、徐之间，血战不解。……大顺元年（西元八九〇年）二月……朱全忠进位守中书令。……太原都将安金俊攻围邢州……邢洺观察使孟迁以城降……克用以大将安建为邢洺留后。……朱全忠上表："关东藩镇，请除用朝廷名德，为节度观察使，如藩臣固位不受代，臣请以兵诛之。"……李克用遣大将……攻云州，赫连铎求援于幽州，李匡威出兵援之。……太原军大败……李匡威、赫连铎、朱全忠等上表：请因沙陀败亡，臣与河北三镇，及臣所镇汴、滑、河阳之兵平定太原。……事下两省……官议，唯党全忠者言其可伐。……张濬恃全忠之援，论奏不已。天子（昭宗）僶俛从之，制……张濬为太原四面行营兵马都统……以华州节度使韩建为北面行营招讨都虞候、供军等使，以宣武节度使朱全忠为太原东南面招讨使，成德军节度使王镕为太原东面招讨使，幽州节度使李匡威为太原北面招讨使，云州防御使赫连铎副之。……张濬会诸军于晋州。……克用遣大将李存信、薛阿檀拒王师于阴地，三战三捷，由是河西鄜、夏、邠、岐之军，渡河西归。……建军又败，建退保绛州。……是役也，朝廷倚朱全忠及三镇兵。全忠方连兵徐、郓，乃求兵粮于镇、魏，全忠终不至行营。镇、魏倚太原为扞蔽，如破太原郡，恐危镇、魏，王镕、罗弘信亦不出师。唯邠、岐、华、鄜、夏乌合之众会晋州，兵未交……望风溃散，而濬、建至败。全忠以镇、魏不助兵粮观望，遣庞师古将兵讨魏，陷十县。罗弘信乞盟，乃退（《旧唐书》卷二十上《昭宗本纪》）。

（3）朱全忠之代唐

时昭宗委崔胤以执政，胤恃全忠之助，稍抑宦官。而帝自华还宫后，颇以禽酒肆志，喜怒不常，自宋道弼等得罪，黄门尤惧。至是上猎苑中，醉甚，是夜手杀黄门、侍女数人。庚寅日及辰巳，内门不开。刘季述（中尉）……以禁兵千人破关而入，问讯中人，具知其故，即出与宰臣谋曰："主上所为如此，非社稷之主也。"……（废帝，幽于东宫）……迎皇太子监国，矫宣昭宗命，称"上皇"。……崔胤……告难于全忠，请以兵问罪……护驾。盐州都将孙德诏……以兵攻刘季述。……昭宗反正。……时朱全忠既服河朔三镇，欲窥图王室篡代之谋，以李克用在太原，惧其角逐。……令大将……围河中，王珂求救于太原，克用不能救……即降。……制：以全忠……进封梁王。……时中尉韩全诲及北司与茂贞相善，宰相崔胤与朱全忠相善，四人各为表里。全忠欲迁都洛阳，茂贞欲迎驾凤翔，各有挟天子令诸侯之意（《旧唐书》卷二十上《昭宗本纪》）。

全忠引四镇之师七万赴河中，京师闻之大恐。……中尉韩全诲，与凤翔护驾都将李继诲，奉车驾出幸凤翔。汴军陷同州………驻灵口。全忠知帝出幸，乃回兵攻华州，韩建出降，乃署为忠武军节度使。………宰相崔胤……促全忠以兵迎驾……围凤翔。……于是邠、宁、鄜、坊等州皆陷于汴军。茂贞惧，谋诛内官以解……押送中尉韩全诲、张弘彦已下二十人首级，告谕四镇兵士。……车驾……入京师（《旧唐书》卷二十上《昭宗本纪》）。

胤……自凤翔还，揣全忠将篡夺，顾己宰相，恐一日及祸，欲握兵自固。……请军置……将……毁浮图，取铜、铁为兵仗。全忠阴令汴人数百应募，以其子友伦入宿卫。……时传胤将挟帝幸荆襄，而全忠方谋胁乘舆都洛。……令其子友谅，以兵围开化坊第，杀胤。……全忠胁帝迁洛（《唐书》卷二二三下《崔胤传》）。

自帝迁洛……全忠方事西讨，虑变起于中，故害帝以绝人望（《旧唐书》卷二十上《昭宗本纪》）。

昭宗遇弑。……矫宣遗诏。……辉王祚……立为皇太子，仍改名柷，监军国事。……皇太子柷………即皇帝位。……天祐四年三月………全忠建国，奉帝为济阴王，迁于曹州。………五年二月二十一日，帝为全忠所害。……仍谥曰哀皇帝（旧唐书卷二十下《哀帝本纪》）。

（十）唐代民生状况

（1）田制

武德七年，始定律令，以度田之制，五尺为步，步二百四十为亩，亩百为顷。丁男中男给一顷，笃疾废疾给四十亩，寡妻妾三十亩，若为户者加二十亩。所授之田，十分之二为世业，八为口分。世业之田，身死则承户者便授之，口分则收入官，更以给人（《旧唐书》卷四十八《食货志上》）。

唐开元二十五年，令……丁男给永业田二十亩，口分田八十亩。其中男年十八以上，亦依丁男给，老男笃疾废疾各给口分田四十亩，寡妻妾各给口分田三十亩（《通典》卷二《食货二》）。

诸以工、商为业者，永业、口分田各减半给之（《通典》卷二《食货二》）。

诸庶人有身死家贫无以供葬者，听卖永业田，即流移者亦如之。乐迁就宽乡者，并听卖口分（《通典》卷二《食货二》）。

田多可以足其人者为宽乡，少者为狭乡（《通考》卷二《田赋考二》）。

凡卖买，皆须经所部官司申牒，年终彼此除附。若无文牒辄卖买，财没不追，地还本主（《通典》卷二《食货二》）。

诸田不得贴赁及质，违者财没不追，地还本主（《通典》卷二《食货二》）。

若从远役、外任无人守业者，听贴赁及质（《通典》卷二《食货二》）。

其官人永业田及赐田，欲卖及贴赁者，皆不在禁限（《通典》卷二《食货二》）。

（2）赋役

（甲）田赋

赋役之法，每丁岁入“租”粟二石，“调”则随乡土所产，绫、绢、絁各二丈，布加五分之一。输绫、绢、絁者兼调绵三两，输布者麻三斤（《旧唐书》卷四十八《食货志上》）。

凡丁，岁役二旬。若不役，则收其庸，每日三尺。有事而加役者，旬有五日，免其调。三旬，则租调俱免。通正役，并不过五十日（《旧唐书》卷四十八《食货志上》）。

凡水旱虫霜为灾，十分损四已上免租，损六已上免调，损七已上课、役俱免（《旧唐书》卷四十八《食货志上》）。

（乙）职役

唐制：凡民始生为黄，四岁为小，十六为中，二十一为丁，六十为老。……（开元二十六年）又诏：民三岁以下为黄，十五以下为小，二十以下为中。又以民门户高丁多者，率与父母别籍异居，以避征戍。乃诏十丁以上免二丁，五丁以上免一丁，侍丁孝者免徭役。天宝三载，更民十八以上为中，男二十三以上成丁。……广德元年诏：一户二丁者免一丁。凡亩税二升，男子二十五为成丁，五十五为老（《唐书》卷五十一《食货志一》）。

唐令，诸户以百户为里，五里为乡，四家为邻，三家为保。每里设正一人，掌按比户口、课植农桑、检察非违、催驱赋役。在邑居者为坊，别置正一人，掌坊门管钥、督察奸非，并免其课役。在田野者为村，别置村正一人，其村满百家增置一人，掌同坊正。其村居如满十家者，隶入大村，不须别置村正。天下户量其资产升降，定为九等，三年一造户籍（《通考》卷十二《职役考一》）。

凡天下之户，量其资，定为九等。每定户以仲年，造籍以季年。州、县之籍恒留五日，省籍留九日（《旧唐书》卷四十三《职官志二》）。

以上为定制，其后弊端丛生，始不能不加以改革。

按：开元二十五年《户令》云："诸户主皆以家长为之，户内有课口者为课户，无课口者为不课户。诸视流内九品以上官，及男年二十以上、老男、废疾、妻妾、部曲、客女、奴婢皆为不课户。"（《通考》卷十《户口考一》）

时天下户版刓隐，人多去本籍，浮食闾里，诡脱徭赋，豪弱相并，州、县莫能制。融由监察御史陈便宜，请校天下籍，收匿户、羡田佐用度。玄宗以融为覆田劝农使，钩检帐符，得伪勋亡丁甚众。……融乃奏慕容琦……等二十九人为劝农判官，假御史，分按州、县，括正丘亩，招徕户口而分业之。又兼租地安辑户口使。于是诸道收没户八十万，田亦称是。岁终，羡钱数百万缗。……然吏下希望融旨，不能无扰，张空最，务多其获，而流客颇脱不止（《唐书》卷一三四《宇文融传》）。

开元八年，天下户口逃亡，色役伪滥，朝廷深以为患。九年正月，监察御史宇文融陈便宜，奏检察伪滥兼逃户及籍外剩田。……所在检责田畴，招携户口。其新附客户，则免其六年赋调，但轻税入官。……使还得户八十余万，田亦称是。……至十三年封泰山，米斗至十三文，青、齐谷斗至五文。自后天下无贵物，两京米斗不至二十文，面三十二文，绢一匹二百一十文。东至宋、汴，西至岐州，夹路列店肆待客，酒馔丰溢。每店皆有驴赁客乘，倏忽数十里，谓之"驿驴"。南诣荆、襄，北至太原、范阳，西至蜀川、凉府，皆有店肆，以供商旅。远适数千里，不持寸刃（《通典》卷七《食货七》）。

开元十八年，敕天下户等第未平，升降须实。比来富商大贾，多与官吏往还，递相凭嘱，求居下等。自后如有嘱请，委御史弹奏（《通考》卷十二《职役考一》）。

代宗宝应元年，租庸使元载以江、淮虽经兵荒，其民比诸道犹有资产，乃按籍举八年租调之违负及逋逃者，计其大数而征之，择豪吏为县令而督之。不问负之有无，资之高下，察民有粟帛者发徒围之，籍其所有而中分之，甚者十取八九，谓之“白著”。有不服者，严刑以威之。民有蓄谷十斛者，则重足以待命，或相聚山林为群盗，县不能制（《通考》卷三《田赋考三》）。

初定令式，国家有租赋庸调之法。开元中，玄宗……以宽仁为理本，故不为版籍之书，人户浸溢，堤防不禁。丁口转死，非旧名矣；田亩移换，非旧额矣；贫富升降，非旧第矣。户部徒以空文总其故书，盖得非当时之实。旧制，人丁戍边者，蠲其租庸，六岁免归。玄宗方事夷狄，戍者多死不返，边将怙宠而讳，不以死申，故其贯籍之名不除。至天宝中，王铁为户口使，方务聚敛，以丁籍且存，则丁身焉往，是隐课而不出耳。遂案旧籍，计除六年之外，积征其家三十年租庸。天下之人苦而无告，则租庸之法弊久矣。迨至德之后，天下兵起，始以兵役，因之饥疠，征求运输，百役并作，人户凋耗，版图空虚。军国之用，仰给于度支、转运二使；四方征镇，又自给于节度、都团练使。赋敛之司数四，而莫相统摄，于是纲目大坏，朝廷不能覆诸使，诸使不能覆诸州，四方贡献，悉入内库。权臣猾吏，因缘为奸，或公托进献，私为赃盗者动万万计。河南、山东、荆襄、剑南有重兵处，皆厚自奉养，王赋所入无几。吏职之名，随人署置；俸给厚薄，由其增损。故科敛之名凡数百，废者不削，重者不去，新旧仍积，不知其涯。百姓受命而供之，沥膏血，鬻亲爱，旬输月送无休息。吏因其苛，蚕食于人。凡富人多丁者，率为官为僧，以色役免；贫人无所入则丁存。故课免于上，而赋增于下。是以天下残瘁，荡为浮人，乡居地著者百不四五，如是者殆三十年（《旧唐书》卷一一八《杨炎传》）。

观此，知租庸调制度已败坏至极，故杨炎以两税法代之。其制相垂至久，私人买卖田地之事，遂成风习。

炎疾其敝，乃请为“两税法”以一其制。凡百役之费，一钱之敛，先度其数而赋于人，量出制入。户无主客，以见居为簿；人无丁中，以贫富为差。不居处而行商者,在所州、县税三十之一,度所取与居者均,使无饶利。居人之税,秋、夏两入之,俗有不便者正之。其租、庸、杂徭悉省,而丁额不废。其田亩之税,率以代宗大历十四年垦田之数为准,而均收之。夏税尽六月,秋税尽十一月,岁终以户赋增失进退长吏,而尚书度支总焉。……自是人不土断而地著,赋不加敛而增入,版籍不造而得其虚实,吏不诫而奸无所取,轻重之权始归朝廷矣(《唐书》卷一四五《杨炎传》)。

两税法行之日久,流弊复生。

贞元四年,诏天下两税审等第高下,三年一定户。自初定两税,货重钱轻,乃计钱而输绫绢。既而物价愈下,所纳愈多……输一者过二,虽赋不增旧,而民愈困矣。度支以税物颁诸司,皆增本价为虚估给之,而缪以滥恶,督州、县剥价,谓之"折纳"。复有"进奉""宣索"之名,改科役曰"召雇",率配曰"和市",以巧避微文,比大历之数再倍。又疠疫水旱,户口减耗,刺史析户,张虚数以宽责。逃死阙税,取于居者,一室空而四邻亦尽。户版不缉,无浮游之禁,州、县行小惠以倾诱邻境,新收者优假之,唯安居不迁之民,赋役日重。……宪宗……分天下之赋以为三:一曰"上供"(送度支),二曰"送使"(送本道),三曰"留州"(存留本州。〔《唐书》卷五十二《食货志二》〕)。

先是,天下百姓输赋于州府:一曰上供,二曰送使,三曰留州。建中初定两税时,货重钱轻;是后货轻钱重,齐人所出,固已倍其初征。而其留州送使,所在长吏又降省估,使就实估,以自封殖而重赋于人。及垍为相,奏请:"天下留州、送使物,一切令依省估。其所在观察使,仍以其所莅之郡租赋自给,若不足,然后征于支郡。"其诸州送使额,悉变为上供(《旧唐书》卷一四八《裴垍传》)。

穆宗即位……两税之外,加率一钱者以枉法赃论。……盖自建中定两税,而物轻钱重,民以为患。至是四十年,当时为绢二匹半者为八匹，大率加三倍。豪家大商，积钱以逐轻重，故农人日困，末业日增。帝亦以货轻钱重，民困而用不充，诏百官议革其弊，而议者多请重挟铜之律。……由是两税上供留州，皆易以布帛丝纩，租庸课调不计钱而纳布帛。……乾符初……中官田令孜……用事，督赋益急……天下遂乱（《唐书》卷五十二《食货志二》）。

（3）杂税

（甲）盐税

唐有盐池十八，井六百四十，皆隶度支。……天宝、至德间，盐每斗十钱。肃宗乾元元年（西元七五八年），盐铁铸钱使第五琦，初变盐法，就山海井灶近利之地置监院。……尽榷天下盐，斗加时价百钱而出之，为钱一百一十。自兵起，流庸未复，赋税不足供费，盐铁使刘晏，以为因民所急而税之，则国足用，于是上盐法轻重之宜。……晏之始至也，盐利岁才四十万缗，至大历末，六百余万缗，天下之赋，盐利居半，宫闱服御、军饷、百官禄俸皆仰给焉。……贞元四年，淮西节度使陈少游，奏加民赋。自此江淮盐每斗亦增二百，为钱三百一十。其后复增六十，河中两池盐每斗为钱三百七十。江淮豪贾射利，或时倍之，官收不能过半，民始怨矣（《唐书》卷五十四《食货志四》）。

（乙）酒税

唐初无酒禁，乾元元年，京师酒贵，肃宗以廪食方屈，乃禁京城酤酒，期以麦熟如初。二年饥，复禁酤。……代宗广德二年，敕天下州，各量定酤酒户，随月纳税，此外不问公私，一切禁断。大历六年，量定三等，逐月税钱，并充布绢进奉。德宗建中……三年，复制禁人酤酒，官自置店酤，收利以助军费，斛收直三十。州、县总领漓薄，私酿者论其罪。……贞元二年，复禁京城畿县酒，天下置肆以酤者，每斗榷百五十钱。其酒户与免杂差役。……宪宗元和六年，京兆府奏榷酒钱，除出正酒户外，一切随两税青苗钱，据贯均率。从之。……文宗太和八年……凡天下榷酒，为钱百五十六万余缗，而酿费居三之一。……武宗会昌六年，敕扬州等八道州、府置榷曲，并置官店酤酒，代百姓纳榷酒钱，并充资助军用。各有权许，限扬州、陈许、汴州、襄州、河东五处榷曲，浙西、浙东、鄂岳三处置官店酤酒。如闻禁止私酤，官司过为严酷，一人违犯，连累数家，闾里之间，不免咨怨，宜从今以后，如有百姓私酤及置私曲者，但许罪止一身……不得追扰，兼不得没入家产。昭宗世，以用度不足，易京畿边镇曲法。后榷酒以赡军（《通考》卷十七《征榷考四》）。

（丙）茶税

贞元九年正月，初税茶。先是，诸道盐铁使张滂奏曰："……伏请于出茶州、县，及茶山外商人要路，委所由定三等时估，每十税一。"……诏可之。……自此每税得钱四十万贯，然税无虚岁。……元和九年十二月，左仆射令狐楚，奏新置榷茶使额。……宣宗大中六年正月，盐铁转运使裴休，请诸道节度观察使置店停上茶商，每斤收搨地钱，并税经过商人，颇乖法理。今请厘革横税，以通舟船（《旧唐书》卷四十九《食货志下》）。

穆宗即位……乃增天下茶税，率百钱增五十……加斤至二十两。……武宗即位，盐铁转运使崔珙，又增江淮茶税。是时茶商所过，州、县有重税，或掠夺舟车，露积雨中，诸道置邸以收税，谓之"搨地钱"，故私贩益起。大中初，盐铁转运使裴休著条约，私鬻三犯皆三百斤，乃论死。……庐、寿、淮南皆加半税，私商给自首之帖，天下税茶增倍贞元。江淮茶为大摸，一斤至五十两。诸道盐铁使于悰，每斤增税钱五，谓之"剩茶钱"。自是斤两复旧（《唐书》卷五十四《食货志四》）。

帝问富人术，以榷茶对。其法欲置茶官，籍民圃而给其直，工自撷暴，则利悉之官。帝始诏王涯为榷茶使（《唐书》卷一七九《郑注传》）。

立税茶十二法，人以为便（《唐书》卷一八二《裴休传》）。

（丁）关税

长安（武后）三年……时有司表税关市，融深以为不可，上疏谏曰：“伏见有司税关市事条，不限工商，但是行人尽税。……夫关市之税者，谓市及国门、关门者也，唯敛出入之商贾，不税来往之行人。今若不论商人，通取诸色……则万商废业。万商废业，则人不聊生。……必若师兴有费，国储多窘。即请倍算商客，加敛平人。”……则天纳之，乃寝其事（《旧唐书》卷九十四《崔融传》）。

德宗时，赵赞请诸道津会置吏阅商贾钱，每缗税二十，竹、木、茶、漆、税十之一。……文宗开成二年十二月，武宁军节度使薛元赏奏：“泗口税场，应是经过衣冠商客，金银、羊马、斛斗、见钱、茶盐、绫绢等，一物已上并税。……请停绝。”（《通考》卷十四《征榷考一》）

（戊）苛敛

代宗永泰二年……乾元（肃宗）以来，属天下用兵，京师百寮俸钱减耗。………以御史大夫为税地钱物使，岁以为常，均给百官。大历四年正月十八日，敕有司定天下百姓及王公已下，每年税钱分为九等，上上户四千文……下下户五百文（《旧唐书》卷四十八《食货志上》）。

其百姓有邸店、行铺及炉冶，应准式合加本户二等税者，依此税数，勘责征纳（《旧唐书》卷四十八《食货志上》）。

肃宗即位，遣御史郑叔清等，籍江、淮、蜀、汉富商右族资、畜，十收其二，谓之率贷。诸道亦税商贾，以赡军，钱一千者有税（《唐书》卷五十一《食货志一》）。

建中四年六月，初税屋间架、除陌钱（《旧唐书》卷十二《德宗本纪上》）。

唐德宗时，军用不给，乃税间架、算除陌。其间架法，屋二架为间，上间钱二千，中间一千，下间五百。吏执笔握算，入人家计其数。除陌法者，公私给与及买卖，每缗官留五十钱，给他物及相贸易者，约钱为率算之（《续通志》卷一五五《食货略四》）。

河北、河南连兵不息……京师帑廪不支数月。……杞乃以户部侍郎赵赞判度支，赞亦计无所施，乃……谋行括率，以为泉货所聚，在于富商，钱出万贯者，留万贯为业。有余，官借以给军。……长安尉薛萃荷校乖车，搜人财货，意其不实，即行榜棰，人不胜冤痛，或有自缢而死者，京师嚣然。……都计富户田宅、奴婢等估，才及入十八万贯。又以僦柜纳质，积钱货，贮粟麦等，一切借四分之一，封其柜窖，长安为之罢市（《旧唐书》卷一三五《卢杞传》）。

赵赞又请税间架、算除陌。凡屋两架为一间，分为三等，上等每间二千，中等一千，下等五百。所由吏秉笔执筹，入人第舍而计之。……除陌法，天下公私给与贸易，率一贯旧算二十，益加算为五十，给与物或两换者，约钱为率算之，市主人、牙子，各给印纸。人有买卖，随自署记，翌日合算之。有自贸易不用市牙子者，验其私簿投状。自其有私簿投状，其有隐钱百，没入二千，杖六十。告者赏钱十千，出于其家。法既行，主人、市牙，得专其柄。……怨讟之声，嚣然满于天下。及泾师犯阙，乱兵呼于市曰："不夺汝商户僦质矣，不税汝间架、除陌矣。"（《旧唐书》卷一三五《卢杞传》）

时有敕，给百姓一年复，铁即奏征其脚钱，广张其数。……又敕本郡高户，为租庸脚士，皆破其家产，弥年不了（《旧唐书》卷一〇五《王铁传》）。

大历元年诏：……天下苗一亩，税钱十五。……以国用急不及秋，方苗青即征之，号"青苗钱"。又有地头钱，每亩二十，通名为青苗钱（《唐书》卷五十一《食货志一》）。

计天下编户，贫弱者众，有卖舍帖田供王役者（《唐书》卷一二三《李峤传》）。

扬州凡交易资产、奴婢，有贯率钱，畜羊有口算。又贸曲牟其赢以佐用度，从皆蠲除之（《唐书》卷一一四《崔从传》）。

按:《通典》（卷六《食货六》）称，天宝都计租税庸调，每岁钱粟绢绵布，约得五千二百二十余万端匹屯贯石，诸色资课及勾剥所获不在其中（注：资课及勾剥等，当合得四百七十余万）。又《资治通鉴》（卷二四九《唐纪六十五》）大中七年十二月度支奏，自河湟平，每岁天下所纳钱九百二十五万余缗，内五百五十万余缗租税，八十二万余缗榷酤，二百七十八万余缗盐利（引《续皇王宝运录》）。此唐代岁入大概，及中晚盛衰之分，用物用钱之别也。

（4）币制

隋末行五铢白钱，天下盗起，私铸钱行，千钱初重二斤，其后愈轻。……铁叶皮纸，皆以为钱。高祖入长安，民间行线环钱……凡八九万，才满半斛。武德四年，铸“开元通宝”……得轻重大小之中。……开元二十年……禁缺顿、沙涩、荡染、白强、黑强之钱。……二十六年……初置钱监，两京用钱稍善。……其后钱又渐恶，诏出铜所在置监，铸“开元通宝”钱。……天下盗铸益起……京师权豪，岁岁取之，舟车相属，江淮偏炉钱数十种，杂以铁锡，轻漫无复钱形。……两京钱有鹅眼、古文、钱环之别。……肃宗乾元元年……第五琦铸“乾元重宝”钱……与开元通宝钱并行。……是时民间行三钱，大而重棱者亦号“重棱钱”。法既屡易，物价腾踊………饿死者满道。……京师人人私铸，并小锭，坏钟像，犯禁者愈众。……肃宗以新钱不便，命百官集议，不能改。上元元年……开元旧钱，与乾元十当钱，皆以一当十。……得为“实钱”“虚钱”，交易皆用十当钱，由是钱有虚、实之名。……代宗即位，乾元重宝钱以一当二，重轮钱以一当三，凡三日，而大小钱皆以一当一。……其后民间乾元、重棱二钱，铸为器，不复出矣。……大历七年，禁天下铸铜器……而民间钱益少。缯帛价轻，州、县禁钱不出境，商贾皆绝。浙西观察使李若初，请通钱往来，而京师商贾赍钱四方贸易者，不可胜计，诏复禁之。贞元二十年，命市井交易，以绫罗、绢布、杂货与钱兼用。……元和六年，贸易钱十缗以上者，参用布帛。……太和三年，诏佛像以铅、锡、土、木为之……唯鉴、磬、钉、镮、钮得用铜，余皆禁之，盗铸者死。……文宗病币轻钱重，诏方镇纵钱谷交易。时虽禁铜为器，而江淮、岭南列肆鬻之，铸千钱为器，售利数倍。宰相李珏请加炉铸钱，于是禁铜器，官一切为市之。……武宗废浮屠法，永平监官李郁彦，请以铜像、钟磬、炉铎皆归巡院，州、县铜益多矣。盐铁使以工有常力，不足以加铸，许诸道观察使皆得置钱坊。淮南节度使李绅，请天下以州名铸钱（《唐书》卷五十四《食货志四》）。

钱重，携带不便，有所谓“飞钱”者，即如今之汇票也。

宪宗……时，商贾至京师，委钱诸道进奏院及诸军、诸使富家，以轻装趋四方，合券乃取之，号“飞钱”（《唐书》卷五十四《食货志四》）。

时唐通行货币，皆以钱计，金、银颇不通用。

唐宋以前，上下通行之货，一皆以钱而已。……《旧唐书》宪宗元和三年六月诏曰：“天下有银之山，必有铜矿。铜者可资于鼓铸，银者无益于生人。其天下自五岭以北，见采银坑，并宜禁断。”……而唐韩愈奏状，亦言五岭买卖，一以银。元稹奏状，言自岭已南，以金、银为货币；自巴已外，以盐、帛为交易；黔巫溪峡，用水银、朱砂、缯彩、巾帽以相市（顾炎武《日知录》卷十一《银》）。

（5）物价

四年（贞观）……米斗三钱（《唐书》卷九十七《魏徵传》）。

开元十三年……东都米斗十钱，青齐米斗五钱（《旧唐书》卷八《玄宗本纪上》）。

永泰元年……京师米斗一千四百（《旧唐书》卷十一《代宗本纪》）。

时大兵后，京师米斗千钱，禁膳不兼。时甸农挼穗以输（《唐书》卷一四九《刘晏传》）。

炅……保南阳郡。……贼……将……（武）令珣等攻之累月。………米斗至四五十千，有价无米。鼠一头至四百文（《旧唐书》卷一一四《鲁炅传》）。

庆绪……婴邺自固。……王师围……城。……粮尽，易口以食，米斗钱七万余（《唐书》卷二二五上《安禄山附安庆绪传》）。

数年以来，公私罄竭，户口减耗，家无接新之储，国乏俟荒之蓄（《唐书》卷一一八《宋务光传》）。

时（黄巢据长安）京畿百姓皆砦于山谷，累年废耕耘，贼坐空城。……谷食腾踊，米斗三十千。官军皆执山砦百姓，鬻于贼为食，人获数十万（《旧唐书》卷二〇〇下《黄巢传》）。

杨行密……乘虚攻城（扬州），城中米斗五十千，饿死大半。骈……薪蒸亦阙，奴仆彻延和阁栏槛煮革带食之，互相篡啖（《旧唐书》卷一八二《高骈传》）。

（6）实业

（甲）农业

迁夏州都督，属牛疫，无以营农。方翼造人耕之法，施关键，使人推之，百姓赖焉（《旧唐书》卷一八五上《王方翼传》）。

制曰："……今阳和布泽，丁壮就田，言念鳏惸，事资拯助。宜委使司，与州、县商量，劝作农社，贫富相恤，耕耘以时。仍每至雨泽之后，种

获忙月，州、县常务，一切停减，使趋时急于备寇，尺璧贱于寸阴。”（《旧唐书》卷一〇五《宇文融传》）

太和二年闰三月，内出水车样，令京兆府造水车，散给缘郑白渠百姓，以溉水田（《旧唐书》卷十七上《文宗本纪上》）。

开元十六年……帝种麦苑中，瑛、诸王侍登，帝曰：“是将荐宗庙，故亲之，亦欲若等知稼穑之难。”因分赐侍臣，曰“《春秋》书‘无麦禾’，古所甚重。比诏使者阅田亩，所对不以实，故朕自莳以观其成”云（《唐书》卷八十二《太子瑛传》）。

（德宗）贞元八年，关东、淮南、浙西州、县大水，坏庐舍，漂杀人。德舆建言：“江淮田一善熟，则旁资数道，故天下大计，仰于东南。今霪雨二时，农田不开，逋亡日众，宜择群臣明识通方者，持节劳徕，问人所疾苦，蠲其租，入与连帅守长，讲求所宜。赋取于人，不若藏于人之固也。”帝乃遣奚陟等四人，循行慰抚（《唐书》卷一六五《权德舆传》）。

贞元五年正月……以二月一日为中和节，以代正月晦日，备三令节数，内外官司休假一日。宰臣李泌，请中和节日，令百官进农书，司农献穜稑之种。……村社……祭勾芒以祈年谷。从之（《旧唐书》卷十三《德宗本纪下》）。

元和七年四月……敕天下州、府民户，每田一亩，种桑二树。长吏逐年检计以闻（《旧唐书》卷十五《宪宗本纪下》）。

唐代重农业，其水利可言者，撮录如下。

开元十八年六月……东都瀍、洛泛涨。……令范安及韩朝宗，就瀍、洛水源，疏决置门，以节水势（《旧唐书》卷八《玄宗本纪上》）。

融（宇文）又画策开河北王莽河，溉田数千顷，以营稻田（《旧唐书》卷四十八《食货志上》）。

拜起居舍人……出为朗州刺史。在任开后乡渠九十七里，溉田二千顷，郡人获利（《旧唐书》卷一六五《温造传》）。

神龙中，累转肥乡令。县北界漳水，连年泛溢，旧堤迫近水漕，虽修筑不息，而漂流相继。景骏审其地势，拓南数里，因高筑堤。暴水至，堤南以无患；水去，而堤北称为腴田（《旧唐书》卷一八五上《韦机附章景骏传》）。

蔡州新息。注：……西北五十里，有隋故玉梁渠。开元中，令薛务增浚，溉田三千余顷（《唐书》卷三十八《地理志二》）。

青州北海。注：……长安中，令窦琰于故营丘城东北穿渠，引白浪水曲折三十里以溉田，号“窦公渠”（《唐书》卷三十八《地理志二》）。

河中府龙门。注：……东南二十三里，有十石垆渠。……县令长孙恕凿，溉田良沃，亩收十石（《唐书》卷三十九《地理志三》）。

莫州任丘。注：………有通科渠。开元四年，令鱼思贤开以泄陂淀，自县南五里至城西，北入滱，得地二百余顷（《唐书》卷三十九《地理志三》）。

唐武德七年，同州治中云得臣开渠，自龙首引黄河，溉田六十余顷。贞观十一年，扬州大都督府长史李袭称，以江都俗好商贾，不事农业，乃引雷陂水，又筑白城塘，溉田八百余顷。………永徽六年，雍州长史长孙祥奏言，往日郑白渠，溉田四万余顷，今为富商大贾竞造碾硙，堰遏费水。………于是遣祥等分检渠上碾硙，皆毁之。……开元九年，京兆少尹李元纮奏疏，三辅诸渠，王公之家缘渠立硙，以害水田，一切毁之，百姓蒙利。广德二年，户部侍郎李栖筠等奏，拆京城北白渠上王公寺观碾硙……以广水田之利。……大历十二年，京兆尹黎幹，开决郑、白二水支渠，毁碾硙以便水利。……建中三年，宰相杨炎请于丰州置屯田，发关辅人开陵阳渠。贞元八年，嗣曹王皋为荆南节度观察使。先是，江陵东北七十里有废田，旁汉古堤壤决凡二处，每夏则为浸溢。皋始命塞之，广良田五千顷。……楚俗佻薄，旧不凿井，悉饮陂泽。皋乃令合钱凿井，人以为便。元和八年，孟简为常州刺史，开漕古孟渎，长四十里，得沃壤四千余顷。……十三年，湖州刺史于頔复长城县方山之西湖，溉田三十顷。长庆二年，温造为朗州刺史，奏开复乡渠九十七里，溉田二千顷。……太和五年，造复为河阳节度使，奏浚怀州古渠。……溉济源、河内、温、武陟四县田五千顷。长庆中，白居易为杭州刺史，浚钱塘湖周回三十里。……凡放水溉田，每减一寸，可溉十五顷；每一伏时，可溉五十余顷（《通考》卷六《田赋考六》）。

此外更有屯田。

唐开军府以扞要冲，因隙地置营田。……上地一顷五十亩，瘠地一顷二十亩，稻田八十亩，则给牛一。诸屯以地良薄与岁之丰凶为三等，其民田岁获多少，取中熟为率。有警，则以兵。……元和中……东起振武，西逾云州，极于中受降城，凡六百余里……垦田三千八百余顷，岁收粟二十万石。……宪宗末，天下营田，皆雇民或借庸以耕。又以瘠地易上地，民间苦之。穆宗即位，诏还所易地而耕以官兵，耕官地者给三之一以终身（《通考》卷七《田赋考七》）。

（乙）商业

凡建标立候，陈肆辩物，以二物平市（注：谓秤以格，斗以概），以三贾均市（注：贾有上、中、下之差。〔《旧唐书》卷四十四《职官志三》〕）。

京都诸市，令掌百族交易之事，丞为之贰。凡建标立候、陈肆辨物，以二物平市，以三贾均市。凡与官交易，及悬平赃物，并用中贾。其造弓矢、长刀，官为立样，仍题工人姓名，然后听鬻之，诸器物亦如之。以伪滥之物交易者没官，短狭不中量者还主。凡卖买奴婢、牛马，用本司本部公验以立券。凡卖买不和而榷固，及更出开闭，共限一价。若参市而规自入者，并禁之。凡市以日午击鼓三百声而众以会，日入前七刻击钲三百声而众以散（《唐六典》卷二十）。

中唐以后，苛敛烦密，商业益不振。宫市之兴，即为宋代和买所本。

时宦者主宫中市买，谓之“宫市”，抑买人物，稍不如本估。末年不复行文书，置白望数十百人于两市及要闹坊曲，阅人所卖物，但称宫市，则敛手付与，真伪不复可辨，无敢问所从来及论价之高下者，率用直百钱物买人直数千物，仍索进奉门户及脚价银。人将物诣市，至有空手而归者。名为宫市，其实夺之。尝有农夫以驴驮柴，宦者市之，与绢数尺，又就索门户，仍邀驴送柴至内。农夫啼泣，以所得绢与之，不肯受，曰：“须得尔驴。”农夫曰：“我有父母妻子，待此而后食。今与汝柴，而不取直而归，汝尚不肯，我有死而已。”遂殴宦者。街使擒之以闻，乃黜宦者，赐农夫绢十匹（《旧唐书》卷一四〇《张建封传》）。

（丙）矿业

凡银、铜、铁、锡之冶一百六十八。陕、宣、润、饶、衢、信五州，银冶五十八，铜冶九十六，铁山五，锡山二，铅山四。汾州矾山七。麟德二年，废陕州铜冶四十八。开元十五年，初税伊阳五重山银、锡。德宗时，户部侍郎韩洄建议，山泽之利宜归王者，自是皆隶盐铁使。元和初，天下银冶废者四十。……（二年禁采银，一两以上者笞二十，递出本界，州、县官吏节级科罪）开成元年，复以山泽之利归州、县，刺史选吏主之。其后诸州牟利以自殖。……及宣宗……裴休请复归盐铁使以供国用，增银冶二、铁山七十一，废铜冶二十七、铅山一（《唐书》卷五十四《食货志四》）。

（十一）风俗与习惯

（1）嫁娶

婚礼纳采，有合欢、嘉禾、阿胶、九子蒲、朱苇、双石、绵絮、长命缕、乾漆九事，皆有词。胶、漆取其固，绵絮取其调柔，蒲、苇为心可屈可伸也，嘉禾分福也，双石意在两固也（段成式《酉阳杂俎》卷一）。

近代婚礼，当迎妇以粟三升填臼，席一枚以覆井，枲三斤以塞窗，箭三只置户上。妇上车，壻骑而环车三匝。女嫁之明日，其家作黍臛。女将上车，以蔽膝覆面。妇入门，舅姑以下，悉从便门出，更从门入，言当躏新妇迹。又妇入门，先拜猪樴及灶。娶妇，夫妇并拜，或共结镜纽。又娶妇之家，弄新妇。腊月娶妇，不见姑（段成式《酉阳杂俎》卷一）。

出为永州刺史。……初俚民婚，出财会宾客，号“破酒”。昼夜集，多至数百人，贫者犹数十，力不足则不迎。……宙条约，使略如礼，俗遂改（《唐书》卷一九七《韦宙传》）。

夫妇之道，王化所基，故有三日不息烛不举乐之感。今昏嫁之初，杂奏丝竹，以穷宴欢，官司习俗，弗为条禁（《唐书》卷九十八《韦挺传》）。

（显庆四年十月）诏：“……三品以上纳币不得过三百匹，四品、五品二百，六品、七品百，悉为妇装，夫氏禁受陪门财。”（《唐书》卷九十五《高俭传》）

睿宗太极元年十一月，左司郎中唐绍上表曰：“士庶亲迎之礼，备诸六礼，所以承宗庙，事舅姑，当须昏以为期，诘朝谒见。往者下俚庸鄙，时有障车，邀其酒食，以为戏乐。近日此风转盛，上及王公，乃广奏音乐，多集徒侣，遮拥道路，留滞淹时，邀致财物，动逾万计。遂使障车礼觋，过于聘财，歌舞喧哗，殊非助感，既亏名教，又蠹风猷。请一切禁断。”从之。开元十九年四月，敕于京城置“礼会院”，属司农寺，其什物各令所司供。建中元年十一月，礼仪使颜真卿等奏："郡县主见舅姑，请于礼会院过事。明日早，舅姑坐堂，行执笲之礼。共观华烛，伏以婚礼主敬，窃恐非宜。并请停障车下婿、却扇等。行礼之夕，可以感思，至于声乐，窃恐非礼，并请禁断。相见仪制，近代设以毡帐，择地而置，此乃虏礼穹庐之制。合于堂室中置帐，请准礼施行。俗忌今时以子午卯酉年，谓之当梁年，其年娶妇，舅姑不相见，盖理无所据，亦请禁断。"并从之（《通典》卷五十八《礼十八》）。

以上言嫁娶习俗，而其制度如下。

唐贞观元年二月诏："其庶人男女无室家者，并仰州县官人以礼聘娶，皆任其同类相求，不得抑取。男年二十、女年十五以上，及妻丧达制之后，孀居服纪已除，并须申以婚媾，令其好合。若守志贞洁，并任其情，无劳抑以嫁娶。"（《通典》卷五十九《礼十九》）

唐沿六朝之风，婚姻崇尚门第。

初，太宗尝以山东士人尚阀阅，后虽衰，子孙犹负世望，嫁娶必多取资，故人谓之"卖昏"。由是诏士廉……为……《氏族志》。……高宗时……改为《姓氏录》。……又诏后魏陇西李宝，太原王琼，荥阳郑温，范阳卢子迁、卢泽、卢辅，清河崔宗伯、崔玄孙，前燕博陵崔懿晋，赵郡李楷，凡七姓十家，不得自为昏。……王妃主婿，皆取当世勋贵名臣家，未尝尚山东旧族。后房玄龄、魏徵、李勣，复与昏，故望不减。然每姓第其"房望"，虽一姓中，高下县隔。李义府为子求昏不得，始奏禁焉。其后天下衰宗落谱昭穆所不齿者，皆称"禁昏家"，益自贵，凡男女皆潜相聘娶，天子不能禁（《唐书》卷九十五《高俭传》）。

（敬玄）……凡三娶，皆山东旧族。又与赵李氏合谱，故台省要职，多族属姻家（《唐书》卷一〇六《李敬玄传》）。

神龙中，旌其家，大署曰"忠臣之门"。天下高其节，凡名族皆愿通昏（《唐书》卷一一二《冯元常传》）。

日知贵，诸子方总角，皆通婚名族（《唐书》卷一一六《李日知传》）。

李林甫有女六人，各有姿色，雨露之家求之，不允。林甫厅事壁间开一横窗，饰以杂宝，缦以绛纱，常日使六女戏于窗下，每有贵族子弟入谒，林甫即使女于窗中自选可意者事之（王仁裕《开元天宝遗事》）。

帝亦曰："宰相中，至忠最怜我。"韦后尝为其弟洵，与至忠殇女冥婚（《唐书》卷一二三《萧至忠传》）。

（2）丧祭

今衣冠上族，辰日不哭，谓为重丧。亲宾来吊，辄不临举。又闾里细人，每有重丧，不即发问，先造邑社，待营办具，乃始发哀，至假车乘、雇棺椁以荣送葬。既葬，邻伍会集，相与酣醉，名曰"出孝"（《唐书》卷九十八《韦挺传》）。

龙朔元年，丁母忧，去职。……义府寻请改葬其祖父，营墓于永康陵侧。三原令……私课丁夫、车、牛为其载土筑坟，昼夜不息。……王公已下，争致赠遗。其羽仪导从，轜辒器服，并穷极奢侈。又会葬车马，祖奠供帐，自灞桥属于三原，七十里间，相继不绝，武德已来，王公葬送之盛，未始有也（《旧唐书》卷八十二《李义府传》）。

太极元年六月，右司郎中唐绍上疏曰："……王公百官，竞为厚葬，偶人像马，雕饰如生，徒以眩曜路人，本不因心致礼。更相扇慕，破产倾资，风俗流行，下兼士庶。若无禁制，奢侈日增。望请王公以下，送葬明器，皆依令式，并陈于墓所，不得于衢路舁行。"开元二十九年正月，敕："……其明器墓田等……皆以素瓦为之，不得用木及金、银、铜、锡。其衣，不得用罗绣画。其下帐，不得有珍禽奇兽，鱼龙化生。其园宅，不得广作院宇，多列侍从。其轜车，不得用金铜花结彩为龙凤及旒苏、画云气。"（《通典》卷八十六《礼四十六》）

开元二年九月……制曰:“自古帝王,皆以厚葬为诫,以其无益亡者,有损生业故也。近代以来,共行奢靡,递相仿效,浸成风俗,既竭家产,多至凋弊。……且墓为贞宅,自便有房。今乃别造田园,名为下帐。又冥器等物,皆竞骄侈。……承前虽有约束,所司会不申明,丧葬之家无所依准。宜令所司,据品令高下,明为节制,冥器等物,仍定色数及长短大小。园宅下帐,并宜禁绝。坟墓茔域,务遵简俭。凡诸送终之具,并不得以金、银为饰。如有违者,先决杖一百,州、县长官不能举察,并贬授远官。”(《旧唐书》卷八《玄宗本纪上》)。

明皇朝,海内殷赡,送葬者或当冲设祭,张施帏幕,有假花、假果、粉人、粉帐之属,然大不过方丈,室高不逾数尺,识者犹或非之。丧乱以来,此风大扇,祭盘帐幕,高至九十尺,用床三、四百张,雕镌饰画,穷极技巧;馔具牲牢,复居其外。大历中,太原节度辛云京葬日,诸道节度使使人修祭,范阳祭盘最为高大,刻木为尉迟鄂公与突厥斗将之戏,机关动作,不异于生。祭讫,灵车欲过,使者请曰:“对数未尽。”又停车,设项羽与汉祖会鸿门之象,良久乃毕。缞绖者皆手擘布幕,辍哭观戏。……滑州节度令狐母亡,邻境致祭,昭义节度初于淇门载船桅以充幕柱,至时嫌短,特于卫州大河船上取长桅代之。及昭义节度薛公薨,归葬绛州,诸方并管内县涂阳城南设祭,每半里一祭,至漳河二十余里,连延相次。大者费千余贯,小者三、四百贯,互相窥觇,竞为新奇。柩车暂过,皆为弃物矣。盖自开辟至今,奠祭鬼神,未有如斯之盛者(王谠《唐语林》卷八《补遗》)。

临尝欲吊丧,令家童自归家取“白衫”(《旧唐书》卷八十五《唐临传》)。

开元末,玄宗方尊道术,靡神不宗。……充嗣祭使,玙专以祀事希幸,每行祠祷,或焚“纸钱”,祷祈福祐(《旧唐书》卷一三〇《王玙传》)。

汉以来,葬丧皆有瘗钱。后世里俗,稍以纸寓钱为鬼事。至是玙乃用之（《唐书》卷一〇九《王珣传》）。

禹锡……斥朗州司马，州接夜郎诸夷，风俗陋甚，家喜巫鬼，每祠歌竹枝，鼓吹裴回，其声伧佇。禹锡谓屈原居沅湘间作《九歌》，使楚人以迎送神，乃倚其声作《竹枝辞》十余篇。于是武陵夷俚悉歌之（《唐书》卷一六八《刘禹锡传》）。

开元二十年四月二十四日敕："寒食上墓，《礼经》无文。近世相传，浸以成俗。……用展孝思，宜许上墓。……仍编入礼典，永为常式。"（王溥《唐会要》卷二十三）

武德二年正月四日，尚书左丞崔善奏曰："欲求忠臣，必于孝子。比为时多金革，颇遵墨绖之义。丁忧之士，例从起复。无识之辈，不复戚容。如不纠劾，恐伤风俗。"至九月，制曰："文官遭父母丧，听去职。"……调露二年，中书舍人欧阳通，起复本官。每入朝，必徒跣至城门外，然后著靴鞢而朝。直宿在省，则席地藉藁。非公事不言，而未尝启齿。……长安三年正月二十六日敕："三年之丧，自非从军更籍者，不得辄奏请起复。"至广德二年二月二十一日敕："三年之丧，谓之达礼。自非金革，不可从权。其文官自今已后，并许终制。一切不得辄有奏闻。"（王溥《唐会要》卷一二八）

（3）庆寿

生日之礼，古人所无。……此礼起于齐、梁之间，逮唐、宋以后，自天子至于庶人，无不崇饰。此日开筵召客，赋诗称寿（顾炎武《日知录》卷一三《生日》）。

近代风俗，人子在膝下，每生日，有酒食之事。孤露之后，不宜复以为欢。……太宗曾以降诞日感泣，中宗常以降诞日宴侍臣内庭，与学士联句柏梁体诗。然则唐以来，此日皆有宴会。开元十七年，丞相张说奏以八月端午降诞日为"千秋节"，又改为"天长节"。肃宗因之，诞日为

“地平天成节”。代宗虽不为节，犹受四方进献。德宗即位，诏公卿议，吏部尚书颜真卿奏：“准《礼经》及历代帝王无降诞日，唯开元中始为之。复推本意：以为节者，喜圣寿无疆之庆，天下咸贺，故号节；若千秋万岁之后，尚存此日以为节假，恐乖本意。”于是敕停之（王谠《唐语林》卷八《补遗》）。

上以降诞日，燕百寮于花萼楼下。百寮表请，以每年八月五日为千秋节，王公已下献镜及承露囊。天下诸州，咸令燕乐，休假三日（《旧唐书》卷八《玄宗本纪上》）。

宰相路随等奏：“……请十月十日为庆成节。”上诞日也（《旧唐书》卷十七下《文宗本纪下》）。

自元和后……王智兴始言天子诞日，请筑坛度人以资福。诏可（《唐书》卷一八〇《李德裕传》）。

（4）宴游

唐贞观六年，诏曰：“比年丰稔，闾里无事，乃有堕业之人，不顾家产，朋游无度，酣宴是耽，危身败德，咸由于此。自非澄源正本，何以革兹弊俗？”（《通志卷》四十四《礼略三》）

贞观十六年十一月……宴武功士女于庆善宫南门。酒酣，上与父老等涕泣论旧事，老人等递起为舞，争上万岁寿，上各尽一杯（《旧唐书》卷三《太宗本纪下》）。

上元元年九月，百寮具新服，上宴之于麟德殿（《旧唐书》卷五《高宗本纪下》）。

宴王公百寮于承天门，令左右于楼下撒金钱，许中书门下五品已上官，及诸司三品已上官，争拾之（《旧唐书》卷八《玄宗本纪上》）。

旧制三二岁，必于春时内殿赐宴宰辅及百官，备太常诸乐，设鱼龙曼衍之戏，连三日，抵暮方罢（王谠《唐语林》卷七《补遗》）。

元宗御勤政楼，大酺，纵士庶观看百戏，人物填咽，金吾卫士指遏不得。上谓力士曰："吾以海内丰稔，四方无事，故盛为宴乐，与万姓同欢，不谓众人喧闹若此。"……力士……请召严安之处分打场。……安之周行广场，以手板画地示众曰："逾此者必死。"是以终日酺宴……无人敢犯者（王谠《唐语林》卷一《政事篇上》）。

大历二年二月，子仪入朝，宰相元载、王缙、仆射裴冕、京兆尹黎幹、内侍鱼朝恩，共出钱三十万，置宴于子仪第。恩出罗锦二百匹，为子仪缠头之费，极欢而罢（《旧唐书》卷一二〇《郭子仪传》）。

会昌二年五月，敕庆阳节。百官率醵外，别赐钱三百贯，以备素食合宴。仍令京兆府供帐用，追集坊市乐人（《旧唐书》卷十八上《武宗本纪》）。

城南樊川，有佳林亭，卉木幽邃。佑每与公卿燕集其间，广陈妓乐（《旧唐书》卷一四七《杜佑传》）。

致仕，还于东都，都城有园林别墅，岁时行乐。子弟侍侧，公卿在席，诗酒赏咏，竟日忘归（《旧唐书》卷一六三《卢简辞附卢简求传》）。

于午桥创别墅……名曰绿野堂。……视事之隙，与诗人白居易、刘禹锡酣宴终日，高歌放言，以诗酒、琴书自乐，当时名士皆从之游（《旧唐书》卷一七〇《裴度传》）。

古之饮酒，有杯盘狼藉、扬觯绝缨之说，甚则其矣，然未有言其法者。国朝麟德中，壁州刺史邓弘庆，始创平索看精四字令，至李稍云而大备。自上及下，以为宜然。大抵有律令，有头盘，有抛打，盖工于举场而盛于使幕。衣冠有男女杂履舄者，有长幼同灯烛者。外府则立将校而坐妇人，其弊如此（李肇《国史补》卷下）。

唐末饮席之间，多以上行杯望远行拽盏为主，下次据副之（王谠《唐语林》卷七《补遗》）。

都人士女，每至正月半后，各乘车跨马，供帐于园圃，或郊野中，为探春之宴（王仁裕《开元天宝遗事》）。

长安有平康坊，妓女所居之地。京都侠少，萃集于此。兼每年新进士，以红笺名纸，游谒其中，时人谓此坊为风流薮泽（王仁裕《开元天宝遗事》）。

曲中……妓之母，多假母也。……误陷其中，则无以自脱。……诸妓以出里艰难，每南街保唐寺有讲席，多以月之八日，相牵率听焉，皆纳其假母一缗，然后能出于里。其于他处，必因人而游，或约人与同行，则为下婢，而纳资于假母。故保唐寺，每三、八日，士子极多。……尝闻大中以前，北里颇为不测之地，故王（金吾）式、令狐（博士）滈，皆目击其事，几罹毒手（孙棨《北里志》）。

进士榜出，谢后，便往期集院。其日状元与同年相见，请一人为录事，其余主宴、主酒、主乐、探花、主茶之类，咸以其日辟之。主乐两人，一主饮妓。发榜后，大科头两人，第一部也；小科头一人，第二部也。常宴，即小科头主之；大宴，大科头主之（王定保《摭言》）。

唐苏味道看灯诗云："火树银花合，星桥铁锁开。"……唐玄宗于上阳宫建灯楼，高一百五十尺（韩鄂《岁华纪丽》卷一注）。

泌请……以二月朔为中和节，因赐大臣戚里尺，谓之裁度。民间以青囊，盛百谷、瓜果种相问遗，号为献生子（《唐书》卷一三九《李泌传》）。

大历二年二月，幸昆明池踏青（《旧唐书》卷十一《代宗本纪》）。

始主作观池乐游原，以为盛集。既败，赐宁、申、岐、薛四王，都人岁祓禊其地（《唐书》卷八十三《太平公主传》）。

长安富家……各于林亭内植画柱，以锦绮结为凉棚。……召长安名妓间坐……为避暑之会（王仁裕《开元天宝遗事》）。

重阳日，必以馀酒登高，插萸把菊泛酒（冯应京《月令广义》卷十六引齐人《月令》）。

章台之使以来，曲江之会遄至（注：唐时春发榜，进士既捷，列名于慈恩寺，谓之题名。大宴于曲江亭子，谓之曲江会。〔韩鄂《岁华纪丽》卷一〕）。

（5）门第

是时朝议以山东人士好自矜夸，虽复累叶陵迟，犹恃其旧地，女适他族，必多求聘财。太宗恶之，以为甚伤教义。乃诏士廉……等刊正姓氏。于是普责天下谱谍，仍凭据史传，考其真伪，忠贤者褒进，悖逆者贬黜，撰为《氏族志》。士廉乃类其等第以进，太宗曰："我与山东崔、卢、李、郑，旧既无嫌，为其世代衰微，全无冠盖，犹自云士大夫，婚姻之间，则多邀钱币。才识凡下，而偃仰自高。贩鬻松槚，依托富贵。我不解人间何为重之？……我平定四海，天下一家，凡在朝士，皆功效显著，或忠孝可称，或学艺通博，所以擢用，见居三品以上，欲共衰代旧门为亲，纵多输钱帛，犹被偃仰。我今特定族姓者，欲崇重今朝冠冕。……不须论数世以前，止取今日官爵高下，作等级。"……书成，凡一百卷（《旧唐书》卷六十五《高士廉传》）。

初，太宗尝……诏士廉（俭字）与韦挺、岑文本、令狐德棻，责天下谱谍，参考史传，检正真伪，进忠贤，退悖恶，先宗室，后外戚，退新门，进旧望，右膏粱，左寒畯，合二百九十三姓，千六百五十一家，为九等，号曰《氏族志》。……高宗时，许敬宗以不叙武后世，又李义府耻其家无名，更以孔志约、杨仁卿、史玄道、吕才等十二人刊定之，裁广类例，合二百三十五姓，二千二百八十七家，帝自叙所以然，以四后姓、酅公、介公及三公、太子、三师开府仪同三司、尚书仆射为第一姓，文武二品及知政事三品为第二姓，各以品位高下叙之，凡九等。取身及昆弟子孙，余属不入，改为《姓氏录》（《唐书》卷九十五《高俭传》）。

初，贞观中，太宗命……谙练门阀者，修《氏族志》，勒成百卷，升降去取，时称允当。颁下诸州，藏为永式。义府耻其家代无名，乃奏改此书，专委……孔志约……重修。志约等遂立格云：“皇朝得五品官者，皆升士流。”于是兵卒以军功致五品者尽入书限，更名为《姓氏录》。由是搢绅士大夫，多耻被甄叙，皆号此书为“勋格”。义府仍奏收天下《氏族志》本焚之（《旧唐书》卷八十二《李义府传》）。

开元二年七月……昭文馆学士柳冲、太子左庶子刘子玄，刊定《姓族系录》二百卷，上之（《旧唐书》卷八《玄宗本纪上》）。

初，太宗命诸儒撰《氏族志》，甄差群姓。其后门胄兴替不常，冲请改修其书。帝诏魏元忠……及冲，共取德功时望国籍之家，等而次之（《唐书》卷一九九《柳冲传》）。

《天下郡望姓氏族谱》一卷，李林甫等撰。记郡望出处，凡三百九十八姓（王应麟《玉海》卷五十）。

上元初……乃上疏曰：……今贵戚子弟，例早求官。髫龀之年，已腰银艾。或童丱之岁，已袭朱紫。……课试既浅，艺能亦薄，而门阀有素，资望自高（《旧唐书》卷八十七《魏玄同传》）。

选司考练，总是假手冒名。势家嘱请，手不把笔，即送东司。眼不识文，被举南馆（张鷟《朝野佥载》）。

（6）饮食

唐人立春日，食“春饼”生菜，号春盘。……春饼者，薄剂焨菜肉裹食也（冯应京《月令广义》卷五）。

八月十五日……民间以“月饼”相遗，取团圆之义（田汝成《熙朝乐事》）。

唐武则天，花朝日……采百花……蒸糕，以赐从臣（彭大翼《山堂肆考·饮食》卷二）。

玄宗起凉殿，拾遗陈知节上疏极谏。上……召对，时暑毒方甚，上在凉殿……赐“冰屑麻节饮”（王谠《唐语林》卷四《豪爽篇》）。

太官令，掌供膳之事。……凡朝会燕飨，九品已上，并供其膳食（注：夏月加冷淘粉粥。〔《唐六典》卷十五〕）。

唐人食品，有汤、料、臛、炙、脍、蒸、丸、脯、羹、脔、饦、饤、馔、饼、馄饨、糕、酥、包子、面、粽子等名目。其所食之肉，除六畜外，兼用鹿、熊、狸、兔、鹅、鸭、鹑子、鳜、鳖、蟹、虾、蛤蜊、蛙等类。其制造精妙，“鸡”有葱醋、仙人脔（乳瀹）、剔缕三种，“鹅”有八仙盘、花折鹅糕二种，“鸭”有交加鸭脂、生进鸭花汤饼二种，“鱼”有乳酿、凤凰胎（鱼白）、金粟平饦（鱼子）、剪云析鱼羹、加料盐花鱼屑、吴兴连带鲊六种，“鳖”有遍地锦装、金丸玉菜脍二种，“蟹”有金银夹花平截、藏蟹含春侯二种。“炙品”有升平炙、筋头春（炙活鹑子）、光明虾炙、水炼犊、龙须炙、金装韭黄艾炙、干炙满天星七种。“面”有甜雪、素蒸音声部、汤装浮萍面、婆罗门轻高面四种。其参和数种为一种者，如鹿鸡参拌，谓之“小天酥”。细治羊豕牛熊鹿，谓之“五生盘”。治鱼羊体，谓之“逡巡酱”。薄治群物，入沸油烹，谓之“过门香”（撮录《韦巨源食谱》）。

韦澳、孙宏同在翰林，宣宗赐“银饼馅”，食之甚美，皆奶酪膏腴所制（王定保《摭言》）。

皇建僧舍旁，有糕坊，主人由此，入资为员外官，盖显德中也。……都人呼花糕员外（陶穀《清异录》卷下）。

崔侍郎安潜，崇奉释氏，鲜茹荤血。……镇西川三年，唯多蔬食，宴诸司以面及蒟蒻之类，染作颜色，用象豚肩羊臑脍炙之属，皆逼真也（王谠《唐语林》卷七《补遗》）。

唐时嗜茶，研究极精，国家恃为正课，其产量之多可知。

南人好饮茶，孙皓以茶与韦昭代酒。谢安诣陆纳，设茶果而已。北人初不识，开元中，太山灵岩寺有降魔师，教禅者以不寐，人多作茶饮，因以成俗（李石《续博物志》卷五）。

陆羽，字鸿渐，一名疾，字季疵，复州竟陵人。……上元初，更隐苕溪，自称桑苎翁。……羽嗜茶，著《经》三篇，言茶之原之法之具尤备，天下益知饮茶矣。时鬻茶者，至陶羽形置炀突间，祀为茶神。有常伯熊者，因羽论，复广著茶之功。御史大夫李积卿宣尉江南，次临淮，知伯熊善煮茶，召之。伯熊执器前，季卿为再举杯。至江南，又有荐羽者，召之。羽野服挈具而入，季卿不为礼，羽愧之，更著《毁茶论》。其后尚茶成风。时回纥入朝，始驱马市茶（《唐书》卷一九六《陆羽传》）。

竟陵僧有于水滨得婴儿者，育为弟子。稍长，自筮得《蹇》之《渐》繇曰："鸿渐于陆，其羽可用为仪。"乃令姓陆，名羽，字鸿渐。羽有文学，多意思，耻一物不尽其妙，茶术尤著。巩县陶者多为甆偶人，号陆鸿渐。买数十茶器，得一鸿渐。市人沽茗不利，辄灌注之。羽于江湖称竟陵子（李肇《国史补》卷中）。

茶……杂椒姜烹而饮之（李石《续博物志》卷七）。

楚人陆鸿渐为《茶论》，并煎、炙之法，造茶具二十四事，以都统笼贮之。常伯熊者，因广鸿渐之法。伯熊饮茶过度，遂患风气。或云北人未有茶，多黄病。后饮茶，多腰疾偏死（李石《续博物志》卷五）。

李锜性又嗜茶，能自煎，曰茶须缓火炙，活火煎。活火，谓炭火之有焰者也。客至，不限瓯数，竟日执茶器不倦（王谠《唐语林》卷六《补遗》）。

陆龟蒙……嗜茶，置园顾渚山下，岁取租茶，自判品第。张又新为《水说》七种，其二慧山泉，三虎丘井，六松江。人助其好者，虽百里为致之（《唐书》卷一九六《陆龟蒙传》）。

常鲁公使西蕃，煮茶帐中，赞普问曰："此为何物？"鲁公曰："涤烦疗渴，所谓茶也。"赞普曰："我此亦有。"遂命出之，以指曰："此寿州者，此舒州者，此顾渚者，此蕲门者，此昌明者，此㴩湖者。"（李肇《国史补》卷下）

风俗贵茶，茶之名品益众。剑南有蒙顶石花，或小方，或散牙，号为第一。湖州有顾渚之紫笋，东川有神泉小团、昌明兽目，峡州有碧涧明月、芳蕋茱萸簝，福州有方山之露牙，夔州有香山，江陵有南木，湖南有衡山，岳州有㴩湖之含膏，常州有义兴之紫笋，婺州有东白，睦州有鸠坑，洪州有西山之白露，寿州有霍山之黄牙，蕲州有蕲门团黄，而浮梁之商货不在焉（李肇《国史补》卷下）。

唐德宗建中元年……税天下茶、漆、竹、木，十取一以为常平本钱。……贞元九年，复税茶。……每岁得钱四十万贯。……穆宗即位……乃增天下茶税，率百钱增五十。……天下茶加斤至二十两。……大中初，盐铁转运使裴休……正税茶商，多被私贩茶人侵夺其利。……著条约：私鬻三犯皆三百斤，乃论死；长行群旅，茶虽少亦死；顾载三犯至五百斤、居舍侩保四犯至千斤，皆死；园户私鬻百斤以上，杖脊，三犯加重徭；伐园失业者，刺史、县令以纵私盐论。……其后……回纥入朝，始驱马市茶。……然则嗜茶、榷茶，皆始于贞元间矣（《通考》卷十八《征榷考五》）。

酒亦名目繁多。

酒则有郢州之富水，乌程之若下，荥阳之土窟春，富平之石冻春，剑南之烧春，河东之乾和葡萄，岭南之灵溪，博罗宜城之九酝，浔阳之湓水，京城之西市腔、虾蟆陵、郎官清、阿婆清，又有三勒浆类酒（李肇《国史补》卷下）。

糖至唐初，内地始有熬制之法。

摩揭它……本中天竺属国。……贞观二十一年，始遣使者自通于天子，献波罗树，树类白杨。太宗遣使取熬糖法，即诏扬州上诸蔗，拃沈如其制，色味愈西域远甚（《唐书》卷二二一上《摩揭它传》）。

（7）衣饰

（甲）衣服

太尉长孙无忌以乌羊毛为“浑脱毡帽”，人多效之，谓之赵公浑脱（《唐书》卷三十四《五行志一》）。

太宗宴近臣，戏赵公无忌，令嘲欧阳率更曰:“耸膊成山字，埋肩不出头。”……询应声曰“‘索头’连背暖，‘完裆’畏肚寒。”（王谠《唐语林》卷五《补遗》）

裴漼卧于私第，（刘）幽求忽来诣漼，直入卧内，戴撅耳帽子，著白襕衫，底著短绯白衫（王谠《唐语林》卷三《夙慧篇》）。

汝南王琎，宁王长子也。姿容妍美，明皇钟爱。……每随游幸，常戴“砑绢帽”（王谠《唐语林》卷五《补遗》）。

冕性本侈靡。……自创巾子，其状新奇，市肆因而效之，呼为“仆射样”（《唐书》卷一一三《裴冕传》）。

中宗后……宫人……有衣男子衣而靴，如奚契丹之服。武德间，妇人曳履及线靴。开元中，初有线鞋，侍儿则著履，奴婢服襕衫，而士女衣胡服（《唐书》卷二十四《车服志》）。

天宝初，贵游士庶，好衣胡服，为豹皮帽，妇人则簪步摇。衩衣之制度，衿袖窄小。识者窃怪之，知其戎矣（姚汝能《安禄山事迹》卷下）。

天宝年中，士人之妻，著丈夫靴衫鞭帽（马缟《中华古今注》卷中）。

唐末，士人之衣色尚黑，故有紫绿，有墨紫。迨兵起，士庶之衣俱皂（王谠《唐语林》卷七《补遗》）。

（乙）屣履

妇人衣青碧，缬平头小花草履，彩帛缦成履，而禁高髻险妆，去眉开额，及吴越高头草履（《唐书》卷二十四《车服志》）。

文宗时，吴越间织高头草履，织如绫縠，前代所无（《唐书》卷三十四《五行志一》）。

居江湖，自称烟波钓徒。……以生草，椽栋不施斤斧。豹席“棕屐”（《唐》书卷一九六《张志和传》）。

唐制：立冬进“千重袜”。其法用罗帛十余层，锦夹络之（陶穀《清异录》卷下）。

白乐天烧丹于庐山草堂，作“飞云履”。玄绫为质，四面以素绡作云朵，染以四选香，振履则如烟雾（冯贽《云仙杂记》卷一）。

（丙）装饰

贵妃以假髻为首饰，曰义髻（李石《续博物志》卷十）。

僖宗时，内人束发极急，及在成都，蜀妇人效之，时谓为“囚髻”。唐末，京都妇人梳发，以两鬓抱面，状如椎髻，时谓之“抛家髻”（《唐书》卷三十四《五行志一》）。

武德、贞观之代，宫人骑马者，依《周礼》旧仪，多著羃罗，虽发自戎夷，而全身障蔽。永徽之后，皆用帷帽施裙，到颈为浅露（刘肃《大唐新语》卷十）。

长庆中，京城妇人首饰，有以金碧珠翠、笄栉步摇，无不具美，谓之“百不知”。妇人去眉，以丹紫三四横约于目上下，谓之“血晕妆”（王谠《唐语林》卷六《补遗》）。

唐《卢氏杂说》，文宗问宰臣，“条脱”是何物。宰臣未对，上曰：“《真诰》言，安妃有金条脱。为臂饰，即今钏也。”（吴曾《能改斋漫录》卷二）

唐末，妇人梳髻谓拔丛，以乱发为胎，垂障于目（王谠《唐语林》卷七《补遗》）。

（8）博戏

玄宗在藩邸时，乐民间清明节斗鸡戏。及即位，治鸡坊于两宫间，索长安雄鸡……千数，养于鸡坊，选六军小儿五百人，使驯扰教饲。上之好之，民风尤甚，诸王世家……倾帑破产，市鸡以偿鸡直。都中男女，以弄鸡为事，贫者弄假鸡。……（贾昌以善鸡）即日为五百小儿长。……开元十三年……从封东岳。父忠，死泰山下，得子礼奉尸归葬雍州，县官为葬器，丧车乘传洛阳道。……当时天下号昌为神鸡童，时人为之语曰："生儿不用识文字，斗鸡走马胜读书。"（陈鸿祖《东城老父传》）

鞠皮为之……晚唐已不同矣。归氏子弟嘲皮日休云："八片尖皮砌作毬，火中燂了水中揉。一包闲气如常在，惹踢招拳卒未休。"今柳三复能之，述曰："背装花屈膝，白打大廉斯。进前行两步，蹺后立多时。"（刘攽《贡父诗话》）

气球两人对踢为白打，三人角踢为官场，球会曰员社。无终嘉父制，陈力之事，故附于兵法（陈元龙《格致镜原》卷六十引《事物绀珠》）。

军中打球之戏，则以杖拂球，使之驰走，而用快马逐之，尚存鞠域之法（程大昌《演繁露》卷九）。

"打球"，古之蹴鞠也。《汉书·艺文志》：《蹴鞠》二十五篇。颜注云："鞠以韦为之，实之以物，蹴蹋为戏。"开元、天宝中，上数御观"打球"为事，能者左萦右拂，盘旋宛转。……然马或奔逸，时致伤毙。……然打球乃军州常戏。……今乐人又有"蹋球"之戏，作彩画木球，高一二尺，女妓登蹑，球转而行，萦回去来，无不如意。……"拔河"，古谓之牵钩。……古用篾缆，今代以大麻絙，长四五十丈，两头分系小索数百条，挂于胸前，分两朋，两向齐挽。当大絙之中，立大旗为界，震声叫噪，使相牵引，以却者为胜，就者为输，名曰拔河。中宗曾以清明日御梨园球场，命侍臣为拔河之戏。……明皇数御楼设此戏，挽者至千余人，喧呼动地，蕃客庶士观者莫不震骇。进士河东薛胜为《拔河赋》，其词甚美，时人竞传之（王谠《唐语林》卷五《补遗》）。

明皇开元二十四年八月五日，御楼设"绳技"。技者先引长绳两端属地，埋鹿卢以系之，鹿卢内数丈立柱以起，绳之直如弦。然后技女自绳端摄足而上，往来倏忽，望若飞仙。有中路相遇，侧身而过者。有著履而行，从容俯仰者。或以画竿接胫高六尺，或蹋肩蹋顶至三四重，既而翻身直倒至绳，还往曾无蹉跌，皆应严鼓之节，真可观也。卫士胡嘉隐作

《绳技赋》献之，词甚宏畅，上览之大悦。……自兵寇覆荡，伶官分散，外方始有此技，军州宴会，时或为之（王谠《唐语林》卷五《补遗》）。

每岁秋，按鹰犬于畿甸，所至官吏必厚邀供饷。小不如意……乃至张网罗于民家门及井，不令出入汲水，曰：“惊我供奉鸟雀。”又群聚于卖酒食家，肆情饮啖。将去，留蛇一箧，诫之曰：“吾以此蛇致供奉鸟雀，可善饲之，无使饥渴。”主人赂而谢之，方肯携蛇箧而去（《旧唐书》卷一七〇《裴度传》）。

天宝宫中至寒食节，竞竖秋千，令宫嫔辈戏笑，以为宴乐，帝呼为“半仙之戏”（王仁裕《开元天宝遗事》）。

宫中每到端午节，造粉团角黍，贮于金盘中。以小角造弓子，纤妙可爱。架箭射盘中粉团，中者得食，盖粉团滑腻而难射也。都中盛于此戏（王仁裕《开元天宝遗事》）。

武后自置九胜局……令文武官分朋为此戏（潘自牧《记纂渊海》卷八十八）。

武三思入宫中，升御床，与后双陆，帝为点筹（《旧唐书》卷五十一《中宗韦庶人传》）。

今有奕局，共取一道，人行五棋，谓之蹙融。融宜作戎……意在军戎也（王谠《唐语林》卷八《补遗》）。

今之博戏，“长行”最盛。其具有局有子，黑、黄各十有五，掷采之头有二。其法生于握槊，变于双陆。……后人新意，长行出焉。又有小双陆、围透、大点、小点、游谈、凤翼之名，然无如长行。鉴险易者，喻时事焉；适变通者，方《易》象焉。王公大臣颇或耽玩，至于废庆吊、忘寝食。……于是强名争胜，谓之“撩零”；假借分画，谓之“囊家”。囊家什一而取，谓之“子头”。……中世工者，有浑镐、崔师本。……贞元中，董叔儒进博局并《经》一卷，颇有新意，不行于世（王谠《唐语林》卷八《补遗》）。

双陆……最近古，号为“雅戏”。始于西竺，流于曹魏，盛于梁、陈、魏、齐、隋、唐间（洪迈《双陆序》）。

世之纠率樗蒱者，谓之“公子家”，又谓之“囊家”，亦谓之“录事”（彭大翼《山堂肆考·技艺》卷二十五）。

（9）刺客

淮蔡用兵……王承宗上疏请赦吴元济，使人白事中书，悖慢不恭，元衡叱去。……未几，（元衡）入朝，出靖安里第，夜漏未尽，贼乘暗呼曰：“灭烛。”射元衡中肩，复击其左股。徒御格斗不胜，皆骇走，遂害元衡，批颅骨持去（《唐书》卷一五二《武元衡传》）。

度出通化里，盗三以剑击度，初断靴带，次中背，才绝单衣，后微伤其首。度堕马，会度带毡帽，故疮不至深。贼又挥刃追度，度从人王义乃持贼，连呼甚急。贼反刃断义手，乃得去。度已堕沟中，贼谓度已死，乃舍去（《旧唐书》卷一七〇《裴度传》）。

林甫晚年……自以结怨于人，常忧刺客窃发，重扃复壁，络板甃石，一夕屡徙，虽家人不知之（《旧唐书》卷一〇六《李林甫传》）。

唐代剑侠刺客……车中女子、僧侠、京西店老人、兰陵老人、卢生、聂隐娘、荆十三娘、红线、田膨郎、昆仑奴、贾人妻、虬须叟（段成式《剑侠传》）。

（十二）制造

（1）瓷铜器

碗，越州上，鼎州次，婺州次，岳州次，寿州、洪州次。或者以邢州处越州上，殊为不然。若邢瓷类银，越瓷类玉，邢不如越一也。若邢瓷类雪，则越瓷类冰，邢不如越二也。邢瓷白而茶色丹，越瓷青而茶色绿，邢不如越三也。晋杜毓《荈赋》所谓器泽陶拣，出自东瓯。瓯，越也。瓯，越州。上口唇不卷，底卷而浅，受半斤已下。越州瓷、岳瓷皆青，青则益茶，茶作白红之色。邢州瓷白，茶色红；寿州瓷黄，茶色紫；洪州瓷褐，茶色黑；悉不宜茶（陆羽《茶经》卷中）。

元载凡饮食，冷物用硫黄碗，热物用泛水磁器，有三千事（陈元龙《格致镜原》卷五十一引《枢要录》）。

初，太和末，风俗稍奢。……左卫副使张元昌，便用金唾壶（《旧唐书》卷一七三《郑覃附郑朗传》）。

龙朔中，俗中饮酒令曰："子母去离，连台拗倒。"俗谓杯盘为子母，又名盘为台（《旧唐书》卷三十七《五行志》）。

风炉以铜铁铸之，如古鼎形……凡三足（陆羽《茶经》卷中）。

竹夹，或以桃、柳、蒲、葵木为之，或以柿心木为之，长一尺，银裹两头（陆羽《茶经》卷中）。

句容器非古物，盖自唐天宝间至南唐后主时，于升州句容县，置官场以铸之（唐顺之《稗编》卷八十六）。

为宝炉，镂怪兽神禽，间以璖贝珊瑚，不可涯计（《唐书》卷八十三《安乐公主传》）。

（2）文具

常评砚以青州石末为第一，言墨易冷。绛州黑砚次之（《旧唐书》卷一六五《柳公绰附柳公权传》)。

纸则有越之剡藤、苔笺,蜀之麻面、屑末、滑石、金花、长麻、鱼子、十色笺,扬之六合笺,韶之竹笺,蒲之白薄、重抄,临川之滑薄。又宋、亳间有织成界道绢素,谓之乌丝栏、朱丝栏,又有茧纸(李肇《国史补》卷下)。

松花笺,代以为薛涛笺,误也。松花笺其来旧矣。元和初,薛涛尚斯色,而好制小诗,惜其幅大,不欲长,乃命匠人狭小之,蜀中才子,既以为便,后减诸笺亦如是,特名曰"薛涛笺"(李匡乂《资暇集》卷下)。

元和中,元稹使蜀,营妓薛涛造十色彩笺以寄,元稹于松花纸七寄诗赠涛。蜀中松花纸,杂色流沙纸,彩霞金粉龙凤纸,近年皆废,唯余十色绫纹纸尚在(李石《续博物志》卷十)。

开元二年,赐宰相张文蔚、杨涉、薛贻"宝相枝"各二十,"龙鳞月砚"各一。宝相枝,斑竹笔管也,花点匀密,纹如兔毫(陶穀《清异录》卷下)。

唐世举子将入场,嗜利者争卖健豪圆锋笔,其价十倍,号"定名笔"。笔工每卖一枝,则录姓名,俟其荣捷,则诣门求阿堵,俗呼谢笔(陶穀《清异录》卷下)。

歙本不出笔,盖出于宣州,自唐惟诸葛一姓,世传其业。……诸葛氏以三副力守家法不易(叶梦得《避暑录话》卷上)。

(3)武器

拜河中节度使。……置备征军几千人,襞纸为铠,劲矢不能洞(《唐书》卷一一三《徐商传》)。

善用大刀,长一丈,施两刃,名为陌刀(《旧唐书》卷五十六《阚稜传》)。

吐蕃寇边,翰拒之于苦拔海。……翰持半段枪,当其锋击之(《旧唐书》卷一〇四《哥舒翰传》)。

命护军将军田茂广，造云旝三百具，以机发石，为攻城械，号将军炮（《唐书》卷八十四《李密传》）。

贼造云桥成，阔数十丈，以巨轮为脚，推之使前。施湿毡生牛革，多悬水囊以为障。……矢石不能伤（《旧唐书》卷一三四《浑瑊传》）。

（4）舟车

唐承隋后，巧技益进。李皋轮船，其尤著者也。

李皋……曹王明玄孙。……常运心巧思为战舰，挟二轮蹈之，翔风鼓疾，若挂帆席。所造省易而久固（《旧唐书》卷一三一《李皋传》）。

江南风俗，春中有竞渡之戏，方舟并进，以急趋疾进者为胜，亚乃令以漆涂船底，贵其速进。又为绮罗之服，涂之以油，令舟子衣之，入水而不濡（《旧唐书》卷一四六《杜亚传》）。

唐天祐中……成汭造巨舰一艘，三年而成。……舰上列厅事洎司局，有若衙府之制。又有“齐山”“截海”之名（孙光宪《北梦琐言》卷五）。

召拜左散骑常侍，复为侍读。以其年老，每随仗出入，特许缓行。又为造“腰舆”，令内给使舆于内殿（《旧唐书》卷一〇二《褚无量传》）。

贞观四年，复为少师，以足疾赐“步舆”，听乘至阁（《唐书》卷九十九《李纲传》）。

申王每醉，即使宫妓将锦彩结一兜子，令宫妓辈抬舁归寝室，本宫呼曰“醉舆”（王仁裕《开元天宝遗事》）。

（5）纺织

中宗女安乐公主，有尚方织成毛裙，合百鸟毛，正看为一色，旁看为一色，日中为一色，影中为一色。百鸟之状，并见裙中（《旧唐书》卷三十七《五行志》）。

又令尚方取百兽毛为鞯面，视之各见本兽形（《旧唐书》卷三十七《五行志》）。

安乐初出降武延秀，蜀川献单丝碧罗笼裙，缕金为花鸟，细如丝发。鸟子大如黍米，眼鼻嘴甲俱成，明目者方见之（《旧唐书》卷三十七《五行志》）。

玄宗柳婕妤……妹适赵氏，性巧慧，因使工镂板为杂花象之而为“夹结”。因婕妤生日，献王皇后一匹。上见而赏之，因敕宫中，依样制之。当时甚秘，后渐出，遍于天下，乃为至贱所服（王谠《唐语林》卷四《贤媛篇》）。

按此为纺织物印花之所自始。

大历六年四月……诏:“纂组文绣，正害女红。今师旅未息，黎元空虚，岂可使淫巧之风，有亏常制？其绫锦花文所织，盘龙、对凤、麒麟、狮子、天马、辟邪、孔雀、仙鹤、芝草、万字、双胜、透背及大裥绵、竭凿、六破已上，并宜禁断。其长行高丽白锦、大小花绫锦，任依旧例织造。”（《旧唐书》卷十一《代宗本纪》）

亳州出轻纱，举之若无，裁以为衣，真若烟雾。一州惟两家能织，相与世世为婚姻，惧它人家得其法也。云自唐以来名家，今三百余年矣（陆游《老学庵笔记》卷六）。

宣州以兔毛为褐，亚于锦绮，复有染丝织者尤妙，故时人以为兔褐，真不如假也（李肇《国史补》卷下）。

初，越人不工机杼，薛兼训为江东节制，乃募军中未有室者，厚给货币，密令北地娶织妇以归，岁得数百人，由是越俗大化，竞添花样，绫纱妙称江左矣（李肇《国史补》卷下）。

（十三）宗教

唐因海上交通发达，外教输入极盛。回教、三夷教之流行中土，尤为东西文化思想接触之媒介。

(1)佛教

武德七年，上疏极诋浮图法曰："西域之法，无君臣父子，以三途六道，吓愚欺庸。追既往之罪，窥将来之福，至有身陷恶逆，狱中礼佛，口诵梵言，以图偷免。"(《唐书》卷一〇七《傅奕传》)

武德九年五月，以京师寺观不甚清净，诏曰："……乃有猥贱之侣，规自尊高；浮惰之人，苟避徭役。妄为剃度，托号出家。……正本澄源，宜从沙汰。诸僧、尼、道士、女冠等，有精勤练行、守戒律者，并令大寺观居住，给衣食，勿令乏短。其不能精进、戒行有阙、不堪供养者，并令罢遣，各还桑梓。京城留寺三所，观二所。其余天下诸州，各留一所。余悉罢之。"事竟不行(《旧唐书》卷二《高祖本纪》)。

据此知唐初佛教，尚不甚盛。

武德九年六月……秦王世民杀皇太子建成、齐王元吉，大赦，复浮屠、老子法(《唐书》卷一《高祖本纪》)。

僧玄奘，姓陈氏，洛州偃师人。大业末出家，博涉经论。尝谓翻译者多有讹谬，故就西域，广求异本，以参验之。贞观初，随商人往游西域。玄奘既辩博出群，所在必为讲释论难，蕃人远近咸尊伏之。在西域十七年，经百余国，悉解其国之语。仍采其山川、谣俗、土地所有，撰《西域记》十二卷。贞观十九年，归至京师。太宗见之大悦，与之谈论，于是诏将梵本六百五十七部，于弘福寺翻译。仍敕……房玄龄……许敬宗，广召硕学沙门五十余人，相助整比。……显庆元年，高宗又令……于志宁……许敬宗……来济、李义府、杜正伦……薛元超等，共润色玄奘所定之经。……范义硕……郭瑜……高若思等，助加翻译，凡成七十五部，奏上之（《旧唐书》卷一九一《僧玄奘传》）。

自太宗提倡，佛教大兴后，虽经摧残，而民间信仰已坚不能绝也。

先是，中宗时，公主外戚，皆奏请度人为僧、尼，亦有出私财造寺者。富户强丁，皆经营避役，远近充满。至是，崇奏曰："佛不在外，求之于心。……何用妄度奸人，令坏正法？"上纳其言，令有司隐括僧徒，以伪滥还俗者万二千余人（《旧唐书》卷九十六《姚崇传》）。

会昌五年四月……检括天下寺及僧、尼人数，大凡寺四千六百、兰若四万、僧、尼二十六万五百（《旧唐书》卷十八上《武宗本纪》）。

武宗即位，废浮屠法，天下毁寺四千六百、招提兰若四万，籍僧、尼为民二十六万五千人、奴婢十五万人、田数千万顷。……上都、东都，每街留寺二，每寺僧三十人。诸道留僧以三等，不过二十人（《唐书》卷五十二《食货志二》）。

唐时佛家宗派简表

宗名	取义	起始		分派
		印度	中国	
律	宗律藏中之四方律。	昙无德。	魏时，印度僧昙柯迦罗。	相部法励 南山道宣 东塔怀素
禅	宗禅那。	摩诃迦叶。	梁时，印度僧达摩。	南宗： 南岳：临济（黄龙、杨岐）、沩仰 青原黄蘖：云门、曹洞、法眼

续表

宗名	取义	起始		分派
		印度	中国	
法相	明诸法之体相。	戒贤律师。	唐时玄奘。	
三论	以中论、百论、十二门论为宗。	印度以文殊为高祖，马鸣为次祖，龙树为三祖。	东晋时，鸠摩罗什。	北地三论 南地三论
真言	宗秘密之真言。	大日如来为教主。	唐时，金刚智为始祖。	
净土	以得净土为主。	马鸣、龙树世亲之诸德为祖。	惠远、善导二流为祖。	惠远流 善导流
天台	因开祖智颢栖于天台山。		僧智颢为始祖。	山家 山外
华严	宗《华严经》。		隋时，法顺为始祖。	

（2）道教

武德七年十月……幸终南山，谒老子庙。……八年四月，造太和宫于终南山（《旧唐书》卷一《高祖本纪》）。

乾封元年二月……如亳州，祠老子，追号太上玄元皇帝（《唐书》卷三《高宗本纪》）。

乾封元年二月……次亳州，幸老君庙，追号曰太上玄元皇帝。创造祠堂，其庙置令、丞各一员。改谷阳县为真源县。……上元元年十二月……天后上意见十二条，请王公百寮皆习《老子》，每岁明年，一准《孝经》《论语》例，试于有司（《旧唐书》卷五《高宗本纪下》）。

唐乾封元年，追号老君为太上玄元皇帝。文明元年九月，册老君妻为先天太后，立尊像于老君庙所。开元二年三月，亲祠玄元皇帝庙，追尊玄元皇帝父。……二十九年，两京及诸州各置庙一所，并置崇玄馆。天宝元年，亲祠玄元庙。又于《古今人表》，升玄元皇帝为上圣（注：时同制庄子号南华真人，文子号通玄真人，列子号冲虚真人，庚桑子号洞灵真人，又以其所著之书并为经）。其年九月，改两京玄元庙为太上玄元皇帝宫。二载，西京改为太清宫，东京改为太微宫，天下诸郡为紫极宫，祝版改为青词于纸上（《通志》卷四十三《礼略二》）。

开元二十九年，始置崇玄学，习《老子》《庄子》《文子》《列子》，亦曰道举（《唐书》卷四十四《选举志上》）。

开元二十一年正月，制：令士庶家藏《老子》一本，每年贡举人，量减《尚书》《论语》两条，策加《老子》策（《旧唐书》卷八《玄宗本纪上》）。

天宝十四载十月……颁御注《老子》并《义疏》于天下（《旧唐书》卷九《玄宗本纪下》）。

玄宗极力提倡，为道教极盛时代。后武宗尤崇信之。

帝在藩时，颇好道术修摄之事。是秋，召道士赵归真等八十一人入禁中，于三殿修金箓道场。帝幸三殿，于九天坛亲受法箓。……会昌元年六月……以衡山道士刘玄靖为银青光禄大夫，充崇玄馆学士，赐号广成先生，令与道士赵归真于禁中修法箓。……四年三月……以道士赵归真为左右街道门教授先生。时帝志学神仙，师归真，归真乘宠，每对，排毁释氏，言非中国之教，蠹耗生灵，尽宜除去，帝颇信之。……五年正月……归真……遂举罗浮道士邓元起，有长年之术，帝遣中使迎之。由是与衡山道士刘玄靖及归真胶固，排毁释氏，而拆寺之请行焉（《旧唐书》卷十八上《武宗纪》）。

凡天下观，总一千六百八十七所。每观观主一人，上座一人，监斋一人，共纲统众事。而道士修行有三号：其一曰法师，其二曰威仪师，其三曰律师，其德高思精谓之炼师。而斋有七名：其一曰金录大斋，其二曰黄录斋，其三曰明真斋，其四曰三元斋，其五曰八节斋，其六曰涂炭斋，其七曰自然斋。而禳谢复三事：其一曰章，其二曰醮，其三曰理沙。大抵以虚寂自然无为为宗（《唐六典》卷四）。

道教之兴盛，实由进献丹药，一时风尚所趋。中唐以后，上自君相，下至人民，多信丹饵。韩愈作李于墓志，痛切言金丹之害。此足征隋唐以后，道教在社会上之力量。

贞观二十二年五月……使方士那罗迩娑婆，于金飙门造延年之药（《旧唐书》卷三《太宗本纪下》）。

薨于京师……太宗又命驾将临之。司空房玄龄以上饵药石，不宜临丧，抗表切谏（《旧唐书》卷六十五《高士廉传》）。

元和五年八月……李藩对曰："……文皇帝服胡僧长生药，遂致暴疾不救。"（《旧唐书》卷十四《宪宗本纪上》）

宪宗季年，锐于服饵，诏天下搜访奇士。宰相皇甫镈，与金吾将军李道古，挟邪固宠，荐山人柳泌及僧大通，凤翔人田佐元，皆待诏翰林。宪宗服泌药，日增躁渴，流闻于外，潾上疏谏（《旧唐书》卷一七一《裴潾传》）。

宝历元年八月……遣中使往湖南、江南等道，及天台山采药。时有道士刘从政者，说以长生久视之道，请于天下求访异人，冀获灵药。仍以从政为光禄少卿，号升玄先生。……二年五月……山人杜景先，于光顺门进状，称有道术。令中使押杜景先，往淮南及江南、湖南、岭南诸州，求访异人。……八月……令供奉道士二十人，随浙西处士周息元，入内宫之山亭院，上问以道术（《旧唐书》卷十七上《敬宗本纪》）。

帝稍惑方士说，欲饵药长年，后浸不豫。才人每谓亲近曰："陛下日

燎丹，言我取不死，肤泽消槁，吾独忧之。”（《唐书》卷七十七《武宗王贤妃传》）

宣宗饵长年药，病渴且中躁（《唐书》卷一一四《崔慎由传》）。

太医李玄伯……又治丹剂以进，帝饵之，疽生于背（《唐书》卷一八三《毕诚传》）。

伏威好神仙长年术，饵云母，被毒……暴卒（《唐书》卷九十二《杜伏威传》）。

（3）三夷教

景教、祆教、摩尼教，均由西域传入，故当时谓之为三夷教。

（甲）景教

景教为东罗马教徒乃司脱利安所创设，实耶稣教之别派。唐初与波斯交通，遂流入中国。贞观九年（西元六三五年），首抵中国之教徒阿罗本，太宗且为之建寺焉。

贞观十二年七月，诏曰：“道无常名，圣无常体，随方设教，密济群生。波斯僧阿罗本，远将经教，来献上京，详其教旨，玄妙无为，生成立要，济物利人，宜行天下。”所司即于义宁坊建寺一所，度僧廿一人（王溥《唐会要》卷四十九）。

至玄宗时，又更名为大秦寺。

天宝四载九月，诏曰：“波斯经教，出自大秦。传习而来，久行中国。爰初建寺，因以为名。将欲示人，必修其本。其两京波斯寺，宜改为大秦寺。天下诸府郡置者，亦准此。”（王溥《唐会要》卷四十九）

其教大兴于中国，而有“景教流行碑”之建立。明时出土，今即此碑所纪，可知唐代景教流行之盛。迨至武宗崇道教，景寺始与佛寺并废。

景教流行中国碑颂并序：大秦寺僧景净述，朝议郎前行台州司士参军吕秀岩书。粤若，常然真寂，先先而无玄。窅然灵虚，后后而妙有。总玄枢而造化，妙众圣以元尊者，其唯我三一妙身无玄真主阿罗诃（译叙利文，华言上帝）欤。判十字以定四方，鼓玄风而生二气。暗空易而天地开，日月运而昼夜作。匠成万物，然立初人；别赐良和，令镇化海。浑元之性，虚而不盈；素荡之心，本无希嗜。洎乎娑殚（译音，《圣经》上恶魔也）施妄，钿饰纯精。间平大于此是之中，隙冥同于彼非之内。是以三百六十五种，肩随结辙，竞织法罗。或指物以托宗，或空有以沦二；或祷祀以邀福，或伐善以矫人。智虑营营，恩情役役；茫然无得，煎迫转烧；积昧亡途，久迷休复。于是我三一分身景尊弥施诃，戢隐真威，同人出代。神天宣庆，室女诞圣于大秦。景宿告祥，波斯睹耀以来贡。圆廿四圣有说之旧法，理家国于大猷；设三一净风无言之新教，陶良用于正信；制八境之度，炼尘成真；启三常之门，开生灭死；悬景日以破暗府，魔妄于是乎悉摧；棹慈航以登明宫，含灵于是乎既济；能事斯毕，亭午升真。经留廿七部，张玄化以发灵关。法浴水风，涤浮华而洁虚白；印持十字，融四照以合无拘；击木震仁惠之音，东礼趣生荣之路；存须所以有外行，削顶所以无内情；不畜臧获，均贵贱于人；不聚货财，示罄遗于我；斋以伏识而成，戒以静慎为固。七时礼赞，大庇存亡；七日一荐，洗心反素；真常之道，妙而难名；功用昭彰，强称景教。惟道非圣不弘，圣非道不大；道圣符契，天下文明。太宗文皇帝，光华启运，明圣临人。大秦国有上德曰阿罗本，占青云而载真经，望风律以驰艰险。贞观九祀，至于长安，帝使宰臣房公玄龄总仗西郊宾迎入内。翻经书殿，问道禁闱。深知正真，特令传授。贞观十有二年秋七月，诏曰："道无常名，圣无常体。随方设教，密济群生。大秦国大德阿罗本，远将经像来献上京。详其教旨，玄妙无为；观其玄宗，生成立要；词无繁说，理有忘筌；济物利人，宜行天下。"所司即于京义宁坊造大秦寺一所，度僧廿一人。宗周德丧，青驾西升；巨唐道光，景风东扇。旋令有司将帝写真转摸寺壁。天姿泛彩，英朗景门。圣迹腾祥，永辉法界。案《西域图记》及汉魏史策，大秦国南统珊瑚之海，北极众宝之山，西望仙境花林，东接长风弱水。其土出火浣布、返魂香、明月珠、夜光璧。俗无寇盗，人有乐康。法非景不行，主非德不立。土宇广阔，文物昌明。高宗大帝，克恭缵祖，润色真宗。而于诸州各置景寺，仍崇阿罗本为镇国大法主。法流十道，国富元休。寺满百城，家殷景福。圣历年，释子用壮，腾口于东周。先天末，下士大笑，讪谤于西镐。有若僧首罗含、大德及烈，并金方贵绪、物外高僧，共振玄纲，俱维绝纽。玄宗至道皇帝，令宁国等五王观临幅宇，建立坛场。法栋暂挠而更崇，道石时倾而复正。天宝初，令大将军高力士，录五圣写真，寺内安置。赐绢百匹，奉庆睿图。龙髯虽远，弓剑可攀。日角舒光，天颜咫尺。三载，大秦国有僧佶和，瞻星向化，望日朝尊。诏僧罗含、僧普论等一七人，与大德佶和，于兴庆宫修功德。于是天题寺榜，额戴龙书。宝装璀翠，灼烁丹霞。睿札宏空，腾凌激日。宠赉比南山峻极，沛泽与东海齐深。道无不可，所可可名。圣无不作，所作可述。肃宗文明皇帝，于灵武等五郡，重立景寺。元善资而福祚，开大庆临而皇业建。代宗文武皇帝，恢张圣运，从事无为。每于降诞之辰，锡天香以告成功，颁御馔以光景众。且乾以美利，故能广生；圣以体玄，故能亭毒。我建中圣神文武皇帝，披八政以黜陟幽明，阐九畴以惟新景命。化通玄理，祝无愧心。至于方大而虚，专静而恕，广慈救众苦，善贷被群生者，我修行之大猷，汲引之阶渐也。若使风雨时，天下静；人能理，物能清；存能昌，殁能乐；念生响应，情发自诚者，我景力能事之功用也。大施主金紫光禄大夫、同朔方节度副使、试殿中监、赐紫袈裟僧伊斯，和而好惠，闻道勤行。远自王舍之城，聿来中夏。术高三代，艺博十全。始效节于丹庭，乃策名于王帐。中书令、汾阳郡王郭公子仪，初总戎于朔方也。肃宗俾之从迈，虽见亲于卧内，不自异于行间。为公爪牙，作军耳目。能散禄赐，不积于家。献临恩之颇黎，布辞憩之金罽。或仍其旧寺，或重广法堂。崇饰廊宇，如翚斯飞。更效景门，依仁施利。每岁集四寺僧徒，虔事精供。备诸五旬，馁者来而饣之，寒者来而衣之，病者疗而起之，死者葬而安之。清节达娑（梵文译音，佛之役人之义也），未闻斯美。白衣景士，今见其人。愿刻洪碑，以扬休烈。词曰：真主无玄，湛寂常然。权舆匠化，起地立天。分身出代，救度无边。日升暗灭，咸证真玄。赫赫文皇，道冠前王。乘时拨乱，乾廓坤张。明明景教，言归我唐。翻经建寺，存殁舟航。百福偕作，万邦之康。高宗纂祖，更筑精宇。和宫敞朗，遍满中土。真道宣明，式封法主。人有乐康，物无灾苦。玄宗启圣，克修真正。御榜扬辉，天书蔚映。皇图璀璨，率土高敬。庶绩咸熙，人赖其庆。肃宗来复，天威引驾。圣日舒晶，祥风扫夜。祚归皇室，妖氛永谢。止沸定尘，造我区夏。代宗孝义，德合天地。开贷生成，物资美利。香以报功，仁以作施。旸谷来威，月窟毕萃。建中统极，聿修明德。武肃四溟，文清万域。烛临人隐，镜观物色。六合昭苏，百蛮取则。道惟广兮应惟密，强名言兮演三一。主能作兮臣能述，建丰碑兮颂元吉。大唐建中二年，岁在作噩，太蔟月七日，大耀森文日建立。时法主僧宁恕知东方之景众也（王昶《金石萃编卷》一〇二）。

（乙）祆教

祆教，当中国成周时，伊朗西境地方，有苏鲁阿士德者，实创兴之。其教以火代表善神而崇拜之，故称之为拜火教也。日为光明之原，故亦拜之。其余月星辰诸天体，亦在崇拜之列。中国人以为拜火，是以又名之为火祆教。在波斯萨珊朝，定为国教，遂大行于西域。

波斯国……俗事火神、天神。……神龟（魏孝明帝）中，其国遣使上书贡物云：“……国王居和多千万敬拜。”（《魏书》卷一〇二《波斯国

传》)

俗事天地、日月、水火诸神。西域诸胡事火祆者,皆诣波斯受法焉(《旧唐书》卷一九八《波斯传》)。

波斯……祠天地、日月、水火,祠夕。以麝揉苏,泽耏颜、鼻、耳。西域诸胡受其法,以祠祆(《唐书》卷二二一下《波斯传》)。

康国者,康居之后也。……都于萨宝水上阿禄迪城。……西域诸国多归之。……有胡律,置于祆祠,将决罚则取而断之。……太延中,始遣使贡方物(《魏书》卷一〇二《康国传》)。

康国,在米国西南三百余里,一名萨末建。土沃人富国小,有神祠名祆,诸国事者,本出于此(《通典》卷一九三《边防九·康居》注)。

高昌……俗事天神(《魏书》卷一〇二《高昌传》)。

焉耆国……俗事天神(《魏书》卷一〇二《焉耆国传》)。

疏勒国……俗事祆神(《旧唐书》卷一九八《疏勒国传》)。

于阗国……好事祆神(《旧唐书》卷一九八《于阗国传》)。

南北朝时,其教传至葱岭以东。魏与西域交通,乃流入中国,灵太后亦奉之。

后幸嵩高山……从者数百人,升于顶中,废诸淫祀,而胡天神不在其列。太后与肃宗幸华林园,宴群臣于都亭曲水,令王公已下,各赋七言诗,太后诗曰:"化光造物含气贞。"帝诗曰:"恭己无为赖慈英。"(《魏书》卷十三《宣武灵皇后传》)

大统四年正月辛酉,拜天于清晖室。终帝世遂为常(《北史》卷五《西魏文帝纪》)。

北齐后周,欲招徕西域,亦奉其教。

后齐……后主末年,祭非其鬼,至于躬自鼓舞,以事胡天。邺中遂多淫祀,兹风至今不绝(《隋书》卷七《礼仪志二》)。

后周欲招徕西域,又有拜胡天制,皇帝亲焉。其仪并从夷俗,淫僻不可纪也（《隋书》卷七《礼仪志二》）。

至于唐代，传布益广。武德时，敕立祆寺于长安，置萨宝府以掌其祭，有祆正、祓祝等官，皆以胡人充之。

视流内，视正五品。萨宝，视从七品。萨宝府祆正（注：祆呼朝反。祆者，西域国天神，佛经所谓摩醯首罗也。武德四年，置祆祠及官。常有群胡奉事，取火呪诅。〔《通典》卷四十《职官二十二》〕）。

视流外，勋品。萨宝府祓祝，四品。萨宝率府，五品。萨宝府史（《通典》卷四十《职官二十二》）。

其后平定西域，祠部岁再祀碛西州火祆。而唐民之自祈祭者则有禁。

祠部……两京及碛西诸州火祆，岁再祀。而禁民新祭（《唐书》卷四十六《百官志一》）。

（丙）摩尼教

摩尼教，在东汉末时，波斯僧摩尼创兴之。其教乃集合佛教、祆教及基督教而成。摩尼遭祆教僧正之嫉，竟被诛死（西元二七七年，晋武帝咸宁三年），信徒四散，传播益盛。在唐初之际，已传入于中国。

武后延载元年（西元六九四年），波斯国人拂多诞（注：西海大秦国人），持二宗经伪教来朝（释志磐《佛祖统纪》卷三十九）。

玄宗时已加禁断，惟胡人自行其法者不罪。

开元二十年七月，敕末摩尼法，本是邪见，妄称佛教，诳惑黎元，宜严加禁断。以其西胡等既是乡法，当身自行，不须科罪者（《通典》卷四十《职官二十二》注）。

回纥人素奉其教，自肃宗借兵回纥，其教徒多入居内地。

元和十二年（西元八一七年），回鹘又遣摩尼僧寺等八人至（王钦若

《册府元龟》卷九七九）。

元和八年（西元八一三年）十二月二日，宴归国回鹘摩尼八人，令至中书见宰臣。先是，回鹘请和亲，宪宗使有司计之，礼费约五百万贯。方内有诛讨，未任其亲。以摩尼为回鹘信奉，故使宰臣言其不可（《旧唐书》卷一九五《回纥传》）。

长庆元年（西元八二一年）五月，回鹘宰相、都督、公主、摩尼等五百七十三人入朝迎公主，于鸿胪寺安置（《旧唐书》卷一九五《回纥传》）。

元和初，再朝献。始以摩尼至，其法日宴食，饮水茹荤，屏湩酪，可汗常与共国者也。摩尼至京师，岁往来西市，商贾颇与囊橐为奸（《唐书》卷二一七上《回鹘传》）。

在代宗时，并许于各州建寺。

大历三年（西元七六八年）敕："回纥奉末尼者，建大云光明寺。"（释志磐《佛祖统纪》卷四十一）

大历六年，回纥请于荆、扬、洪、越等州置大云光明寺，其徒白衣白冠（释志磐《佛祖统纪》卷四十一）。

宪宗元和二年正月庚子，回鹘使者请于河南府、太原府置摩尼寺三所，许之（王钦若《册府元龟》卷九九九）。

回鹘常与摩尼议政，故京师为之立寺。其法日晚乃食，饮水而茹荤，不饮乳酪（李肇《国史补》卷下）。

武宗排佛，大秦寺、摩尼寺并皆废罢。其教至宋不衰，然已由公开而成为秘密。食菜事魔，殆即其变相也。

会昌三年二月……制曰：……回纥既以破灭……应在京外宅及东都修功德回纥，并勒冠带，各配诸道收管。其回纥及摩尼寺庄宅、钱物等，并委功德使与御史台及京兆府各差官点检收抽，不得容诸色人影占。如犯者并处极法，钱物纳官。摩尼寺僧委中书门下条疏闻奏（《旧唐书》卷十八上《武宗本纪》）。

会昌三年，诏回鹘营功德使在二京者，悉冠带之。有司收摩尼书若象烧于道，产资入之官（《唐书》卷二一七下《回鹘传下》）。

（4）回教

当隋之时，穆罕默德创立新教于阿拉伯半岛之麦加地，阿剌伯人皆信奉之。大食国之版图，因此而极扩张。唐武德中，其徒撒哈八等，自大食由海道入中国传教，建寺于杭州、广州，是为中国有回教寺之始。后因回纥人尊奉之，故有回教之名。

隋开皇中，其国撒哈八（阿拉伯语，大宗师也）、撒阿的干葛思，始传其教入中国。迄元世，其人遍于四方（《明史》卷三三二《默德那传》）。

摩诃末有门徒大贤四人，唐武德中来朝，遂传教中国（何乔远《闽书》卷七《方域志》）。

（十四）学术思想

（1）文学

（甲）文

唐有天下三百年，文章无虑三变。高祖、太宗大难始夷，沿江左余风，絺句绘章，揣合低卬，故王、杨为之伯。玄宗好经术，群臣稍厌雕琢，索理致，崇雅黜浮，气益雄浑，则燕、许擅其宗。是时唐兴已百年，诸儒争自名家。大历、贞元间，美才辈出，擩哜道真，涵泳圣涯，于是韩愈倡之，柳宗元、李翱、皇甫湜等和之，排逐百家，法度森严；抵轹晋魏，上轧汉周，唐之文，完然为一王法。此其极也（《唐书》卷二〇一《文艺列传序》）。

唐初以骈文擅长者，略举如下。

王勃与杨炯、卢照邻、骆宾王，皆以文章齐名，天下称“王杨卢骆四杰”（《唐书》卷二〇一《王助传》）。

王勃字子安，绛州龙门人。……六岁解属文，构思无滞，词情英迈，与兄勔、勮，才藻相类。父友杜易简常称之曰:“此王氏三珠树也。”……勃文章迈捷，下笔则成。……有文集三十卷（《旧唐书》卷一九〇上《王勃传》）。

杨炯（字盈川），华阴人。……幼聪敏，博学善属文。……文集三十卷（《旧唐书》卷一九〇上《杨炯传》）。

卢照邻字昇之，幽州范阳人。……博学善属文。……后拜新都尉，因染风疾去官。……照邻既沉痼挛废，不堪其苦……自投颍水而死。……文集二十卷（《旧唐书》卷一九〇上《卢照邻传》）。

骆宾王，婺州义乌人。少善属文。……文明中，与徐敬业于扬州作乱，敬业军中书檄，皆宾王之词也。……则天素重其文，遣使求之。有兖州人郄云卿，集成十卷，盛传于世（《旧唐书》卷一九〇上《骆宾王传》）。

敬业自称匡复府上将，领扬州大都督。……宾王为记室。……移檄州、县。……太后见檄问曰：“谁所为？”或对曰：“骆宾王。”太后曰：“宰相之过也。人有如此才，而使之流落不偶乎。”（《资治通鉴》卷二〇三《唐纪十九》）

其后崔融、李峤、张说俱重四杰之文，崔融曰：“王勃文章，宏逸有绝尘之迹，固非常流所及，炯与照邻，可以企之。”……说曰：“杨盈川文思如悬河注水，酌之不竭。”……开元中，说为集贤大学士十余年，常与学士徐坚论近代文士，悲其凋丧，坚曰：“李赵公、崔文公之笔术，擅价一时，其间孰优？”说曰：“李峤、崔融、薛稷、宋之问之文如良金美玉，无施不可。富嘉谟之文，如孤峰绝岸，壁立万仞，浓云郁兴，震雷俱发，诚可畏也。若施于廊庙则骇矣。阎朝隐之文，如丽服靓妆，燕歌赵舞，观者忘疲，若类之风雅，则罪人矣。”问后进词人之优劣，说曰：“韩休之文，如大羹旨酒，雅有典则，而薄于滋味。许景先之文，如丰肌腻理，虽秾华可爱，而微少风骨。张九龄之文，如轻缣素练，实济时用，而微窘边幅。王翰之文，如琼杯玉斝，虽烂然可珍，而多有玷缺。”坚以为然（《旧唐书》卷一九〇上《杨炯传》）。

制诰之文，最负盛名者，首推苏颋、张说。后来陆贽，则以曲尽事情为能。

颋字廷硕（雍州武功人）。……玄宗平内难，书诏填委，独颋在太极后阁，口所占授，功状百绪，轻重无所差。……中书令李峤曰：“舍人思若涌泉，吾所不及。”……时李乂对掌书命，帝曰：“前世李峤、苏味道，文擅当时，号‘苏李’。今朕得颋及乂，何愧前人哉？”俄袭封许国公。……自景龙后，与张说以文章显，称望略等，故时号“燕许大手笔”。帝爱其文，曰：“卿所为诏令，别录副本，署臣某撰，朕当留中。”后遂为故事，其后李德裕著论曰“近世诏诰，惟颋叙事外，自为文章”云（《唐书》卷一二五《苏颋传》）。

张说字道济，或字说之……河南……洛阳人。……玄宗……召为中书令，封燕国公。…朝廷大述作，多出其手。帝好文辞，有所为，必使视草。……为文属思精壮，长于碑志，世所不逮。……殁后，帝使就家录其文行于世。开元后，宰相不以姓著者曰燕公云（《唐书》卷一二五《张说传》）。

陆贽字敬舆，苏州嘉兴人。……德宗在东宫时，素知贽名，乃召为翰林学士。……德宗建中四年，朱泚谋逆，从驾幸奉天。时天下叛乱，机务填委。征发指踪，千端万绪。一日之内，诏书数百。贽挥翰起草，思如泉注。初若不经思虑，既成之后，莫不曲尽事情，中于机会。胥吏简札不暇，同舍皆伏其能。……尝启德宗曰："今盗遍天下，舆驾播迁，陛下宜痛自引过，以感动人心。昔成汤以罪己勃兴，楚昭以善言复国，陛下诚能不吝改过，以言谢天下，使书诏无忌，臣虽愚陋，可以仰副圣情，庶令反侧之徒革心向化。"德宗然之。故奉天所下书诏，虽武夫悍卒，无不挥涕感激，多贽所为也（《旧唐书》卷一三九《陆贽传》）。

古文之提倡，姚思廉之《梁书》，已开其端。其后陈子昂、元结等，亦力主扫除浮靡之习。至韩愈出，以复古自命，古文派之基础始立。

陈子昂字伯玉，梓州射洪人。……唐兴，文章承徐（陵）、庾（信）余风，天下祖尚，子昂始变雅正（《唐书》卷一〇七《陈子昂传》）。

元结（字次山），后魏常山王遵十五代孙。……天宝十二载，举进士。……代宗立……授著作郎。……作《自释》。……少居商余山，著《元子》十篇（《唐书》卷一四三《元结传》）。

富嘉谟，雍州武功人也。……与新安吴少微友善，同官。先是，文士撰碑颂，皆以徐、庾为宗，气调渐劣。嘉谟与少微，属词皆以经典为本，时人钦慕之，文体一变，称为"富吴体"（《旧唐书》卷一九〇中《富嘉谟传》）。

韩愈字退之，昌黎人。……大历（代宗年号）、贞元（德宗年号）之间，文字多尚古学，效扬雄、董仲舒之述作，而独孤及、梁肃最称渊奥，儒林推重。愈从其徒游，锐意钻仰，欲自振于一代。……常以为自魏晋已还，为文者多拘偶对，而经、诰之指归，迁、雄之气格，不复振起矣。故愈所为文，务反近体，抒意立言，自成一家新语。后学之士，取为师法。当时作者甚众，无以过之，故世称韩文焉（《旧唐书》卷一六〇《韩愈传》）。

韩愈……每言文章自汉司马相如、太史公、刘向、扬雄后，作者不世出。故愈深探本元，卓然树立，成一家言。……至它文，造端置辞，要为不袭蹈前人者，然惟愈为之，沛然若有余。至其徒李翱、李汉、皇甫湜从而效之，遽不及远甚。从愈游者，若孟郊、张籍，亦皆自名于时（《唐书》卷一七六《韩愈传》）。

柳宗元字子厚，河东人。……尤精西汉诗骚，下笔构思，与古为侔。……当时流辈，咸推之。……元和十年，例移为柳州刺史。……江岭间为进士者，不远数千里，皆随宗元师法。凡经其门，必为名士。著述之盛，名动于时，时号柳州云（《旧唐书》卷一六〇《柳宗元传》）。

李翱字习之。……翱幼勤于儒学，博雅好古，为文尚气质（《旧唐书》卷一六〇《李翱传》）。

当韩、柳提倡古文之际，骈文依然盛行不废，李德裕、令狐楚、李商隐等，皆名高一时。

李德裕字文饶，赵郡人。……苦心力学，尤精《西汉书》《左氏春秋》。……穆宗即位，召入翰林充学士。……禁中书诏大手笔，多诏德裕草之。……有文集二十卷（《旧唐书》卷一七四《李德裕传》）。

德裕性弧峭明辩，有风采。善为文章。虽至大位，犹不去书（《唐书》卷一八〇《李德裕传》）。

令狐楚字殼士。……有文集一百卷行于时。所撰《宪宗哀册文》，辞情典郁，为文士所重（《旧唐书》卷一七二《令狐楚传》）。

李商隐字义山，怀州河内人。……商隐能为古文，不喜偶对。从事令狐楚幕，楚能章奏，遂以其道授商隐，自是始为今体章奏。博学强记，下笔不能自休。尤善为诔奠之辞，与太原温庭筠、南郡段成式齐名，时号“三十六体”。文思清丽，庭筠过之（《旧唐书》卷一九〇下《李商隐传》）。

唐世文风甚盛，而士大夫又喜矜夸，碑志之文，为时所重。李邕擅长斯制，竟获巨资。附志于此，以见当世风尚。

李邕，广陵江都人。父善………寓居汴、郑之间，以讲《文选》为业。年老疾卒，所注《文选》六十卷，大行于时。邕少知名……天宝初，为汲郡、北海二太守。……初，邕早擅才名，尤长碑颂，虽贬职在外，中朝衣冠及天下寺观，多赍持金帛，往求其文。前后所制，凡数百首，受纳馈遗，亦至巨万。时议以为，自古鬻文获财，未有如邕者（《旧唐书》卷一九〇中《李邕传》）。

（乙）诗

唐代诗教最盛，明高棅《唐诗品汇》分之为四时期。

漫士（高棅）之论诗曰：“诗自《三百篇》以降，汉魏质过于文，六朝华浮于实。得二者之中，备风人之体，惟唐诗为然。然以世次不同，故其所作亦异（王偁《序》）。……略而言之，则有“初唐”（自开国至玄宗开元时）、“盛唐”（自开元至代宗大历时）、“中唐”（自大历至文宗太和时）、“晚唐”（太和以后）之不同（高棅《自序》）。

初唐律诗，以宋之问、沈佺期为首。诗之古今体，乃于斯时而分。

唐兴，诗人承陈、隋风流，浮靡相矜。至宋之问、沈佺期等，研揣声音，浮切不差，而号“律诗”，竞相袭沿。逮开元间，稍裁以雅正。然恃华者质反，好丽者壮违，人得一概，皆自名所长（《唐书》卷二〇一《杜甫传赞》）。

陈子昂……初为《感遇诗》三十首，京兆司功王适见而惊曰："此子必为天下文宗矣。"由是知名。……子昂褊躁无威仪，然文词宏丽，甚为当时所重。有集十卷。友人黄门侍郎卢藏用为之序，盛行于代（《旧唐书》卷一九〇中《陈子昂传》）。

审言（字必简）……雅善五言诗。……然恃才謇傲，甚为时辈所嫉。……又尝谓人曰："吾之文章，合得屈、宋作衙官。吾之书迹，合得王羲之北面。"其矜诞如此。……有《文集》十卷（《旧唐书》卷一九〇上《杜易简附杜审言传》）。

沈佺期字云卿。……善属文，尤长七言之作。与宋之问齐名，时人称为"沈宋"。……开元初卒。有《文集》十卷（《旧唐书》卷一九〇中《沈佺期传》）。

宋之问字延清，一名少连，汾州人。……魏建安后迄江左，诗律屡变。至沈约、庾信，以音韵相婉附，属对精密。及之问、沈佺期，又加靡丽，回忌声病，约句准篇，如锦绣成文，学者宗之，号为"沈宋"。语曰"苏、李居前，沈、宋比肩"，谓苏武、李陵也（《唐书》卷二〇二《宋之问传》）。

盛唐之诗，李白、杜甫实居其首。

杜甫字子美。……天宝末，献《三大礼赋》，玄宗奇之，召试文章，授京兆府兵曹参军。……上元二年冬，黄门侍郎、郑国公严武镇成都，奏为节度参谋检校、尚书工部员外郎。……甫于成都浣花里，种竹植树，结庐枕江，纵酒啸咏，与田夫野老相狎荡，无拘检。……永泰元年夏，武卒，甫无所依………乃游东蜀，依高适。既至而适卒。是岁……蜀中大乱，甫以其家避乱荆楚。……游衡山，寓居耒阳。永泰二年……卒（《旧唐书》卷一九〇下《杜甫传》）。

李白字太白。……十岁通诗书。既长，隐岷山。……天宝初，南入会稽，与吴筠善。筠被召，故白亦至长安，往见贺知章。知章见其文，叹曰："子谪仙人也。"言于玄宗，召见金銮殿。……有诏供奉翰林。白犹与饮徒醉于市。帝坐沉香亭子，意有所感，欲得白为乐章，召入，而白已醉，左右以水颒面，稍解，授笔成文，婉丽精切，无留思。帝爱其才，数宴见。白尝侍帝，醉，使高力士脱靴。力士素贵，耻之，擿其诗以激杨贵妃。……白自知不为亲近所容，益骜放不自修，与知章、李适之、汝阳王琎、崔宗之、苏晋、张旭、焦遂为"酒八仙人"。恳求还山，帝赐金放还。白浮游四方。……李阳冰为当涂令，白依之。代宗立，以左拾遗召，而白已卒（《唐书》卷二〇二《李白传》）。

至甫，浑涵汪茫，千汇万状，兼古今而有之。……故元稹谓诗人以来，未有如子美者。甫又善陈时事，律切精深，至千言不少衰，世号"诗史"（《唐书》卷二〇一《杜甫传赞》）。

天宝末诗人，甫与李白齐名，而白自负文格放达，讥甫龌龊，而有饭颗山之嘲诮。元和中，词人元稹论李、杜之优劣曰："予读诗至杜子美，而知小大之有所总萃焉。……秦、汉已还，采诗之官既废，天下妖淫民讴、歌颂讽赋、曲度嬉戏之辞，亦随时间作。至汉武赋《柏梁》而七言之体兴。苏子卿、李少卿之徒，尤工为五言。虽句读文律各异，雅郑之音亦杂，而辞意简远，指事言情，自非有为而为，则文不妄作。建安之后，天下之士遭罹兵战，曹氏父子鞍马间为文，往往横槊赋诗，故其遒壮抑扬、冤哀悲离之作，尤极于古。晋世风概稍存。宋、齐之间，教失根本，士以简谩翕习舒徐相尚，文章以风容色泽、放旷精清为高，盖吟写性灵、留连光景之文也，意义格力无取焉。陵迟至于梁、陈，淫艳刻饰、佻巧小碎之词剧，又宋、齐之所不取也。唐兴，官学大振，历世之文，能者互出。而又沈、宋之流，研练精切，稳顺声势，谓之为律诗。由是之后，文体之变极焉。然而莫不好古者遗近，务华者去实，效齐、梁则不逮于魏、晋，工乐府则力屈于五言，律切则骨格不存，闲暇则纤秾莫备。至于子美，盖所谓上薄《风》《骚》，下该沈、宋，言夺苏、李，气吞曹、刘，掩颜、谢之孤高，杂徐、庾之流丽，尽得古今之体势，而兼人人之所独专矣。……李白，亦以文奇取称，时人谓之"李杜"。予观其壮浪纵恣，摆去拘束，模写物象，及乐府歌诗，诚亦差肩于子美矣。至若铺陈终始，排比声韵，大或千言，次犹数百，词气豪迈，而风调清深，属对律切，而脱弃凡近，则李尚不能历其藩翰，况堂奥乎！"（《旧唐书》卷一九〇下《杜甫传》）

中唐有大历十才子，元稹、白居易以浅易称，而诗格一变。

父端……工诗。大历中，与韩翃、钱起、卢纶、吉中孚、司空曙、苗发、崔峒、耿沣、夏侯审等，文咏唱和，驰名都下，号"大历十才子"（《旧唐书》卷一六三《李虞仲传》）。

卢纶字允言，河中蒲人。……纶与吉中孚、韩翃、钱起、司空曙、苗发、崔峒、耿沣、夏侯审、李端皆能诗齐名，号"大历十才子"。……中孚，鄱阳人。官户部侍郎。翃字君平，南阳人。……终中书舍人。起吴兴人，天宝中举进士，与郎士元齐名。时诏曰："前有沈宋，后有钱郎。"终考功郎中。曙字文初，广平人。从韦皋于剑南，终虞部郎中。发晋卿子，终都官员外郎。峒终右补阙。沣右拾遗，审侍御史。端赵州人（《唐书》卷二〇三《卢纶传》）。

元稹字微之，河南人。……稹聪警绝人，年少有才名，与太原白居易（字乐天）友善。工为诗，善状咏风态物色，当时言诗者称"元白"焉。自衣冠士子，至闾阎下俚，悉传讽之，号为"元和体"。既以俊爽不容于朝，流放荆蛮者仅十年。俄而白居易亦贬江州司马，稹量移通州司马，虽通江悬邈，而二人来往赠答。凡所为诗，自有三十、五十韵，乃至百韵者。江南人士，传道讽诵，流闻阙下。里巷相传，为之纸贵。观其流离放逐之意，靡不凄惋。……穆宗皇帝在东宫，有妃嫔左右，尝诵稹歌诗以为乐曲者，知稹所为，尝称其善，宫中呼为"元才子"（《旧唐书》卷一六六

《元稹传》)。

白居易字乐天，太原人。……文辞富艳，尤精于诗。………所著歌诗数十百篇，皆意存讽赋，箴时之病，补政之缺。……与河南元稹相善，同年登制举。……尝与稹书……曰:“……周衰秦兴，采诗官废，上不以诗补察时政，下不以歌泄道人情。……六义始刓矣。……陵夷至于梁、陈间，率不过嘲风雪、弄花草而已。……于时六义尽去矣。唐兴二百年，其间诗人不可胜数，所可举者陈子昂有《感遇诗》二十首，鲍防《感兴诗》十五篇。又诗之豪者，世称李、杜。李之作，才矣奇矣。……索其风、雅、比、兴，十无一焉。杜诗最多，可传者千余首。至于贯穿古今，覼缕格律，尽工尽善，又过于李焉。然撮其《新安》《石壕》《潼关吏》《芦子关》《花门》之章，‘朱门酒肉臭，路有冻死骨’之句，亦不过三四十。杜尚如此，况不迨杜者乎？仆常痛诗道崩坏。……不量才力，欲扶起之。……五六岁便学为诗，九岁暗识声韵。……既第之后……亦不废诗。……自登朝来……阅事渐多。……始知……歌诗合为事而作。……有可以救济人病、裨补时阙，而难于指言者，辄咏歌之，欲稍稍进闻于上，上以广宸听……塞言责。……岂图志未就而悔已生，言未闻而谤已成矣。……凡闻仆《贺雨诗》，众口籍籍，以为非宜矣。闻仆《哭孔戡诗》，众面脉脉，尽不悦矣。闻《秦中吟》，则权豪贵近者，相目而变色矣。闻《登乐游园》寄足下诗，则执政柄者扼腕矣。闻《宿紫阁村》诗，则握军要者切齿矣。大率……号为诋讦，号为讪谤。……诗句亦往往在人口中。……自长安抵江西三四千里，凡乡校佛寺、逆旅行舟之中，往往有题仆诗者；士庶僧徒、孀妇处女之口，每有咏仆诗者。……仆数月来，检讨囊帙中，得新旧诗，各以类分，分为卷目。自拾遗来，凡所遇所感，关于美刺兴比者，又自武德至元和，因事立题，题为“新乐府者”，共一百五十首，谓之“讽谕诗”。又或退公，或卧病闲居，知足保和，吟玩性情者一百首，谓之“闲适诗”。又有事物牵于外，情理动于内，随感遇而形于叹咏者一百首，谓之“感伤诗”。又有五言七言、长句绝句，自百韵至两韵者四百余首，谓之“杂律诗”。凡为十五卷，约八百首。……今仆之诗，人所爱者，悉不过“杂律诗”与《长恨歌》已下耳。时之所重，仆之所轻。至于讽谕者，意激而言质；闲适者，思淡而辞迂，以质合迂，宜人之不爱也。……凡人为文，私于自是，不忍于割截。或失于繁多，其间妍媸，益又自惑，必待文友有公鉴无姑息者，讨论而削夺之，然后繁简当否，得其中矣。……今且……粗为卷第，待与足下相见日。……终前志焉。”……居易自叙如此，文士以为信然。……长庆末……元稹为《居易集序》曰：“……长庆四年，乐天自杭州刺史……召还。予时刺会稽，因得尽征其文，手自排缵，成五十卷，凡二千二百五十一首。前辈多以前集、中集为名，予以为陛下明年当改元，长庆讫于是矣，因号《白氏长庆集》。大凡人之文，各有所长。乐天……讽谕之诗长于激，闲适之诗长于遣，感伤之诗长于切，五字律诗百言而上长于赡，五字七字百言而下长于情。”……人以为稹序尽其能事（《旧唐书》卷一六六《白居易传》）。

自兹以后，诗人能自树立者，有李商隐、杜牧。

李商隐字义山，怀州河内人。……开成二年……进士。……与……温庭筠……段成式齐名（《旧唐书》卷一九〇下《李商隐传》）。

石林叶氏曰：“唐人学老杜，惟李商隐一人而已。虽未尽造其妙……亦自得其仿佛。故国初钱文僖（惟演）与杨大年（亿）、刘中山（筠），皆倾心师尊，以为过老杜（《通考》卷二三三《经籍考六十》）。

牧字牧之（京兆万年人）。……第进士。……为司勋员外郎。……牧于诗，情致豪迈，人号为“小杜”，以别杜甫云（《唐书》卷一六六《杜牧传》）。

词学兴于中、晚之际，遂开五代、两宋之盛。盖错综诗句，以迁就乐谱，故谓词为诗余。

唐人乐府，元用律绝等诗，杂和声歌之。其并和声作实字，长短其句，以就曲拍者为填词（《全唐诗》卷三十二）。

其善创调填词者，有韦应物、戴叔伦、王建、韩翃、白居易、刘禹锡诸人，而温庭筠尤为杰出。

温庭筠者，太原人，本名岐，字飞卿。大中初，应进士。苦心砚席，尤长于诗赋。初至京师，人士翕然推重。然士行尘杂，不修边幅。能逐弦吹之音，为侧艳之词。……庭筠著述颇多，而诗赋韵格清拔，文士称之（《旧唐书》卷一九〇下《温庭筠传》）。

（2）经学

太宗又以经籍去圣久远，文字多讹谬，诏前中书侍郎颜师古考定《五经》，颁于天下，命学者习焉。又以儒学多门，章句繁杂，诏国子祭酒孔颖达，与诸儒撰定《五经》义疏，凡一百七十卷，名曰《五经正义》，令天下传习（《旧唐书》卷一八九上《儒学列传序》）。

高宗尚吏事，武后矜权变。至诸王、驸马皆得领祭酒。初孔颖达等始署官，发《五经》题，与诸生酬问。及是，惟判祥瑞案三牒即罢。玄宗诏群臣及府郡举通经士，而褚无量、马怀素等劝讲禁中。天子尊礼，不敢尽臣之。置集贤院部分典籍，乾元殿博汇群书至六万卷，经籍大备，又称开元焉（《唐书》卷一九八《儒学列传序》）。

徐旷字文远。……博通《五经》，明《左氏春秋》。……窦威、杨玄感、李密、王世充皆从受学。隋开皇中，累迁太学博士。诏与汉王谅授经，会谅反，除名为民。大业初，礼部侍郎许善心，荐文远及包恺、褚徽、陆德明、鲁达为学官，擢国子博士，恺等为太学博士，世称《左氏》有文远，《礼》有褚徽，《诗》有鲁达，《易》有陆德明，皆一时冠云（《唐书》卷一九八《徐旷传》）。

颜师古字籀。……帝（太宗）尝叹《五经》去圣远，传习浸讹，诏师古于秘书省考定，多所厘正。既成，悉诏诸儒议，于是各执所习，共非诘师古。师古辄引晋、宋旧文，随方晓答，谊据该明，出其悟表，人人叹服。……帝因颁所定书于天下，学者赖之（《唐书》卷一九八《颜师古传》）。

孔颖达字仲达。……隋大业初，举明经高第，授河内郡博士。炀帝召天下儒官集东郡，诏国子秘书学士与论议，颖达为冠。……太宗平洛，授文学馆学士。……初，颖达与颜师古、司马才章、王恭、王琰受诏撰《五经》义训，凡百余篇，号“义赞”，诏改为《正义》云。虽包贯异家为详博，然其中不能无谬冗。博士马嘉运，驳正其失，至相讥诋。有诏更令裁定，功未就。永徽二年，诏中书门下，与国子三馆博士、弘文馆学士考正之，于是尚书左仆射于志宁、右仆射张行成、侍中高季辅，就加增损，书始布下（《唐书》卷一九八《孔颖达传》）。

六朝人最重三《礼》之学，唐初犹然。张士衡从刘轨思受《毛诗》《周礼》，又从熊安生、刘焯受《礼记》，皆精究大义。当时受其业者，推贾公彦（《士衡传》），公彦撰《周礼义疏》五十卷、《仪礼义疏》四十卷。公彦子大隐亦传其业。有李元植，从公彦受礼学，撰《三礼音义》行于世（《公彦传》）。王恭精三《礼》，别为《义证》，甚精博。盖文懿、文达，皆当世大儒，每讲必遍举先儒义。而畅恭所说（《孔颖达传》），王元感尝撰《礼记绳愆》，徐坚、刘知幾等，深叹赏之（《元感传》）。王方庆尤精三《礼》，学者有所咨质，必究其微，门人次为《杂礼答问》（《方庆传》）。他如褚无量、韦逌、高仲舒、唐休璟、苏安恒，皆精三《礼》，见各本传。今诸儒论著，见于新、旧《书》者，如王方庆、张齐贤论每月皆告朔之说（《旧·方庆传》，《新·齐贤传》），王元感三年之丧、以二十七月，张柬之以二十五月，一本郑康成说，一本王肃说也（《旧·柬之传》，《新·元感传》）。史元灿议禘祫三年五年之别（《韦绍传》），朱子奢议七庙九庙之制（《子奢传》），韦万石、沈伯仪、元万顷、范履冰等议郊丘明堂之配（《沈伯义传》），皆各有据依，不同剿说。其据以论列时政者，如卢履冰、元行冲论父在为母三年服之非，彭景直论陵庙日祭之非，康子元驳许敬宗先燔柴而后祭之非，黎干驳归崇敬请以景皇帝配天地之非，唐绍、蒋钦绪、褚无量驳祝钦明皇后助祭郊天之非，陈贞符论隐、章怀、懿德、节愍四太子庙四时祭享之非，皆见各本传。李淳风辨太微之神不可为天，见《萧德言传》；韦述议堂姨舅不宜服，见《韦绍传》，无不援引该博，证辩确切，可为千百世之准。其后，元行冲奉诏，用魏徵《类礼》列于经，与诸儒作疏，成五十篇。将立之学官，为张说所阻，行冲又著论辨之。大历中，尚有仲子陵、袁彝、韦彤、韦茝以《礼》名其家学，此可见唐人之究心三《礼》，考古义以断时政，务为有用之学，而非徒以炫博也（赵翼《廿二史札记》卷二十《唐初三礼汉书文选之学》）。

大历已后，专学者有蔡广成《周易》，强象《论语》，啖助、赵匡、陆质《春秋》，施士丐《毛诗》，刁彝、仲子陵、韦彤、裴茝讲《礼》，章廷珪、薛伯高、徐润并通经。其余地理则贾仆射，兵赋则杜太保，故事则苏冕、蒋乂，历算则董和，天文则徐泽，氏族则林宝（李肇《国史补》卷下）。

（3）史学

唐初官修前代史书，昉自武德朝令狐德棻之建议。当时人才甚盛，故史法亦有足观。

德棻尝从容言于高祖曰："窃见近代已来，多无正史。梁、陈及齐，犹有文籍，至周、隋遭大业离乱，多有遗阙。当今耳目犹接，尚有可凭。如更十数年后，恐事迹湮没。……如臣愚见，并请修之。"高祖然其奏，下诏曰："……直中书令萧瑀、给事中王敬业、著作郎殷闻礼，可修魏史；侍中陈叔达、秘书丞令狐德棻、太史令庾俭，可修周史；兼中书令封德彝、中书舍人颜师古，可修隋史；大理卿崔善为、中书舍人孔绍安、太子洗马萧德言，可修梁史；太子詹事裴矩、兼吏部郎中祖孝孙、前秘书丞魏徵，可修齐史；秘书监窦琎、给事中欧阳询、秦王文学姚思廉，可修陈史，务加详核，博采旧闻，义在不刊，书法无隐。”瑀等受诏，历数年，竟不能就而罢（《旧唐书》卷七十三《令狐德棻传》）。

贞观三年，复诏撰定。议者以魏有魏收、魏澹二家书为已详，惟五家史当立。德棻更与秘书郎岑文本、殿中侍御史崔仁师次周史，中书舍人李百药次齐史，著作郎姚思廉次梁、陈二史，秘书监魏徵次隋史，左仆射房玄龄总监（《唐书》卷一〇二《令狐德棻传》）。

初有诏，遣令狐德棻、岑文本撰周史，孔颖达、许敬宗撰隋史，姚思廉撰梁、陈史，李百药撰齐史。徵受诏，总加撰定，多所损益，务存简正。隋史序论皆徵所作，梁、陈、齐各篇总论，时称良史（《旧唐书》卷七十一《魏徵传》）。

贞观十八年……有诏改撰《晋书》，房玄龄奏德棻令预修撰。当时同修一十八人，并推德棻为首，其体制多取决焉（《旧唐书》卷七十三《令狐德棻传》）。

其所修各史，略举于下。

《晋书》，凡《本纪》十，《志》二十，《列传》七十，《载记》三十，共一百三十卷。

贞观十八年……与中书侍郎褚遂良，受诏重撰《晋书》。于是奏取太子左庶子许敬宗、中书舍人来济、著作郎陆元仕、刘子翼、前雍州刺史令狐德棻、太子舍人李义府、薛元超、起居郎上官仪等八人，分功撰录，以臧荣绪《晋书》为主（臧荣绪，南齐徐州主簿，撰《晋书》一百一十卷），参考诸家，甚为详洽。然史官多是文咏之士，好采诡谬碎事，以广异闻。又所评论，竞为绮艳，不求笃实，由是颇为学者所讥。唯李淳风深明星历，善于著述，所修《天文》《律历》《五行》三志，最可观采。太宗自著宣、武二帝及陆机、王羲之四《论》，于是总题云御撰。至二十年书成，凡一百三十卷。诏藏于秘府，颁赐加级各有差（《旧唐书》卷六十六《房玄龄传》）。

李淳风……幼俊爽，博涉群书，尤明天文、历算、阴阳之学。……贞观十五年，除太常博士。寻转太史丞。预撰《晋书》及《五代史》（梁、陈、北齐、后周、隋）。其《天文》《律历》《五行》志，皆淳风所作也（《旧唐书》卷七十九《李淳风传》）。

参传《晋书》，播与令狐德棻、阳仁卿、李严等四人，总其类会（《旧唐书》卷一八九上《敬播传》）。

晋史，洛京时，著作郎陆机始撰《三祖纪》，佐著作郎束晳又撰《十志》。会中朝丧乱，其书不存。先是，历阳令陈郡王铨，有著述才，每私录晋事及功臣行状，未就而卒。子隐，博学多闻，受父遗业，西都事迹，多所详究。过江，为著作郎，受诏撰晋史，为其同僚虞预所诉，坐事免官，家贫无资，书未遂就。乃依征西将军庾亮于武昌镇，亮给其纸墨，由是获成，凡为《晋书》八十九卷。咸康六年，始诣阙奏上。隐虽好述作，而辞拙才钝，其书编次有序者，皆铨所修；章句混漫者，必隐所作。时尚书郎领国史干宝，亦撰《晋纪》，自宣讫愍，七帝五十三年，凡二十二卷。其书简略，直而能婉，甚为当时所称。晋江左史，自邓粲、孙盛、檀道鸾、王韶之已下，相次继作，远则偏记两帝，近则唯叙八朝，至宋湘东太守何法盛，始撰《晋中兴书》，勒成一家，首尾该备。齐隐士东莞臧荣绪，又集东西二史，合成一书。皇家贞观中，有诏以前后晋史十有八家（按：隋、唐二《志》，正史部凡八家，其撰人则王隐、虞预、朱凤、何法盛、谢灵运、臧荣绪、萧子云、萧子显也。编年部凡十一家，其撰人则陆机、干宝、曹嘉之、习凿齿、邓粲、孙盛、刘谦之、王韶之、徐广、檀道鸾、郭季产也。据《志》盖十九家……此云十八家。……是就敕修之始，罗致群书言），制作虽多，未能尽善。乃敕史官更加纂录，采正典与杂说数十余部，兼引伪史十六国书，为《纪》十、《志》二十、《列传》七十、《载记》三十，并《叙例》《目录》合为百三十二卷，自是言晋史者，皆弃其旧本，竞从新撰者焉（刘知幾《史通》卷十二《正史篇》）。

《梁书》，凡《本纪》六、《列传》五十，共五十六卷。

《陈书》，凡《本纪》六、《列传》三十，共三十六卷。

梁史，武帝时，沈约与给事中周兴嗣、步兵校尉鲍行卿、秘书监谢昊，相承撰录，已有百篇。值承圣（元帝年号）沦没，并从焚荡。庐江何之元、沛国刘璠，以所闻见，究其始末，合撰《梁典》三十篇。而纪传之书，未有其作。陈祠部郎中姚察，有志撰勒，施功未周。但既当朝务，兼知国史，至于陈亡，其书不就。陈史，初有吴郡顾野王、北地傅縡，各为撰史学士，其武、文二帝纪，即顾、傅所修。宣帝太建初，中书郎陆琼，续撰诸篇，事伤烦杂。姚察就加删改，粗有条贯。及江东不守，持以入关。隋文帝尝索梁、陈事迹，察具以所成，每篇续奏，而依违荏苒，竟未绝笔。皇家贞观初，其子思廉为著作郎，奉诏撰成二史。于是凭其旧稿，加以新录，弥历九载，方始毕功，定为《梁书》五十卷、《陈书》三十六卷。今并行世焉（刘知幾《史通》卷十二《正史篇》）。

姚思廉字简之，雍州万年人。父察，陈吏部尚书。入隋，历太子内舍人、秘书丞、北绛公。学兼儒史，见重于三代。陈亡，察自吴兴始迁关中。思廉少受汉史于其父，能尽传家业。……入隋，为汉王府参军，丁父忧解职。初，察在陈，尝修梁、陈二史未就，临终令思廉续成其志。……服阕，补河间郡司法书佐。思廉上表陈父遗言，有诏许其续成梁、陈史。……贞观初，迁著作郎、弘文馆学士。……三年，又受诏与秘书监魏徵，同撰梁、陈二史。思廉又采谢昊等诸家梁史，续成父书。并推究陈事，删益博综顾野王所修旧史，撰成《梁书》五十卷、《陈书》三十卷。魏徵虽裁其总论，其编次笔削，皆思廉之功也（《旧唐书》卷七十三《姚思廉传》）。

姚思廉本名简，以字行，陈吏部尚书察之子。陈亡，察自吴兴迁京兆，遂为万年人。……初，察在陈，尝修梁、陈二史，未就死，以属思廉。……诏与魏徵共撰梁、陈书。思廉采谢昊、顾野王等诸家言。……为梁、陈二家史，以卒父业（《唐书》卷一〇二《姚思廉传》）。

《北齐书》，凡《本纪》八、《列传》四十二，共五十卷。

高齐史，后主纬天统初，太常少卿祖孝征，述献武起居，名曰《黄初传天录》。时中书侍郎陆元规，常从文宣征讨，著《皇帝实录》，唯记行师，不载它事。自武平后，史官阳休之、杜台卿、祖崇儒、崔子发等，相继注记，逮于齐灭。隋秘书监王邵、内史令李德林，并少仕邺中，多识故事，王乃凭述起居注，广以异闻，造编年书，号曰《齐志》十有六卷。李在齐预修国史，创纪传书二十七卷。至开皇初，奉诏续撰，增多齐史三十八篇，以上送官，藏之秘府。皇家贞观初，敕其子中书舍人百药，仍其旧录，杂采它书，演为五十卷（刘知幾《史通》卷十二《正史篇》）。

李百药字重规，定州安平人。隋内史令、安平公德林子也。为童儿时，多疾病，祖母赵氏，故以百药为名。……贞观元年，召拜中书令舍人。……受诏……撰《齐书》。……十年，以撰齐史成，加散骑常侍，行太子左庶子（《旧唐书》卷七十二《李百药传》）。

北齐国史，皆称诸帝庙号，及李氏撰《齐书》，其庙号有犯时讳者（注：谓有世字，犯太宗文皇帝讳也），即称谥焉，至如变世宗为文襄，改世祖为武成（高澄，神武长子，天保初，追尊文襄皇帝，庙号世宗。高湛，神武第九子，谥武成皇帝，庙号世祖）。苟除兹世字，而不悟襄、成有别，诸如此谬，不可胜纪。又其列传之叙事也，或以武定臣佐，降在成朝；或以河清事迹，擢居襄代，故时日不接，而隔越相偶，使读者瞀乱而不测，惊骇而多疑（刘知幾《史通》卷十七《杂说中》）。

《周书》，凡《本纪》八，《列传》四十二，共五十卷。

宇文周史，大统年，有秘书丞柳虬，兼领著作，直辞正色，事有可称。至隋开皇中，秘书监牛弘，追撰《周纪》十有八篇，略叙纪纲，仍皆抵忤。皇家贞观初，敕秘书丞令狐德棻、秘书郎岑文本，共加修缉，定为《周书》五十卷（刘知幾《史通》卷十二《正史篇》）。

德棻又奏引殿中侍御史崔仁师，佐修周史，德棻仍总知类会（《旧唐书》卷七十三《令狐德棻传》）。

岑文本字景仁，南阳棘阳人。……文本性沉敏，有姿仪。博考经史，多所贯综。美谭论，善属文。……又先与令狐德棻撰周史，其史论多出于文本。至贞观十年，史成（《旧唐书》卷七十《岑文本传》）。

《隋书》，凡《本纪》五，《志》三十，《列传》五十，共八十五卷。

隋史，当开皇、仁寿时，王邵为书八十卷，以类相从，定其篇目，至于编年纪传，并阙其体。炀帝世，唯有王胄等所修《大业起居注》。及江都之祸，仍多散逸。皇家贞观初，敕中书侍郎颜师古、给事中孔颖达，共撰成《隋书》五十五卷（《志》未列入），与新撰《周书》，并行于时（刘知幾《史通》卷十二《正史篇》）。

初，太宗以梁、陈及齐、周、隋氏并未有书，乃命学士分修。……仍使秘书监魏徵总知其务。凡有赞论，徵多预焉。始以贞观三年创造，至十八年方就，合为《五代纪传》，并《目录》凡二百五十二卷。书成，下于史阁，唯有十志，断为三十卷。寻拟续奏，未有其文。又诏左仆射于志宁、太史令李淳风、著作郎韦安仁、符玺郎李延寿同撰。其先撰史人，唯令狐德棻重预其事。太宗崩后，刊勒始成，其篇第虽编入《隋书》，其实别行，俗呼为《五代史志》（刘知幾《史通》卷十二《正史篇》）。

永徽七年（即显庆元年）五月己卯，太尉长孙无忌，进史官所撰梁、陈、周、齐、隋《五代史志》三十卷（《旧唐书》卷四《高宗本纪上》）。

敬播……贞观初，举进士。俄有诏诣秘书内省，佐颜师古、孔颖达修隋史（《旧唐书》卷一八九上《敬播传》）。

李延寿者，本陇西著姓，世居相州。贞观中……尝受诏与著作郎敬播，同修《五代史志》。又预撰《晋书》（《旧唐书》卷七十三《李延寿传》）。

于志宁……前后预……修史等功，赏赐不可胜计（《旧唐书》卷七十八《于志宁传》)。

以上各史，唯《晋》《隋》二书出于众手，尚称精核。而《隋书》十《志》，尤具本末。

古者修书，出于一人之手，成于一家之学，班、马之徒是也。至唐，始用众手，《晋》《隋》二书是矣。然亦随其学术所长者而授之，未尝夺人之所能，而强人之所不及。如李淳风、于志宁之徒，则授之以志。如颜师古、孔颖达之徒，则授之以纪传。以颜、孔博通古今，于、李明天文、地理、图籍之学，所以《晋》《隋》二《志》高于古今，而隋《志》尤详明(《通考》卷一九二《经籍考十九》)。

"南北史"，当时私人所撰之史甚多，其列为正史者，有李延寿之南北史。

太师(延寿父)少有著述之志，常以宋、齐、梁、陈、齐、周、隋南北分隔，南书谓北为索虏，北书指南为岛夷；又各以其本国周悉，书别国并不能备，亦往往失实，常欲改正，将拟《吴越春秋》，编年以备南北。至是无事，而杨恭仁家富于书籍，得恣意披览，宋、齐、梁、魏四代有书，自余竟无所得。……贞观二年五月，终于郑州荥阳县野舍。……既所撰未毕，以为没齿之恨焉。……子……延寿与敬播，俱在中书，侍郎颜师古、给事中孔颖达下删削。既家有旧本，思欲追终先志。其齐、梁、陈五代旧事所未见，因于编缉之暇，昼夜抄录之。至五年，以内忧去职。……十五年……令狐德棻又启延寿修《晋书》，因兹复得勘究宋、齐、魏三代之事所未得者。十七年……褚遂良……奉敕修《隋书》十《志》，复准敕召延寿撰录，因此遍得披寻。……又从此八代正史外，更勘杂史。于正史所无者一千余卷，皆以编入，其烦冗者即削去之。始末修撰，凡十六载。始宋，凡八代，为《北史》《南史》二书，合一百八十卷。其《南史》先写讫……次以《北史》……乃上表，表曰："……贞观以来，屡叨史局。不揆愚固，私为修撰。起魏登国元年，尽隋义宁二年，凡三代二百四十四年，兼自东魏天平元年，尽齐隆化二年，又四十四年行事，总编为《本纪》十二卷、《列传》八十八卷，谓之《北史》。又起宋永初元年，尽陈祯明三年，四代一百七十年，为《本纪》十卷、《列传》七十卷，谓之《南史》。凡八代，合为二书，一百八十卷，以拟司马迁《史记》。……私为抄录，一十六年，凡所猎略，千有余卷，连缀改定，止资一手，故淹时序，迄今方就。”（《北史》卷一百《序传》）

初，延寿父太师，多识前世旧事，常以宋、齐、梁、陈、齐、周、隋天下参隔，南方谓北为索虏，北方指南为岛夷。其史于本国详，佗国略，往往訾美失传。思所以改正，拟《春秋》编年，刊究南北事。未成而殁。延寿既数与论撰，所见益广，乃追终先志，本魏登国元年，尽隋义宁二年，作《本纪》十二、《列传》八十八，谓之《北史》。本宋永初元年，尽陈祯明三年，作《本纪》十、《列传》七十，谓之《南史》。凡八代，合二书百八十篇上之。其书颇有条理，删落浮辞，过本书远甚。时人见年少位下，不甚称其书（《唐书》卷一〇二《李延寿传》）。

延寿又尝删补宋、齐、梁、陈及魏、齐、周、隋等八代史，谓之“南北史”，凡一百八十卷，颇行于代（《旧唐书》卷七十三《李延寿传》）。

此外著史者，略举如下。

王勃……祖通，隋蜀郡司户书佐。大业末，弃官归，以著书讲学为业。依《春秋》体例，自获麟后，历秦、汉至于后魏，著纪年之书，谓之《元经》（《旧唐书》卷一九〇上《王勃传》）。

允济尝采摭鲁哀公后十二代，至于战国遗事，撰《鲁后春秋》二十卷，表上之（《旧唐书》卷一九〇中《刘允济传》）。

张昌龄……兄昌宗，亦有学业，官至太子舍人、修文馆学士，撰《古文纪年新传》三十卷（《旧唐书》卷一九〇上《张昌龄传》）。

元行冲……乃撰《魏典》三十卷，事详文简，为学者所称（《旧唐书》卷一〇二《元行冲传》）。

兢尝以梁、陈、齐、周、隋五代史繁杂，乃别撰《梁》《齐》《周史》各十卷，《陈史》五卷，《隋史》二十卷（《旧唐书》卷一〇二《吴兢传》）。

播又著《隋略》二十卷（《旧唐书》卷一八九上《敬播传》）。

丘悦……撰《三国典略》三十卷（起西魏终后周，而东包魏、齐，南总梁、陈）行于时（《旧唐书》卷一九〇中《丘悦传》）。

蔡允恭……又撰《后梁春秋》十卷（《旧唐书》卷一九〇上《蔡允恭传》）。

"国史"，唐初即修国史，其属于起居注、实录者。

温大雅字彦弘，太原祁人也。……太宗即位，累转礼部尚书，封黎国公。……撰《创业起居注》三卷（《读书志》，纪高祖起义，至受隋禅、用师、符谶、受命、典册事。〔《旧唐书》卷六十一《温大雅传》〕）。

贞观三年，拜太子少师，固让不受。摄太子詹事，兼礼部尚书。明年（四年），代长孙无忌为尚书左仆射。……监修国史（《旧唐书》卷六十六《房玄龄传》）。

累迁给事中，兼修国史。贞观十七年，以修《武德贞观实录》成，封高阳县男（《旧唐书》卷八十二《许敬宗传》）。

敬播……与给事中许敬宗，撰《高祖太宗实录》，自创业至于贞观十四年，凡四十卷。……梁国公房玄龄，深称播有良史之才，曰陈寿之流也。……又撰《太宗实录》，从贞观十五年至二十三年，为二十卷（《旧唐书》卷一八九上《敬播传》）。

其属于纪传体者。

贞观初，姚思廉始撰纪传，粗成三十卷。至高宗显庆元年，太尉长孙无忌，与于志宁、令狐德棻、著作郎刘胤之、杨仁卿、起居郎顾胤等，因其旧作，缀以后事，复为五十卷。虽云繁杂，时有可观（刘知幾《史通》卷十二《正史篇》）。

顾胤……永徽中，历迁起居郎，兼修国史，撰《太宗实录》二十卷成，以功加朝散大夫，授弘文馆学士。以撰武德贞观两朝国史八十卷成，加朝请大夫，封余杭县男（《旧唐书》卷七十三《顾胤传》）。

刘胤之……永徽初，累转著作郎、弘文馆学士，与国子祭酒令狐德棻、著作郎杨仁卿等，撰成国史及实录，奏上之（《旧唐书卷一九〇上《刘胤之传》）。

自后时有撰修，粗备规模。勒成一书，则成于韦述之手。

始兢在长安，景龙间任史事。时武三思、张易之等监领，阿贵朋佞，酿泽浮辞，事多不实。兢不得志，私撰《唐书》《唐春秋》，未就。至是丐官笔札，冀得成书。诏兢就集贤院论次。时张说罢宰相，在家修史。大臣奏国史不容在外，诏兢等赴馆撰录。……久之，坐书事不当，贬荆州司马，以史草自随。萧嵩领国史，奏遣使者就兢取书，得六十余篇（《旧书》作六十五卷）。……兢叙事简核，号良史。晚节稍疏牾，时人病其太简（《唐书》卷一三二《吴兢传》）。

国史自令狐德棻至于吴兢，虽累修撰，竟未成一家之言。至述始定类例，补遗续阙，勒成《国史》一百一十二卷，并《史例》一卷，事简而记详，雅有良史之才。兰陵萧颖士以为谯周、陈寿之流（《旧唐书》卷一〇二《韦述传》）。

初，令狐德棻、吴兢等，撰武德以来国史，皆不能成。述因二家，参以后事，遂分纪传，又为例一篇（《唐书》卷一三二《韦述传》）。

自天宝乱后，凡三修国史，然犹以述书为蓝本。

柳登……父芳，肃宗朝史官，与同职韦述，受诏添修吴兢所撰《国史》，杀青未竟而述亡。芳绪述凡例，勒成《国史》一百三十卷。上自高祖，下止乾元（肃宗年号），而叙天宝后事，绝无伦类，取舍非工，不为史氏所称。……上元中，坐事徙黔中。遇内官高力士亦贬巫州，遇诸途。芳以所疑禁中事咨于力士，力士说开元天宝中时政事，芳随口志之。又以《国史》已成，经于奏御，不可复改，乃别撰《唐历》四十卷，以力士所传，载于年历之下（《旧唐书》卷一四九《柳登传》）。

安禄山乱……述独抱国史藏南山，身陷贼，污伪官。贼平，流渝州，为刺史薛舒所困，不食死。广德初，甥萧直为李光弼判官，诣阙奏事称旨。因理述"仓卒奔逼，能存《国史》。贼平尽送史官于休烈，以功补过，宜蒙恩宥"。有诏赠右散骑常侍（《唐书》卷一三二《韦述传》）。

肃宗践祚，休烈……拜给事中，迁太常少卿，知礼仪事，兼修国史。……时中原荡覆，典章殆尽，无史籍检寻，休烈奏曰："《国史》一百六卷、《开元实录》四十七卷、《起居注》并余书三千六百八十二卷，并在兴庆宫史馆。京城陷贼后，皆被焚烧。且《国史》《实录》《圣朝大典》修撰多时，今并无本。伏望下御史台，推勘史馆所由，令府、县招访，有人别收得《国史》《实录》，如送官司，重加购赏。……数月之内，唯得一两卷。前修史官工部侍郎韦述，陷贼入东京。至是，以其家藏《国史》一百一十三卷送于官。……休烈寻转工部侍郎，修国史，献《五代帝王论》，帝甚嘉之（《旧唐书》卷一四九《于休烈传》）。

令狐峘，德棻之玄孙。……及杨绾为礼部侍郎，修国史，乃引峘入史馆。……修《玄宗实录》一百卷、《代宗实录》四十卷。著述虽勤，属大乱之后，起居注亡失，峘纂开元天宝事，虽得诸家文集，编其诏策，名臣传记，十无三四。后人以漏落处多，不称良史（《旧唐书》卷一四九《令狐峘传》）。

"唐六典"　《唐六典》创修于玄宗时。

开元初……诏修《六典》。徐坚构意岁余，叹曰："吾更修七书，而《六典》历年未有所适。"及萧嵩引述撰定，述始摹周六官领其属，事归于职，规制遂定（《唐书》卷一三二《韦述传》）。

"通典"　政治史巨制，有杜佑《通典》。

杜佑字君卿，京兆万年人。……性嗜学，该涉古今。……初，开元末，刘秩采经史百家之言，取《周礼》六官所职，撰分门书三十五卷，号曰

《政典》，大为时贤称赏，房琯以为才过刘更生。佑得其书，寻味厥旨，以为条目未尽，因而广之，加以开元礼乐，书成二百卷，号曰《通典》（分食货、选举、职官、礼、乐、兵、刑、州郡、边防九门）。德宗贞元十七年，自淮南使人诣阙献之。……优诏嘉之，命藏书府。其书大传于时，礼乐刑政之源，千载如指诸掌，大为士君子所称（《旧唐书》卷一四七《杜佑传》）。

杜佑……性嗜学。……先是，刘秩摭百家，侔周六官法，为《政典》三十五篇。……佑以为未尽，因广其阙，参益新礼，为二百篇，自号《通典》，奏之。优诏嘉美，儒者服其书约而详（《唐书》卷一六六《杜佑传》）。

“谱学” 唐初门第之风未泯，故谱学为时人所重，而专研者亦众。

李守素者赵州人，代为东山名族。……守素尤工谱学，自晋、宋已降，四海士流，及诸勋贵华戎阀阅，莫不详究，当时号为“行谱”。尝与虞世南共谈人物，言江左、山东，世南犹相酬对。及言北地诸侯，次第如流，显其世业，皆有援证，世南但抚掌而笑，不复能答，叹曰：“行谱定可畏。”（《旧唐书》卷七十二《李守素传》）

敬淳尤明谱学，尽能究其根源枝派，近代已来，无及之者。撰著《姓略记》十卷行于时，又撰《衣冠本系》，未成而死（《旧唐书》卷一八九下《路敬淳传》）。

柳冲……初，贞观中，太宗命学者撰《氏族志》百卷，以甄别士庶。至是向百年，而诸姓至有兴替，冲乃上表，请改修《氏族》。中宗命冲与左仆射魏元忠，及史官张锡、徐坚、刘宪等八人，依据《氏族志》，重加修撰。……初，冲始与侍中魏知古、中书侍郎陆象先，及徐坚、刘子玄、吴兢等撰成《姓族系录》二百卷奏上。……开元二年，又敕冲及著作郎薛南金，刊定《系录》奏上（《旧唐书》卷一八九下《柳冲传》）。

述好谱学，秘阁中见常侍柳冲先撰《姓族系录》二百卷。述于分课之外，手自抄录……周岁，写录皆毕，百氏源流，转益详悉。乃于柳《录》之中，别撰成《开元谱》二十卷（《旧唐书》卷一〇二《韦述传》）。

“汉书注” 唐世史学风盛，《汉书》尤为学者所崇尚，多有以之名家者。

次则《汉书》之学，亦唐初人所竞尚。自隋时萧该精《汉书》，尝撰《汉书音义》，为当时所贵（《该传》）。包恺亦精《汉书》，世之为《汉书》学者，以萧、包二家为宗（《恺传》）。刘臻精于两《汉书》，人称为“汉圣”（《臻传》）。又有张冲撰《汉书音义》十二卷、于仲文撰《汉书刊繁》三十卷，是《汉书》之学，隋人已究心。及唐，而益以考究为业。颜师古为太子承乾注《汉书》，解释详明。承乾表上之，太宗命编之秘阁。时人谓杜征南、颜秘书，为左丘明、班孟坚忠臣。其叔游秦，先撰《汉书决疑》，师古多取其义，此颜注《汉书》，至今奉为准的者也（《师古传》）。房玄龄以其文繁难省，又介敬播撮其要，成四十卷。当时《汉书》之学大行，又有刘伯庄，撰《汉书音义》二十卷。秦景通与弟暐，皆精《汉书》，号“大秦君、小秦君”，当时治《汉书》者非其指授，以为无法。又有刘纳言，亦以《汉书》名家（《敬播传》）。姚思廉少受《汉书》学于其父察（《思廉传》），思廉之孙班，以察所撰《汉书训纂》，多为后之注《汉书》者隐其姓氏，攘为己说，班乃撰《汉书绍训》四十卷，以发明其家学（《姚班传》）。又顾允撰《汉书古今集》二十卷（《允传》），李善撰《汉书辨惑》三十卷（《善传》）。王方庆尝就任希古受《史记》《汉书》，希古迁官，方庆仍随之卒业（《方庆传》）。他如郝处俊好读《汉书》，能暗诵（《处俊传》）。裴炎亦好《左氏传》《汉书》（《炎传》）。此又唐人之究心《汉书》，各禀承旧说，不敢以意为穿凿者也（赵翼《廿二史札记》卷二十《唐初三〈礼〉〈汉书〉〈文选〉之学》）。

章怀太子贤字明允，高宗第六子也。……上元二年，孝敬皇帝薨。

其年六月，立为皇太子。……招集当时学者太子左庶子张大安、洗马刘讷言、洛州司户格希玄、学士许叔牙、成玄一、史藏诸、周宝宁等，注范晔《后汉书》表上之。赐物三万段，仍以其书付秘阁（《旧唐书》卷八十六《章怀太子贤传》）。

“史通” 批评史学，有刘知幾《史通》之著。其书议论精核，千古不废之作也。

刘子玄本名知幾。……长安中，累迁左史、兼修国史，擢拜凤阁舍人，修史如故。景龙初，再转太子中允，依旧修国史。时侍中韦巨源、纪处纳、中书令杨再思、兵部尚书宗楚客、中书侍郎萧至忠，并监修国史。知幾以监修者多，甚为国史之弊，萧至忠又尝责知幾著述无课，知幾于是求罢史任。……至忠惜其才，不许解史任。……知幾又著《史通子》二十卷，备论史策之体。太子右庶子徐坚，深重其书，尝云：“居史职者，宜置此书于座右。”知幾自负史才，常慨时无知己，乃委国史于著作郎吴兢，别撰《刘氏家史》十五卷。……景云中，累迁太子左庶子，兼崇文馆学士，仍依旧修国史。……时玄宗在东宫，知幾以名音类上名，乃改子玄。……子玄掌知国史，首尾二十余年，多所撰述，甚为当时所称。……卒年六十一。……后数年，玄宗敕河南府，就家写《史通》以进，读而善之，追赠汲郡太守，寻又赠工部尚书，谥曰“文”（《旧唐书》卷一〇二《刘子玄传》）。

刘子玄名知幾，以玄宗讳嫌，故以字行。……自以为见用于时而志不遂，乃著《史通》内外四十九篇（《内篇》凡三十六篇，《外篇》凡十三篇），讥评今古。……子玄领国史且三十年，官虽徙，职常如旧。礼部尚书郑惟忠，尝问：“自古文士多，史才少，何耶？”对曰：“史有三长：才、学、识，世罕兼之，故史者少。夫有学无才，犹愚贾操金，不能殖货；有才无学，犹巧匠无楩柟斧斤，弗能成室。善恶必书，使骄君贼臣知惧，此为无可加者。”时以为笃论（《唐书》卷一三二《刘子玄传》）。

予幼奉庭训，早游文学。年在纨绮，便受《古文尚书》。每苦其辞艰琐，难为讽读。虽屡逢捶挞，而其业不成。尝闻家君为诸兄讲《春秋左氏传》，每废书而听。逮讲毕，即为诸兄说之。因窃叹曰："若使书皆如此，吾不复怠矣。"先君奇其意，于是始授以《左氏》，期年而讲诵都毕。于时年甫十有二矣。所谓虽未能深解，而大义略举。父、兄欲令博观《义疏》，精此一经。辞以获麟已后，未见其事，乞且观余部，以广异闻。次又读《史》《汉》《三国志》。既欲知古今沿革，历数相承，于是触类而观，不假师训。自汉中兴已降，迄乎皇家《实录》，年十有七，而窥览略周。其所读书，多因假赁，虽部帙残缺，篇第有遗，至于叙事之纪纲，立言之梗概，亦粗知之矣。但于时将求仕进，兼习揣摩，至于专心诸史，我则未暇。洎年登弱冠，射策登朝，于是思有余闲，获遂本愿。旅游京洛，颇积岁年，公私借书，恣情披阅。至如一代之史，分为数家，其间杂记小书，又竞为异说，莫不钻研穿凿，尽其利害。加以自小观书，喜谈名理，其所悟者，皆得之襟腑，非由染习。故始在总角，读班、谢两《汉》，便怪《前书》不应有《古今人表》，《后书》宜为更始立纪。当时闻者，共责以为童子何知，而敢轻议前哲。于是赧然自失，无辞以对。其后见《张衡》《范晔集》，果以二史为非。其有暗合于古人者，盖不可胜纪，始知流俗之士，难与之言。凡有异同，蓄诸方寸。及年以过立，言悟日多，常恨时无同好，可与言者。惟东海徐坚，晚与之遇，相得甚欢，虽古者伯牙之识钟期、管仲之知鲍叔，不是过也。复有永城朱敬则、沛国刘允济、义兴薛谦光、河南元行冲、陈留吴兢、寿春裴怀古，亦以言议见许、道术相知，所有推扬，得尽怀抱。每云："德不孤，必有邻，四海之内，知我者不过数子而已矣。"昔仲尼以睿圣明哲，天纵多能，睹史籍之繁文，惧览者之不一，删《诗》为三百篇，约史记以修《春秋》，赞《易》道以黜《八索》，述《职方》以除《九丘》，讨论《坟》《典》，断自唐、虞，以迄于周。其文不刊，为后王法。自兹厥后，史籍逾多，苟非命世大才，孰能刊正其失？嗟予小子，敢当此任！其于史传也，尝欲自班、马已降，讫于姚、李、令狐、颜、孔诸书，莫不因其旧义，普加厘革。但以无夫子之名，而辄行夫子之事，将恐致惊末俗，取咎时人，徒有其劳，而莫之见赏。所以每握管叹息，迟回者久之。非欲之而不能，实能之而不敢也。既朝廷有知意者，遂以载笔见推。由是三为史臣，再入东观。每惟皇家受命，多历年所，史官所编，粗惟纪录。至于纪、传及志，则皆未有其书。长安中，会奉诏预修国史。及今上（中宗）即位，又敕撰《则天大圣皇后实录》。凡所著述，尝欲行其旧议。而当时同作诸士及监修贵臣，每与其言凿枘相违，龃龉难入。故有所载削，皆与俗浮沉。虽自谓依违苟从，然犹大为史官所嫉。嗟乎！虽任当其职，而吾道不行；见用于时，而美志不遂。郁怏孤愤，无以寄怀。必寝而不言，嘿而无述，又恐没世之后，谁知予者。故退而私撰《史通》，以见其志。昔汉世刘安著书，号曰《淮南子》。其书牢笼天地，博极古今，上自太公，下至商鞅。其错综经纬，自谓兼于数家，无遗力矣。然自《淮南》已后，作者无绝。必商榷而言，则其流又众。盖仲尼既殁，微言不行；史公著书，是非多谬。由是百家诸子，诡说异辞，务为小辨，破彼大道，故扬雄《法言》生焉（《法言》主谈理）。儒者之书，博而寡要，得其糟粕，失其菁华。而流俗鄙夫，贵远贱近，转兹抵牾，自相欺惑，故王充《论衡》生焉（《论衡》主征据）。民者，冥也，冥然罔知，率彼愚蒙，墙面而视。或讹音鄙句，莫究本源；或守株胶柱，动多拘忌，故应劭《风俗通》生焉（《风俗通》主博洽）。五常异禀，百行殊轨，能有兼偏，知有长短。苟随才而任使，则片善不遗；必求备而后用，则举世莫可，故刘劭《人物志》生焉（《人物志》主辨才）。夫开国承家，立身立事，一文一武，或出或处，虽贤愚壤隔，善恶区分，苟时无品藻，则理难铨综，故陆景《典语》生焉（《典语》主评品）。词人属文，其体非一，譬甘辛殊味，丹素异彩，后来祖述，识昧圆通，家有诋诃，人相掎摭，故刘勰《文心》生焉（《文心雕龙》主文章体裁）。若《史通》之为书也，盖伤当时载笔之士，其义不纯。思欲辨其指归，殚其体统。夫其书虽以史为主，而余波所及，上穷王道，下掞人伦，总括万殊，包吞千有。自《法言》已降，迄于《文心》而往，固以纳诸胸中，曾不慸芥者矣。夫其为义也，有与夺焉，有褒贬焉，有鉴诫焉，有讽刺焉。其为贯穿者深矣，其为网罗者密矣，其所商略者远矣，其所发明者多矣。盖谈经者恶闻服、杜之嗤，论史者憎言班、马之失。而此书多讥往哲，喜述前非，获罪于时，固其宜矣。犹冀知音君子，时有观焉。尼父有云"罪我者《春秋》，知我者《春秋》"，抑斯之谓也。昔梁征士刘孝标作《叙传》，其自比于冯敬通者有三。而予辄不自揆，亦窃比于扬子云者有四焉。何者？扬雄尝好雕虫小技，老而悔其少作。余幼喜诗赋，而壮都不为，耻以文士得名，期以述者自命。其似一也；扬雄草《玄》，累年不就，当时闻者，莫不哂其徒劳。余撰《史通》，亦屡移寒暑，悠悠尘俗，共以为愚。其似二也；扬雄撰《法言》，时人竞尤其妄，故作《解嘲》以训之。余著《史通》，见者亦互言其短，故作《释蒙》（《唐书》本传不著）以拒之。其似三也；扬雄少为范踆（《汉书》作逡）、刘歆所重，及闻其撰《太玄经》，则嘲以恐盖酱瓿，然刘、范之重雄者，盖贵其文彩若《长扬》《羽猎》之流耳。如《太玄》深奥，理难探赜。既绝窥逾，故加讥诮。余初好文笔，颇获誉于当时。晚谈史传，遂减价于知己。其似四也。夫才唯下劣，而迹类先贤，是用铭之于心，持以自慰。抑犹有遗恨，惧不似扬雄者有一焉。何者？雄之《玄经》始成，虽为当时所贱，而桓谭以为数百年外，其书必传，其后张衡、陆绩果以为绝伦参圣。夫以《史通》方诸《太玄》，今之君山（桓谭字），即徐（坚）、朱（敬则）等数君是也。后来张、陆，则未之知耳。嗟乎！傥使平子不出，公纪（陆绩字）不生，将恐此书与粪土同捐，烟烬俱灭，后之识者，无得而观。此予所以抚卷涟洏，泪尽而继之以血也（刘知幾《史通》卷十《自叙》）。

（4）性理

唐时讲求性理之学者，有韩愈、李翱，然其说颇有异同。

《原性》……性也者，与生俱生也。情也者，接于物而生也。……性之品有上、中、下三，上焉者，善焉而已矣。中焉者，可导而上、下也。下焉者，恶焉而已矣。……情之品有上、中、下三，其所以为情者七：曰喜、曰怒、曰哀、曰惧、曰爱、曰恶、曰欲。上焉者之于七也，动而处其中。中焉者之于七也，有所甚，有所亡，然而求合其中者也。下焉者之于七也，亡与甚，直情而行者也。……上之性就学而愈明，下之性畏威而寡罪，是故上者可教而下者可制也。其品，则孔子谓不移也（《昌黎先生集》卷二）。

《复性书》中……问曰：“凡人之性，犹圣人之性欤？”曰：“桀、纣之性，犹尧、舜之性也。其所以不睹其性者，嗜欲好恶之所昏也，非性之罪也。”曰：“为不善者，非性耶？”曰：“非也，乃情所为也。情有善有不善，而性无不善焉。孟子曰：‘人无有不善，水无有不下；夫水搏而跃之，可使过颡；激而行之，可使在山，是岂水之性哉？’其所以导引之者然也。人之性皆善，其不善亦犹是也。”……问曰：“人之性，犹圣人之性，嗜欲爱憎之心，何因而生也？”曰：“情者，妄也，邪也。……妄情灭息，本性清明，周流六虚，所以谓之能复其性也。《易》曰：‘乾道变化，各正性命。’《论语》曰：‘朝闻道，夕死可矣。’能正性命故也。”问曰：“情之所昏，性即灭矣，何以谓之犹圣人之性也？”曰：“水之性清澈，其浑之者沙泥也；方其浑也，性岂遂无有邪？久而不动，沙泥自沉；清明之性鉴于天地，非自外来也。故其浑也，性本弗失；及其复也，性亦不生。人之性，亦犹水也。”（《李文公集》卷二）

（5）书法

虞世南字伯施，越州余姚人。……又同郡沙门智永，善王羲之书，世南师焉，妙得其体（《旧唐书》卷七十二《虞世南传》）。

欧阳询（字信本），潭州临湘人。……询初学王羲之书，后更渐变其体，笔力险劲，为一时之绝。人得其尺牍文字，咸以为楷范焉。高丽甚重其书，尝遣使求之。高祖叹曰："不意询之书名，远播夷狄。"……子通少孤，母徐氏教其父书。……遂亚于询（《旧唐书》卷一八九上《欧阳询传》）。

欧阳询……尝行见索靖所书碑，观之，去数步复返。及疲，乃布坐，至宿其旁，三日乃得去（《唐书》卷一九八《欧阳询传》）。

褚遂良字登善（杭州钱塘人）。……工楷、隶。太宗尝叹曰："虞世南死，无与论书者。"魏徵白见遂良，帝令侍书。帝方博购王羲之故帖，天下争献，然莫能质真伪。遂良独论所出，无舛冒者（《唐书》卷一〇五《褚遂良传》）。

稷字嗣通。……初，贞观、永徽间，虞世南、褚遂良以书颛家，后莫能继。稷外祖魏徵，家多藏虞、褚书，故锐精临仿，结体遒丽，遂以书名天下（《唐书》卷九十八《薛稷传》）。

贺知章（字季真），会稽永兴人。……善草隶书，好事者供其笺翰，每纸不过数十字，共传宝之（《旧唐书》卷一九〇中《贺知章传》）。

张旭草书得笔法，后传崔邈、颜真卿。旭言："始吾见公主担夫争路，而得笔法之意。后见公孙氏舞剑器，而得其神。"……后辈言笔札者，欧、虞、褚、薛，或有异论，至张长史，无间言矣（李肇《国史补》卷上）。

长沙僧怀素好草书，自言得草圣三昧。弃笔堆积，埋于山下，号曰"笔冢"（李肇《国史补》卷中）。

公权初学王书，遍阅近代笔法，体势劲媚，自成一家。当时公卿大臣家碑板，不得公权手笔者，人以为不孝。外夷入贡，皆别属货贝曰："此购柳书。"……公权志耽书学，不能治生，为勋戚家碑板，问遗岁时巨万，多为主藏竖海鸥、龙安所窃（《旧唐书》卷一六五《柳公绰附柳公权传》）。

颜真卿字清臣。……善正、草书，笔力遒婉，世宝传之（《唐书》卷一五三《颜真卿传》）。

李阳冰善小篆，自言："斯翁之后，直至小生。曹喜、蔡邕，不足言也。"（李肇《国史补》卷上）

王方庆，雍州咸阳人也。………则天以方庆家多书籍，尝访求右军遗迹。方庆奏曰："臣十代从伯祖羲之书，先有四十余纸，贞观十二年，太宗购求，先臣并已进之。唯有一卷见今在。又进臣十一代祖导、十代祖洽、九代祖珣、八代祖昙首、七代祖僧绰、六代祖仲宝、五代祖骞、高祖规、曾祖褒，并九代三从伯祖晋中书令献之已下二十八人书，共十卷。"则天御武成殿示群臣，仍令中书舍人崔融为《宝章集》，以叙其事，复赐方庆，当时甚以为荣（《旧唐书》卷八十九《王方庆传》）。

（6）绘画

立本……尤善图画，工于写真，《秦府十八学士图》及贞观中《凌烟阁功臣图》，并立本之迹也，时人咸称其妙。太宗尝与侍臣学士泛舟于春苑池中，有异鸟随波容与，太宗击赏数四，诏坐者为咏，召立本令为写焉。时阁外传呼云："画师阎立本。"（《旧唐书》卷七十七《阎立德附阎立本传》）

子孝协……坐受赃赐死。孝协弟孝斌……孝斌子思训……尤善丹青。迄今绘事者，推李将军山水（《旧唐书》卷六十《长平王叔良传》）。

李思训……官止左武卫大将军。画皆超绝，尤工山石林泉，笔格遒劲，得湍濑潺湲、烟霞缥缈难写之状。……其子昭道，同时于此亦不凡，故人云"大李将军""小李将军"者，大谓思训，小谓昭道也（《宣和画谱》卷十）。

按：思训画法，以工丽、善于傅彩称，遂开后世北宗一派。

维以诗名，盛于开元、天宝间。昆仲宦游两都，凡诸王、驸马、豪右、贵势之门，无不拂席迎之，宁王、薛王待之如师友。维尤长五言诗。书画特臻其妙，笔踪措思，参于造化；而创意经图，即有所缺。如山水平远、云峰石色、绝迹天机，非绘者之所及也（《旧唐书》卷一九〇下《王维传》）。

按：维画法，以随意写景，妙得神韵，遂开后世南宗一派。

吴道玄字道子。……其笔法超妙，为百代画圣。早年行笔差细，中年行笔磊落，如莼菜条。人物有八面，生意活动。其傅采于焦墨痕中，略施微染，自然超出缣素，世谓之“吴装”（夏文彦《图绘宝鉴》卷二）。

吴道玄古今独步，前不见顾、陆，后无来者。授笔法于张旭，此又知书画用笔同矣。张既号“书颠”，吴宜为“画圣”（张彦远《历代名画记》卷二）。

昔吴道子画钟馗，衣蓝衫，鞹一足，眇一目，腰笏巾首而蓬发，以左手捉鬼，以右手抉其鬼目，笔迹遒劲，实绘事之绝格也（郭若虚《图画见闻志》卷六）。

（7）医学

孙思邈……撰《千金方》三十卷行于代（按：思邈谓人命至重，贵于千金。一方济之，德逾于此。故此书以“千金”为名。〔《旧唐书》卷一九一《孙思邈传》〕）。

志宁与司空李勣，修定《本草》并图，合五十四篇（《唐书》卷一〇四《于志宁传》）。

珪孙焘……性至孝。为徐州司马，母有疾，弥年不废带，视絜汤剂。数从高医游，遂穷其术。因以所学作书，号《外台秘要》（《唐书》卷九十八《王珪传》）。

甄权……尝以母病，与弟立言专医方，得其旨趣。……撰《脉经》《针方》《明堂人形图》各一卷。……立言……撰《本草音义》七卷、《古今录验方》五十卷（《旧唐书》卷一九一《甄权传》）。

陆贽……既放荒远，常阖户，人不识其面。又避谤不著书。地苦瘴疠，只为《古今集验方》五十篇示乡人云（《唐书》卷一五七《陆贽传》）。

（十五）海外交通

（1）互市通商

互市监，每监监一人。……掌蕃国交易之事（注：贞观六年，改交市曰互市监。……武后垂拱元年，曰通事监。〔《唐书》卷四十八《百官志三》〕）。

上为陆路通商。至海上，则有提举市舶官掌理之。

互市舶法，自汉初与南越通关市，而互市之制行焉。……开元定令，载其条目。……而高丽、回鹘、黑水诸国，又各以风土所产，与中国交易（《宋史》卷一八六《食货志下八》）。

其设置市舶使之地方，与其职掌，列表如下。

- 诸路市舶使
  - （一）广州
  - （二）泉州
  - （三）杭州
- 市舶使之职掌
  - （一）监视之，使市者不争
  - （二）征税入官

（2）唐与日本文化之沟通

唐与日本，文化上关系甚密。日本自隋通中国，得其文化。至唐咸亨、长安中，屡遣使于唐。浮屠空海等，留学二十余年始归。中国文物输入日本者，以此时为最盛。制度典章、衣冠礼乐，一依唐制，遂为日本文化之源泉。兹据源松苗《日本国史略》（卷二）所载，最录如下。

文武天皇庆云元年七月，粟田真人还自唐。真人初适唐，至楚州盐城县，闻革唐称周，惊异焉，彼人曰："我闻日本国，人民丰乐，礼义敦行。今视使人，仪容高洁，君子国名不虚。"既见武曌，武曌宴之麟德殿。真人素好学，能属文。冠进德冠，顶有华花四披，紫袍帛带，威仪如神，见者莫不叹美焉。

圣武天皇天平七年，遣唐大使多治比广成还自唐，学生下道真备偕使归，献孔圣及十哲像、《唐礼》《大衍历》等书，其他数十物件。

十一年冬，遣唐副使平郡广成以渤海国聘使而还。初，广成以天平五年，从大使多治比广成往，使事已竣，四船同发苏州。会飓风起，广成所乘之船，漂泊昆仑国，从官皆为夷贼所劫杀。广成等三人得免，再适长安。时本邦学生阿倍仲麻吕留仕于唐，奏请给其船粮。乃发自登州，经渤海国界，其主大钦茂将聘于我，则以其使而还。帝劳广成，授正五位上。

高野天皇神护景云元年二月，幸大学释奠。先是，文武帝始行释奠之礼，而仪文器制未备。真备尝西游，亲观唐家典礼，于是斟酌古今，以定仪制。二年七月，大学助教膳臣大丘，请称孔子以唐所追谥文宣王，从之。

光仁天皇宝龟元年，阿倍仲麻吕卒于唐。仲麻吕，中务大辅正五位上船守之子也。初，灵龟二年，从遣唐使西游，为留学生。仲麻吕性聪敏，好读书，唐玄宗爱其才而厚遇之，于是更姓名曰朝衡，遂仕于唐，官至秘书监，历左补阙。天平胜宝五年，仲麻吕欲从大使清河东归，王维、李白之徒以诗送之。衡至明州海岸，将上舟，惜别入夜，仰见海天，以国言作《三笠山月歌》，且译之汉语，以示唐人，众大叹赏。既而泛海，遇飓风，漂泊安南。人或传衡没于海，李白作诗哭之。不几，衡自安南复适唐，肃宗喜其无恙，授左散骑常侍、安南都护，累迁北海郡开国公，食邑三千户。至是而卒，年七十，或云七十三。代宗悼惜，赠以潞州大都督。衡留于唐前后五十年，博览多识。当时我邦才学之士甚多，而吉备、朝衡二人最擅名海西云。朝或作晁。

六年……前右大臣吉备真备薨。真备，右卫士少尉下道国胜子也。灵龟二年，从聘使适唐留学，通经史。归，任大学助教，为东宫师，大被礼遇，赐姓吉备朝臣。历进中纳言右大臣、讨押胜、窜道镜，至是薨，年八十三。

十年……遣唐副使大神末足等至自唐，时唐代宗大历十四年也。唐又发使令来报，乃与俱东。既入洋中，大使之船，遇飓而败，大使小野石根及唐使赵宝英等，溺死者六十余人。大伴继人，抱樯漂荡，至肥后西岛。副使大神末足及大野滋野以下三船皆无恙。前年冬，还到筑紫，至是入朝复命。初发使之时，帝赐前朝聘使留唐者清河书及絁一百匹、沙金一百两，令促东归而未果。终于唐。至是携其女而还。寻赠清河从二位。是夏，唐使孙兴进等来聘，授位赐物。

桓武天皇延历十一年……诏诸学士学汉音。大春日、清足在唐娶李氏，今年携归。……二十三年（唐德宗贞元二十年）……是岁，遣使于唐。大使葛野麻吕、副使石川道益、判官菅原清公、录事朝野鹿取四人，皆有才学，僧最澄、空海等，陪从而行，以学释教（《日本国史略》卷二）。

此外日本僧入中国者。

新罗、日本僧入朝学问，九年不还者，编诸籍（《唐书》卷四十八《百官志三》）。

至僧侣之往日本传佛教者，则始自鉴真。

佛法自西土，故海东未之有也。天宝末，扬州僧鉴真始往倭国，大演释教（李肇《国史补》卷上）。

五代十国

梁、唐、晋、汉、周，称为五代。共八姓，十三主，五十四年（自西元九〇七年，至西元九六〇年）。曰五代者，唐宋传统所系，唯重此中原代易而已，实则十国纷纭，遍于南北，何有正塍之分？故兼述其事，示无轩轾。

梁世系

自朱全忠代唐称帝（西元九〇七年），至末帝灭于后唐（西元九二二年），凡二主，共十六年。

太祖姓朱名温，宋州砀山午沟里人。僖宗赐名全忠，代唐即帝位，国号曰梁，更名晃，改元开平（四年）、乾化（二年）。在位凡六年，为其子郢王友珪所弑。

末帝，初名友贞，太祖第三子，封均王。友珪弑逆，讨诛之。嗣立，更名锽，又更名瑱。建元乾化（二年）、贞明（六年）、龙德（二年）。唐兵入汴，为其下所杀，在位凡十年。

唐世系

自李存勖灭梁称帝（西元九二三年），至废帝灭于后晋（西元九三六年），凡三姓、四主，共十四年。

庄宗，其先沙陀人。唐赐姓李氏，名存勖，太祖（克用）之子。即皇帝位，国号曰唐。灭梁，建元同光（三年）。丙戌兵乱，中流矢崩，在位凡三年。

明宗世本夷狄，无姓氏。父电为雁门部将，太祖赐名嗣源。继庄宗而立，改元天成（四年）、长兴（四年），在位凡八年。

愍帝名从厚，明宗第三子。嗣立，改元应顺。潞王从珂反，兵入汴，废之。在位凡四月。

废帝名从珂，本姓王，明宗养为子，封潞王。废愍帝而即位，改元清泰（三年）。石敬瑭犯阙，帝兵败自焚死，在位凡三年。

晋世系

自石敬瑭灭唐称帝（西元九三六年），至出帝为契丹所执（西元九四六年），凡二主，共十一年。

高祖姓石，名敬瑭，太原汾阳里人。仕唐为北京留守，举兵入洛灭唐，即皇帝位，国号曰晋，建元天福（七年），在位凡七年。

出帝名重贵，高祖从子，封齐王。嗣位，仍用天福（一年）、开运（三年）。契丹入汴，北迁，卒于黄龙府，在位凡四年。

汉世系

自刘知远继晋称帝（西元九四七年），至隐帝灭于后周（西元九五〇年），凡二主，共四年。

高祖姓刘，初名知远。其先沙陀部人。仕晋，封北平王。出帝北迁契丹，议建国。河东行军司马张彦威等，上笺劝进，遂即皇帝位，改国号曰汉，仍用晋高祖天福年号，在位凡一年。

隐帝名承祐，高祖第二子，封周王。嗣立，改元乾祐（三年）。郭威拥兵犯阙被杀，在位凡三年。

周世系

自郭威灭汉称帝（西元九五一年），至恭帝禅位于赵匡胤（西元九六〇年），凡二姓三主，共十年。

太祖姓郭名威，邢州尧山人。仕汉，以邺都留守入汴，灭汉，即皇帝位，国号曰周，建元广顺（三年），在位凡三年。

世宗本姓柴名荣，邢州龙冈人。柴氏女适太祖为后，世宗为后侄，太祖爱，养为己子。封晋王。嗣立，改元显德（六年），在位凡六年。

恭帝名宗训，世宗第四子。封梁王。嗣立，仍用显德年号，在位凡六月。陈桥兵变，禅位于赵匡胤。

前蜀

自王建入据成都（唐昭宗大顺二年，西元八九一年），至后主衍灭于后唐（西元九二五年），凡二主，共三十五年。

高祖姓王名建，许州舞阳人。为忠武军将。唐僖宗在蜀，以兵随驾扈从有功，迁壁州刺史。逐西川节度使韦昭度而代之，旋并有两川、三峡、山南西道之地，封蜀王，沿用天复。七年，梁氏篡唐，建自帝于成都，国号曰蜀，改元武成（三年）、永平（五年）、通正（一年）、天汉（一年）、光天（一年），在帝位凡十一年。

后主名衍，建之幼子。建卒，嗣立，改元乾德（六年）、咸康（一年）。唐庄宗灭梁后，于同光三年，遣兵伐蜀，取之。衍降后见杀，在位凡七年。

后蜀

自孟知祥为节度使（后唐同光三年，西元九二五年），至后主昶灭于宋（西元九六五年），凡二主，共四十年。

高祖姓孟名知祥，邢州龙冈人。仕后唐，庄宗既灭蜀，乃以知祥为成都尹、剑南西川节度副大使。明宗立，知祥背叛，明宗抚慰之，封蜀王。明宗崩，知祥于长兴四年（西元九三三年）即皇帝位，国号曰蜀，建元明德（一年），是年卒，在位凡一年。

后主名昶，知祥第三子。嗣立，袭用明德年号（三年），改元广政（二十七年）。宋太祖乾德三年，遣师伐蜀，取之。昶降，封秦国公。在位凡三十年。

吴

自杨行密据扬州（唐昭宗景福元年，西元八九二年），至睿帝禅位于李昪（西元九三七年），凡四王，共四十六年。

太祖姓杨名行密，庐州合肥人。初应募为州兵，迁队长。唐僖宗光启初，逐庐州刺史，据其地，诏就拜刺史。淮南节度使高骈，为毕师铎所攻，行密击师铎，大败之，取扬州，唐又拜行密为淮南节度使。行密遣兵略地，自淮以南、江以东诸州，皆下之。天复二年，进爵吴王。天祐二年卒，在位凡十四年。

烈祖名渥，行密长子。嗣立，封弘农王。梁太祖开平三年（西历元九〇九年），为徐温、张颢等所杀，在位凡三年。

高祖名隆演，渥弟。渥被害，徐温拥立之。梁末帝贞明五年（西元九一九年），即吴王位，改元武义（二年）。在位共十二年。

睿帝名溥，行密第四子。初封丹阳郡公，继隆演而立，改元顺义（六年）。唐明宗天成二年（西元九二七年），称皇帝，国号曰吴，又改元乾贞（二年）、太和（六年）、天祚（三年）。徐温养子李昪秉政，位至齐王。晋高祖天福二年，溥为昪所逼，遂禅位，在位凡十七年。

南唐

自李昪代吴称帝（晋天福二年，西元九三七年），至后主降于宋（西元九七五年），凡三主，共三十九年。

烈祖姓李名昪，徐州人。为徐温养子，冒姓徐氏，名知诰。既专政，受吴禅，复姓李氏，改名昪。自言为唐宪宗子建王恪四世孙，故建国号曰唐，建元昪元（六年），在位凡六年。

元宗名璟，初名景，昪之长子。嗣立，改元保大（五年）、中兴、交泰（一年）。周世宗遣兵伐之，奉表乞为附庸之国，遂奉周年号。宋建隆二年卒，在位共十九年。

后主名煜，璟第六子。嗣立，宋太祖遣使召煜赴阙，煜称疾不行。开宝七年（西元九七四年），遣曹彬伐之。翌年，克金陵，俘煜至京师。太祖赦之，封为违命侯。在位凡十四年。

闽

自王潮据福州（唐昭宗景福二年，西元八九三年），至天德帝灭于南唐（西元九四五年），凡七主，共五十三年。

王潮，光州固始人。初为县佐史。寿州人王绪攻陷固始，以潮为军校。绪为秦宗权所攻，率众南奔，自南康入汀，陷漳浦。绪性急多杀，为下所害，推潮为主。唐僖宗光启二年，授为泉州刺史。旋攻陷福州，尽有闽岭五州之地。昭宗因建威武军于福州，以潮为节度、福建管内观察使，时景福二年也。乾宁四年（西元八九七年），潮卒。在位凡五年。

太祖名审知，潮弟。潮卒，审知代立。唐拜为节度使，累迁封琅邪王。唐亡，梁太祖封为闽王。审知虽起自陇亩，而为人俭约，选任良吏，省刑惜费，轻徭薄赋，与民休息，境内晏然。后唐庄宗同光三年卒，在位凡二十八年。

嗣王名延翰，审知长子。嗣立，建国称王，犹禀正朔。为弟延钧所杀，在位凡一年。

惠宗名延钧，审知次子。杀延翰自立，改名鏻。后唐明宗长兴四年称帝，国号曰大闽，改元龙启（二年）、永和（一年）。子继鹏作乱被杀，在位共九年。

康宗名昶，鏻子。嗣位，改元通文（三年）。因不道，为闽人所杀。在位凡三年。

景宗名延羲，审知少子。嗣位，更名曦，改元永隆（六年）。以淫虐被杀，在位凡六年。

天德帝名延政，审知子，曦弟也。廷政数谏曦，曦怒，遣兵攻之，为延政所败。延政乃以建州建国称“殷”，改元天德（三年）。明年，曦被杀，延政将入福州，南唐主李璟闻闽乱，发兵攻之，遂取闽，迁延政之族于金陵。在位凡三年。时后晋出帝开运二年也。

楚

自马殷据湖南（唐昭宗乾宁三年，西元八九六年），至希崇降于南唐（西元九五一年），凡六主，共五十六年。

武穆王姓马名殷，许州鄢陵人。初为孙儒（秦宗权部将）裨将，儒攻宣州败死，殷与其下推刘建峰为主，转攻豫章虔、吉，入湖南取潭州。建峰自称留后，唐僖宗因而授之。昭宗乾宁三年，建峰为其下所杀，推殷为主，遂有潭、衡七州之地。梁时，封楚王。唐灭梁，殷入贡，仍封爵。后唐明宗长兴元年（西元九三〇年）卒，在位凡三十五年。

衡阳王名希声，殷次子。继立，在位凡二年。

文昭王名希范，殷第四子。继立，开运四年卒，在位凡十五年。

废王名希广，希范同母弟。继立，为其兄希萼所攻，兵败，缢死。在位凡三年。

恭孝王名希萼，既杀希广，遂自立，时汉乾祐三年也。希萼悉以军政任其弟希崇，希崇与楚旧将徐威、陆孟俊、鲁绾等作乱，被废，在位凡一年。

希崇遣彭师暠、廖偃，囚希萼于衡山。师暠奉希萼为衡山王，臣于南唐李璟。希崇惧，亦请命于璟。璟遣边镐入楚，尽迁马氏之族于金陵。时周太祖广顺元年也。

南汉

自刘隐为广州节度（西元九〇五年），至后主鋹灭于宋（西元九七一年），凡五主，共六十七年。

烈祖姓刘名隐，其祖安仁，上蔡人。后徙闽中，商贾南海，因家焉。父谦为广州牙将，唐僖宗乾符五年，黄巢攻破广州，去略湖湘间，谦为封州刺史。谦卒，隐代之。昭宗乾宁中，为节度副使。节度徐彦若卒，军中推隐为留后。天祐二年，拜节度使。梁开平三年，封南平王。乾化元年卒，在位凡七年。

高祖名龑，初名岩，谦庶子。梁太祖乾化元年代立。初受梁封。贞明三年，龑即皇帝位，国号大越，又改国号曰汉，改元乾亨（八年）、白龙（三年）、大有（十五年），在位共三十一年。

殇帝名玢，龑第三子。嗣位，改元光天（一年）。为弟晟所杀，在位凡一年。

中宗名晟。既立，改元应乾，旋改乾和（十五年），在位凡十五年。

后主名𬬮，晟长子。嗣立，改元大宝（十三年）。宋太祖开宝四年，遣师伐南汉取之，𬬮降，封为恩赦侯。在位凡十三年。

荆南（南平）

自高季兴为荆南节度（西元九〇七年），至继冲降于宋（西元九六三年），凡五主，共五十七年。

武信王姓高名季兴，陕州陕石人。梁太祖开平元年，拜荆南节度。梁末帝封渤海郡王。梁亡，臣于唐。唐兵伐蜀，乘机取夔、忠、万、归、峡等州。明宗攻之，取其夔、忠、万三州，季兴遂臣于吴，吴封为秦王。天成三年卒。在位凡二十二年。

文献王名从诲，季兴长子。继立，复臣于唐，封南平王。荆南地狭兵弱，介于吴越，为小国。自吴称帝，而南汉、闽、楚皆奉梁正朔。蜀时贡奉，皆假道荆南。季兴、从诲常邀留其使者，掠取其物，而诸道以书责诮，或发兵加讨，即复还之而无愧。其后南汉与闽、蜀皆称帝，从诲所向称臣，盖利其赐予。俚俗语谓“夺攘苟得无愧耻者为赖子”，犹言无赖也，故诸国皆目为“高赖子”。汉乾祐元年卒。在位凡二十年。

贞懿王名保融，从诲第三子。继立，周广顺元年，封渤海郡王。显德元年，进封南平王。宋兴，保融惧，一岁之间三入贡。

建隆元年卒。在位凡十二年。

保勖，从诲第十子。继立。建隆三年卒。在位凡二年。

继冲，保融子。继立，宋乾德元年，太祖诏慕容延钊讨湖南张文表，假道荆南，入其郛。继冲惧，以地内附，举族入朝。在位凡一年。

吴越

自钱镠为镇海节度（西元八九三年），至俶献地于宋（西元九七八年），凡五主，共八十六年。

武肃王钱镠，杭州临安人。始为石镜镇将董昌偏裨，击黄巢有功为都将，击刘汉宏，破越州，昌徙居越，而以镠为杭州刺史，击取苏、常、润等州。唐昭宗景福二年，进镇海节度使。乾宁二年，董昌称帝，镠讨平之，尽有两浙之地。后梁太祖封镠为吴越王。后唐庄宗时，镠入贡。长兴三年卒。在位凡四十年。

文穆王名元瓘，镠第七子。继立。天福六年卒。在位凡九年。

忠献王名佐，元瓘第六子。继立。开运四年卒。在位凡六年。

忠逊王名倧，佐弟。继立。大将胡进思，废倧而立俶。在位凡一年。

忠懿王名俶，佐弟。继立。历汉、周，袭封吴越王。宋太宗太平兴国三年，俶入觐，尽献其地。在位凡三十一年。

北汉

自刘旻称帝（西元九五一年），至英武帝灭于宋（西元九七九年），凡三姓四主，共二十九年。

世祖姓刘名旻，后汉高祖母弟。后周郭威代汉，旻时为河东节度使，遂称帝于太原，国号曰汉，袭用乾祐年号。通好于契丹，以叔事之，称侄皇帝。后为周世宗所败，以忧卒。在位凡四年。

睿宗名承钧，旻次子。继立，改元天会（十二年）。在位共十四年。

少主名继恩，承钧养子，本姓薛。继立，宰相郭无为受遗诏辅政，继恩与无为有隙，无为杀之，而立其弟继元。

英武帝名继元，亦承钧养子，本姓何。继立，仍用天会。至十七年，改元广运（六年）。宋太宗太平兴国四年，征之，继元以穷促降，宋封为彭城公。在位凡十一年。

五代诸国兴亡分合简表

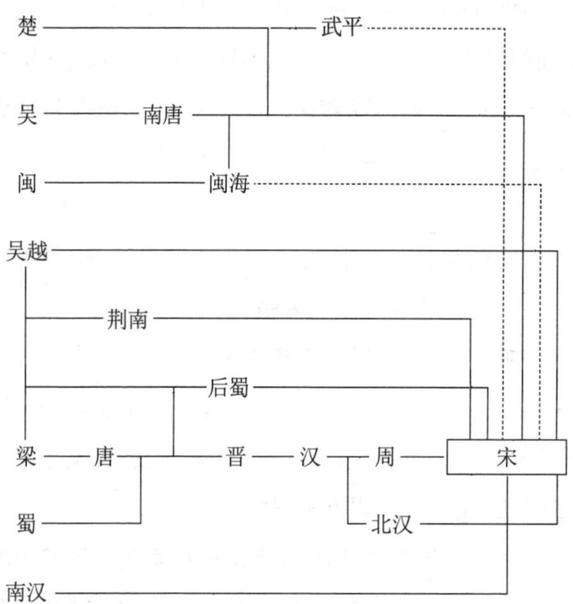

（一）五代诸国疆域

唐之盛时，虽名天下为十道，而其势未分。既其衰也，置“军”“节度”，号为方镇。……兵骄则逐帅，帅强则叛上……天下之势，自兹而分。……自僖、昭以来，日益割裂。梁初，天下别为十一，南有吴、浙、荆湖、闽、汉，西有岐、蜀，北有燕、晋，而朱氏所有七十八州以为梁。庄宗初起并、代，取幽、沧，有州三十五。其后又取梁、魏博等十有六州，合五十一州，以灭梁。岐王称臣，又得其州七。同光破蜀，已而复失。……而营、平二州陷于契丹……合一百二十三州以为唐。石氏入立，献十有六州于契丹，而得蜀金州……合一百九州以为晋。刘氏之初，秦、凤、阶、成复入于蜀……合一百六州以为汉。郭氏代汉，十州入于刘旻。世宗取秦、凤、阶、成、瀛、漠及淮南十四州……合一百一十八州以为周。宋兴因之，此中国之大略也。其余外属者，强弱相并，不常其得失。至于周末，闽已先亡，而在者七国。自江以下二十一州为南唐，自剑以南及山南西道四十六州为蜀，自湖南北十州为楚，自浙东西十三州为吴越，自岭南北四十七州为南汉，自太原以北十州为东汉，而荆、归、峡三州为南平，合中国所有二百六十八州，而军不在焉。唐之封疆远矣……而羁縻寄治虚名之州在其间。五代乱世，文字不完，而时有废省，又或陷于夷狄，不可考究（《五代史》卷六十《职方考序》）。

自唐失其政，天下乘时，黥髡盗贩，衮冕峨巍。吴暨南唐，奸豪窃攘。蜀险而富，汉险而贫，贫能自强，富者先亡。闽陋荆蹙，楚开蛮服。剥剽弗堪，吴越其尤。牢牲视人，岭蜑遭刘。百年之间，并起争雄（《五代史》卷六十一《世家序》）。

五代诸国疆域简表

唐		五季																备考
道别	州名	梁	唐	晋	汉	周	蜀	后蜀	吴	闽	楚	南唐	吴越	荆南	南汉	北汉		
京畿道	雍 华 同 岐	雍 [歧] 崇 裕 华 同 [歧李茂贞]	雍 乾 耀 华 同 歧	雍 乾 耀 华 同 歧	雍 乾 耀 华 同 岐	雍 乾 耀 华 同 歧												《五代史·职方考》：乾州，李茂贞置，治奉先县。 《五代史·职方考》：耀州，李茂贞置，治华原县。梁初改曰崇州。唐同光元年，复为耀州。 《读史方舆纪要》：李茂贞于美原置鼎州。梁改为裕州。 陈芳绩《历代地理沿革表》：唐同光元年，废裕州入耀州。按《五代史·职方考》无，特补入之。
都畿道	洛 陕 虢 汝	洛 陕 虢 汝	洛 陕 虢 汝	洛 陕 虢 汝	洛 陕 虢 汝	洛 陕 虢 汝												

续表

唐		五季															备考
道别	州名	梁	唐	晋	汉	周	蜀	后蜀	吴	闽	楚	南唐	吴越	荆南	南汉	北汉	
关内道	陇	岐李茂贞	陇	陇	陇	陇										麟	《五代会要》：周显德五年六月，废衍州为平定镇，隶邠州。
	泾		泾	泾	泾	泾											
	宁	宁	宁	宁	宁	宁											《历代地理沿革表》：唐末分坊州立翟州。梁改为禧州，寻废。按《五代史·职方考》无，特补入。
	衍	衍	衍	衍	衍	坊											
	坊	坊	坊	坊	坊												
	翟	禧															
	鄜	鄜	鄜	鄜	鄜	鄜											
	丹	丹	丹	丹	丹	丹											
	延	延	延	延	延	延											《五代会要》：周显德五年六月，废武州为潘源县，隶渭州。
	庆	庆	庆	庆	庆	庆											
	原	岐李茂贞	原	原	原	原											
	武		武	武	武	武											《五代会要》：晋天福四年五月，敕灵州方渠镇，宜升为威州。周广顺二年三月，改为环州。显德四年九月，降为通远军。
	盐	盐	盐	盐	盐	盐											
	灵	灵	灵	灵	灵	灵											
				威	威	环											
	宥	宥	宥	宥	宥	宥											

续表

唐		五季																备考
道别	州名	梁	唐	晋	汉	周	蜀	后蜀	吴	闽	楚	南唐	吴越	荆南	南汉	北汉		
关内道	夏 银 绥 胜 鳞 丰警会	夏 银 绥 李晋	夏 银 绥 府 麟	夏 银 绥 府 麟	夏 银 绥 府 麟	夏 银 绥 府										麟		《历代地理沿革表》：胜州没于契丹。 《历代地理沿革表》：丰、警、会没于吐蕃。
河南道	汴 郑 蔡 许 陈 辉	汴 郑 蔡 许 陈 颍 亳 宋 辉	汴 郑 蔡 许 陈 颍 亳 宋 单	汴 郑 蔡 许 陈 颍 亳 宋 单	汴 郑 蔡 许 陈 颍 亳 宋 单	汴 郑 蔡 许 陈 颍 亳 宋 单												

续表

唐		五季															备考
道别	州名	梁	唐	晋	汉	周	蜀	后蜀	吴	闽	楚	南唐	吴越	荆南	南汉	北汉	
河南道	曹	曹	曹	曹	曹	曹											《五代史·职方考》：唐末，以宋州之砀山，梁太祖乡里也，为置辉州。唐灭梁，改辉州为单州。
	滑	滑	滑	滑	滑	滑											
	濮	濮	濮	濮	濮	濮											
	郓	郓	郓	郓	郓	郓											
						济											
	齐	齐	齐	齐	齐	齐											《五代会要》：周广顺二年九月，以郓州巨野升为济州。
	淄	淄	淄	淄	淄	淄											
						滨											
	徐	徐	徐	徐	徐	徐											《五代会要》：周显德三年六月，以赡国军升为滨州。
	宿	宿	宿	宿	宿	宿											
	兖	兖	兖	兖	兖	兖											
	棣	棣	棣	棣	棣	棣											《五代史·南唐世家》：周世宗复南征，扬、泰、滁、和、寿、濠、泗、楚、光、海等州，已为周得。李景遂献庐、舒、蕲、黄，画江以为界。
	沂	沂	沂	沂	沂	沂											
	青	青	青	青	青	青											
	莱	莱	莱	莱	莱	莱											
	登	登	登	登	登	登											
	密	密	密	密	密	密											
	海					海			海			海					

续表

唐		五季															备考
道别	州名	梁	唐	晋	汉	周	蜀	后蜀	吴	闽	楚	南唐	吴越	荆南	南汉	北汉	
河东道	蒲	蒲	蒲	蒲	蒲	蒲											《五代会要》：汉乾祐元年九月，升解县为州。 《读史方舆纪要》：唐明宗天成初，置寰州，今为朔方马邑县。
					解	解											
	晋	晋	晋	晋	晋	晋											
	绛	绛	绛	绛	绛	绛											
	潞		潞	潞	潞	潞											
	泽		泽	泽	泽	泽											
	慈		慈	慈	慈	慈											
	隰		隰	隰	隰	隰											
	并		并	并	并												
	宪		宪	宪	宪											宪	
	汾		汾	汾	汾											汾	
	石		石	石	石											石	
	沁		沁	沁	沁											沁	
	辽		辽	辽	辽											辽	
	岚		岚	岚	岚											岚	
	忻		忻	忻	忻											忻	
	代		代	代	代											代	

续表

唐		五季															备考
道别	州名	梁	唐	晋	汉	周	蜀	后蜀	吴	闽	楚	南唐	吴越	荆南	南汉	北汉	
河东道	朔 蔚 云 应	李晋	朔 寰 蔚 云 应	契丹	契丹	契丹											
河北道	怀 孟 卫 相 磁 洺 邢 赵 冀 定 祁	怀 孟 卫 相 惠 洺 邢 赵 冀 定 祁	怀 孟 卫 相 磁 洺 邢 赵 冀 定 祁	怀 孟 卫 相 磁 洺 邢 赵 冀 定 祁	怀 孟 卫 相 磁 洺 邢 赵 冀 定 祁	怀 孟 卫 相 磁 洺 邢 赵 冀 定 祁											《五代史·职方考》：磁州，梁改曰惠州，唐复曰磁州。 《五代会要》：后唐天成三年三月，升奉化军为泰州，以清苑县为理所，至周广顺二年二月废州。按《五代史·职方考》无，特补入。 《五代史·职方考》：周显德二年，废景州为定远军。

续表

唐		五季															备考
道别	州名	梁	唐	晋	汉	周	蜀	后蜀	吴	闽	楚	南唐	吴越	荆南	南汉	北汉	
河北道			泰	泰	泰												《五代史·晋高祖纪》：天福元年十一月，皇帝即位，以幽、涿、蓟、檀、顺、瀛、漠、蔚、朔、云、应、新、妫、儒、武、寰十六州入于契丹。 《五代会要》：周显德六年五月，以瓦桥关为雄州，割容城、归义二县隶之。益津关为霸州，割文安、大城二县隶之。地望并为中州，时初平关南故也。欧阳忞《舆地广记》：长兴元年，改武州为毅州。又《历代地理沿革表》：后唐复曰武州。
	镇	镇	镇	镇	镇	镇											
	易	易	易	易	易	易											
	贝	贝	贝	贝	贝	贝											
	魏	魏	魏	魏	魏	魏											
	澶	澶	澶	澶	澶	澶											
	博	博	博	博	博	博											
	深	深	深	深	深	深											
	德		德	德	德	德											
	沧	李晋	沧	沧	沧	沧											
	景		景	景	景												
	瀛		瀛	契丹	契丹	瀛											
	莫		莫			莫											
						雄											
						霸											
	幽		幽	契丹	契丹	契丹											
	蓟		蓟														
	涿		涿														

续表

唐		五季															备考
道别	州名	梁	唐	晋	汉	周	蜀	后蜀	吴	闽	楚	南唐	吴越	荆南	南汉	北汉	
河北道	儒 檀 顺 新 武 妫 营 平 燕		儒 檀 顺 新 毅 妫 营 平														《通考·舆地考》：唐末刘仁恭以营、平二州遗契丹。后唐庄宗灭仁恭而取其地，既灭梁，复陷契丹。 《唐书·地理志·幽都》注：建中二年，为朱滔所灭，因废为县。
山南东道	荆 襄 邓 唐 隋 郢 复 均	荆 襄 邓 泌 隋 郢 复 均	 襄 邓 唐 隋 郢 复 均	 襄 邓 泌 隋 郢 复 均	 襄 邓 唐 隋 郢 复 均	 襄 邓 唐 隋 郢 复 均								荆			《续通志·地理略》：唐州，昭宗天祐三年，朱全忠徙治泌阳，表更名。 《通考·舆地考》：后唐复，晋又为泌州。《太平寰宇记》：汉初复旧名（唐州）。

续表

唐		五季															备考
道别	州名	梁	唐	晋	汉	周	蜀	后蜀	吴	闽	楚	南唐	吴越	荆南	南汉	北汉	
山南东道	房 峡 归 夔 万 忠	房	房 夔 万 忠	房	房	房	峡 归 夔 万 忠	夔 万 忠						峡 归			《历代地理沿革表》：梁更复州武威军。唐仍之。晋天福元年，改曰竟陵郡。汉曰复州。周曰沔州。
山南西道	梁 洋 金 商 凤 兴 利 阆 开 果 合		梁 洋 金 商 凤 兴 利 阆 开 果 合	金 商	金 商	金	梁 洋 金 凤 兴 利 阆 开 果 合	梁 洋 凤 兴 利 阆 开 果 合									《十国春秋·地理表》：蜀复置潾州。按:《五代史·职方考》无，特补入。

续表

唐		五季															备考
道别	州名	梁	唐	晋	汉	周	蜀	后蜀	吴	闽	楚	南唐	吴越	荆南	南汉	北汉	
山南西道	渝 涪 渠 蓬 壁 巴 通 集		渝 涪 渠 潾 蓬 壁 巴 通 集				渝 涪 渠 潾 蓬 壁 巴 通 集	渝 涪 渠 潾 蓬 壁 巴 通 集									
陇右道	秦 成 阶 渭	秦 成 阶	秦 成 阶 渭	秦 成 阶 渭	渭	秦 成 阶 渭	秦 成 阶	秦 成 阶									《五代史·后蜀世家》：汉高祖起于太原，中国多故，雄武军节度使何建，以秦、成、阶三州附于蜀。昶因遣孙汉韶攻下凤州，于是悉有王衍故地。按：秦、成、阶、凤四州，汉初即入蜀。而《职方考》

续表

唐		五季															备考
道别	州名	梁	唐	晋	汉	周	蜀	后蜀	吴	闽	楚	南唐	吴越	荆南	南汉	北汉	
陇右道																	列为汉有，误也。 又广政十八年，周世宗伐蜀，乃遣高彦俦、李廷珪，出堂仓以拒周师。彦俦大败，于是秦、成、阶、凤复入于周。 按：《唐书·地理志》此下有兰、临、河、洮、岷、叠、宕、鄯、廓、凉、甘、肃、瓜、沙、伊、西等十六州。其地自天宝乱后，陷于吐蕃。宣宗大中五年，沙州人张义潮以河西诸州来归，于是尽复河湟地。僖宗广明以后，中原多故，遂为吐蕃、回纥等所分据。五代时，虽有以地内附者，但亦羁縻之而已。

续表

唐		五季															备考
道别	州名	梁	唐	晋	汉	周	蜀	后蜀	吴	闽	楚	南唐	吴越	荆南	南汉	北汉	
淮南道	扬					泰			扬			扬					《五代史·周纪》：显德五年三月，克淮南十有四州，以江为界。按：周得南唐扬、雄、泰、楚、和、滁、泗、濠、寿、庐、舒、蕲、黄、光十四州也。 《五代史·职方考》：南唐以六合为雄州。周复故。《十国春秋·地理表》：吴置海陵制置院。南唐昇元元年，升为泰州。 《历代地理沿革表》：通州，周显德时置。《续通典·州郡典》：唐沔州，废入鄂州。
		安	安	安	安	通						雄					
		申	申	申	申							泰					
	楚					楚			楚			楚					
	和					和			和			和					
	滁					滁			滁			滁					
	泗					泗			泗			泗					
	濠					濠			濠			濠					
	寿					寿			寿			寿					
	庐					庐			庐			庐					
	舒					舒			舒			舒					
	蕲					蕲			蕲			蕲					
	黄					黄			黄			黄					
	沔																
	安					安											
	申					申											
	光					光			光			光					

续表

唐		五季															备考
道别	州名	梁	唐	晋	汉	周	蜀	后蜀	吴	闽	楚	南唐	吴越	荆南	南汉	北汉	
江南东道	润								润			润					《五代会要》：晋天福三年十月，两浙钱元瓘奏以杭州嘉兴县置秀州。 《十国春秋·地理表》：镛州旧为将乐县。天德元年，升县为镛州。《读史方舆纪要》：南唐以镛州并入镡州。《十国春秋·地理表》：闽王延政置镡州，南唐拔之。马令《南唐书》：保大三年，以延平津为剑州。《读史方舆纪要》：漳、泉二州，虽为留从效所据，而羁属于南唐也。《十国春秋·地理表》：南州闽为漳州，南唐改南州。
	昇								昇			昇					
	常								常			常					
	苏												苏				
													秀				
	湖												湖				
	杭												杭				
	睦												睦				
	歙								歙			歙					
	婺												婺				
	衢												衢				
	越												越				
	明												明				
													台				
	台												处				
	处																
	温																

续表

唐		五季															备考
道别	州名	梁	唐	晋	汉	周	蜀	后蜀	吴	闽	楚	南唐	吴越	荆南	南汉	北汉	
江南东道	建 福 泉 漳 汀									建 镛 镡 福 泉 漳 汀		建 剑 泉 南 汀	温 福				
江南西道	宣 池 饶 信 抚 虔 洪 吉 袁								宣 池 饶 信 抚 虔 洪 吉 袁			宣 池 饶 信 抚 虔 洪 筠 吉 袁					《十国春秋·地理表》：南唐保大十年正月，复置筠州于高安县。

续表

唐		五季															备考
道别	州名	梁	唐	晋	汉	周	蜀	后蜀	吴	闽	楚	南唐	吴越	荆南	南汉	北汉	
江南西道	郴										郴				郴		《五代会要》：晋天福四年四月，湖南马希范奏以湘川县置全州。
	江								江			江					
	鄂								鄂			鄂					
	岳										岳						
	潭										潭						
	衡										衡						
	永										永						
											全						
	道										道						
	邵										邵						
	朗										朗						
	澧										澧						
黔中道	黔		黔				黔	黔									《五代史·楚马殷世家》：澧州向瓌，辰州宋邺，溆州昌师益等，率溪洞诸蛮皆附于殷。《职方考》未列叙州，特补入。《五代史·楚马希范世家》：溪
	施		施				施	施									
	辰										辰						
	叙										叙						
	溪										溪						

续表

唐		五季															备考
道别	州名	梁	唐	晋	汉	周	蜀	后蜀	吴	闽	楚	南唐	吴越	荆南	南汉	北汉	
黔中道	锦 奖 费 思 夷 溱 南 播										锦 奖						州刺史彭士然，率锦、奖诸蛮攻澧州，希范遣刘勍、刘全明等击之，士然大败。勍等攻溪州，士然走奖州，遣其子师暠率诸蛮酋降于勍，于是南宁州酋长莫彦殊，率其本部十八州，都云酋长尹怀昌，率其昆明等十二部，牂牁张万濬率其夷番等七州，皆附于希范。按此，马氏已据有全黔，史无明文，其详待考。《宋史·地理志》：建隆四年。平湖南，得州一十五、监一。注：潭、衡、邵、郴、道、永、全、岳、澧、郎、奖、辰、锦、溪、叙，桂阳监。按《五代史·职方考》：仅列十州，而奖、锦、溪不与焉。

续表

唐		五季															备考
道别	州名	梁	唐	晋	汉	周	蜀	后蜀	吴	闽	楚	南唐	吴越	荆南	南汉	北汉	
剑南道	益		益				益	益									《十国春秋·地理表》：前蜀武成元年，灌州奏武部郎中张道古卒。则灌州为名已久，当不自后蜀始矣。 《历代地理沿革表》：羌人据维州，蜀徙治中州城。 《唐书·地理志》：松州，广德元年没叶蕃。其后松、当、悉、静、柘、恭、保、真、霸、乾、维、翼等为行州，以部落首领世为刺史、司马。 按：《旧五代史·唐纪》：庄宗同光三年蜀平，得郡六十四。而《五代史·职方考》列有五十七州，除潭、衡、澧为
	蜀		蜀				蜀	蜀									
	彭		彭				彭	彭									
								灌									
	汉		汉				汉	汉									
	绵		绵				绵	绵									
	剑		剑				剑	剑									
	梓		梓				梓	梓									
	遂		遂				遂	遂									
	普		普				普	普									
	资		资				资	资									
	昌		昌				昌	昌									
	简		简				简	简									
	陵	陵					陵	陵									
	邛	邛					邛	邛									
	雅	雅					雅	雅									
	黎	黎					黎	黎									
	眉	眉					眉	眉									

续表

唐		五季															备考
道别	州名	梁	唐	晋	汉	周	蜀	后蜀	吴	闽	楚	南唐	吴越	荆南	南汉	北汉	
剑南道	嘉 荣 泸 戎 茂 文 龙 维 翼 松 当 悉 静 恭 柘 保 真 霸	嘉 荣 泸 戎 茂 文 龙 维					嘉 荣 泸 戎 茂 文 龙 维	嘉 荣 泸 戎 茂 文 龙 维									楚所据未经隶属外，只有五十四州。以上计之，尚阙十州。或者松、翼诸州，其时有为蜀所有者，然考之各书，均无确证。即《历代地理沿革表》，亦仅列州名，不详所属，北姑存其名，以合六十四州之数。其详待考。 《历代地理沿革表》：扶州，大历五年，陷入吐蕃。大中二年，收复后废。《历代地理沿革表》：嶲州，懿宗时为蒙诏所据。

续表

唐		五季															备考
道别	州名	梁	唐	晋	汉	周	蜀	后蜀	吴	闽	楚	南唐	吴越	荆南	南汉	北汉	
剑南道	乾																《历代地理沿革表》五代栏，姚州属南诏。
	扶																
	嶲																
	姚																
岭南道	广														广		《五代史·职方考》：英州，南汉刘龑割广州之浈阳置。《五代史·职方考》：雄州，南汉刘龑割韶州之保昌置。《十国春秋·地理表》：南汉改旧循州为祯州，而别立循州于北境。《十国春秋·地理表》：祯州，欧史《职方考》作惠州，按宋天禧时，以州名犯太子名，始改为惠，五代时，未尝有惠州也。《五代史·职方考》无，兹据《十国春秋·地理表》及《读史方舆纪要》补入。
															英		
	韶														韶		
															雄		
	循														循		
															祯		
	潮														潮		
															敬		
	连											连			连		
	端														端		
	康														康		
	恩														恩		
	春														春		
	勤														勤		

续表

唐		五季															备考
道别	州名	梁	唐	晋	汉	周	蜀	后蜀	吴	闽	楚	南唐	吴越	荆南	南汉	北汉	
岭南道	新														新		《历代理理沿革表》：南汉乾和四年，割潮州程乡县置敬州。《十国春秋·地理表》：恭州，乃宋避庙讳而称之。 《十国春秋·地理表》：辨州，至宋太平兴国五年，改曰化州。《五代史·职方考》既有辨州，复列化州，误。顺州，《五代史·职方考》无，兹据《十国春秋·地理表》及《历代地理沿革表》补入。 《舆地广记》：常乐州，南汉立，开宝五年废。《五代史·职方考》无，兹特补入。 《读史方舆纪要》及《历代理理沿革表》，均有陆州，而五季时，未有其名。何时改废，待考。
	封														封		
	潘														潘		
	高														高		
	辨														辨		
	顺														顺		
	罗														罗		
	宝														宝		
	泷														泷		
	雷														雷		
	钦														钦		
	廉														廉		
															常乐		
	陆																
	崖														崖		
	琼														琼		
	万														万		

续表

唐		五季															备考
道别	州名	梁	唐	晋	汉	周	蜀	后蜀	吴	闽	楚	南唐	吴越	荆南	南汉	北汉	
岭南道	安														安		《五代史·职方考》无振州，《宋史·地理志》及《十国春秋》，均列其名，兹特补入。
	儋														儋		
	振														振		
	桂										桂				桂		《十国春秋·地理表》：晋开运三年，文昭王奏立溥州。《五代史·职方考》阙，兹特补入。
											溥				溥		
	严										严				严		
	峦														峦		
	昭											昭			昭		《五代史·职方考》无峦州，兹据《十国春秋·地理表》及《历代地理沿革表》补入。
	富											富			富		
	贺											贺			贺		
	蒙											蒙			蒙		《五代史·职方考》无义州，兹据《十国春秋·地理表》及《历代理理沿革表》补入。
	梧											梧			梧		
	藤														藤		
	义														义		《读史方舆纪要》：思唐，或曰即唐之山州，《五代史·职方考》无，兹并据《十国春秋·地理表》补入。
	郁														郁		
	林														林		
	容														容		《五代史·职方考》无牢州，

续表

唐		五季															备考
道别	州名	梁	唐	晋	汉	周	蜀	后蜀	吴	闽	楚	南唐	吴越	荆南	南汉	北汉	
岭南道	白														白		兹据《十国春秋·地理表》及《历代地理沿革表》补入。 党州，同上。 禺州，同上。 龚州，同上。 《五代史·职方考》无贵、绣，兹据《十国春秋·地理表》及《历代地理沿革表》补入。 《十国春秋·地理表》：光天元年，即晋天福七年，改邕州为诚州，避庙讳。未几复故。按：晋高祖父，名绍雍。 《五代史·职方考》无澄州，兹据《历代地理沿革表》补入。 《五代史·南汉世家》：龚，大有三年，遣将攻交趾，擒曲
	山														思		
															唐		
	牢														牢		
	党														党		
	禺										龚				禺		
	龚														龚		
	浔														浔		
	贵														贵		
	绣														绣		
	横														横		
	邕														邕		
	宾														宾		
	澄														澄		

续表

唐		五季															备考
道别	州名	梁	唐	晋	汉	周	蜀	后蜀	吴	闽	楚	南唐	吴越	荆南	南汉	北汉	
岭南道	象 柳 融 宜 交										象 柳 融 宜				象 柳 融 宜 交		承美。四年，爱州杨廷艺叛，攻交州。刺史李进遁归。按：交州初为南汉所有，至此始沦为化外，《职方考》不列其名，兹据以补入。 按：新旧《唐书·地志》属于岭南道诸州，除上列者外，在容管经略使管内，尚有汤、瀼、岩、古四州；邕管内有田州；安南管内，有武峨、芝、爱、福禄、长、驩、演、峰、笼、环十州，共十五州。唐末南诏之患，率多陷没。惟《五代史·南汉世家》龚取容管，又取邕管，则该二管内之州，当属南汉。特考各书，率未列其名，姑附志之。

续表

唐		五季															备考
道别	州名	梁	唐	晋	汉	周	蜀	后蜀	吴	闽	楚	南唐	吴越	荆南	南汉	北汉	
附记		梁盛时，有州七十八。	唐盛时，有州一百七十四，后蜀取其五十一州，契丹取其	晋盛时，有州一百十一。	汉盛时，有州一百零七。	周盛时，有州一百十八。	蜀盛时，有州五十四。	后蜀盛时，有州五十二，后为周取去四州，实有四十八州。	吴盛时，有州二十八。	闽盛时，有州七。	楚盛时，有州二十九，后为南汉取去十四州，实有十五州。	南唐盛时，有州三十六，后为周取去江北十五州，实有二	吴越盛时，有州十三。	荆南盛时，有州三。	南汉盛时，有州六十三，旋失交州实有六十二州。	北汉盛时。有州十。	一、本表所列唐州名，以新旧《唐书·地理志》为根据，而参以诸书。其十五道之区分，则依《读史方舆纪要》。 一、本表五季各国州名，以《五代史·职方考》为根据，其间遗漏错误之处，则据诸书是正添补之。 一、各国原有之州，其后失去者，则加圈栏如口，以示区别。其因战争旋得旋失者，概不阑入。

续表

唐		五季															备考
道别	州名	梁	唐	晋	汉	周	蜀	后蜀	吴	闽	楚	南唐	吴越	荆南	南汉	北汉	
附记			二州，实有一百廿一州。									十一州。					

（二）五代之分争

（1）民生之痛苦

（甲）赋税之繁

田赋

及庄宗平定梁室，任吏人孔谦为租庸使，峻法以剥下，厚敛以奉上，民产虽竭，军食尚亏。加之以兵革，因之以饥馑，不三四年，以致颠陨。其义无他，盖赋役重，而寰区失望故也（《旧五代史》卷一四六《食货志》）。

唐同光三年二月，敕："魏府小菉豆税，每亩减收三升。城内店肆园囿，比来无税，顷因伪命，遂有配征。……宜示矜蠲，令据紧慢去处，于见输税丝上，每两作三等，酌量纳钱。收市军装衣赐，其丝仍与除放。"（《旧五代史》卷一四六《食货志》）

明年（同光四年），以军食不足，敕："河南尹预借夏秋税。"民不聊生（《通考》卷三《田赋考三》）。

明宗天成元年四月，敕："应纳夏秋税，先有省耗，每斗一升。今后止纳正税数，不量省耗。"（《旧五代史》卷一四六《食货志》）

长兴三年十二月，三司奏请："诸道上供税物，充兵士衣赐不足。其天下所纳斛斗及钱，除支赡外，请依时折纳绫罗绢帛。"从之（《旧五代史》卷一四六《食货志》）。

汉隐帝时，三司使王章，聚敛刻急。旧制田税，每斛更输二斗，谓之"雀鼠耗"。章始令更输二斗，谓之"省耗"。旧钱出入，皆以八十为陌，章始令入者八十，出者七十七，谓之"省陌"（《通考》卷四《田赋考四》）。

吴徐知诰为淮南帅，以宋齐邱为谋主。先是，吴有丁口钱，又计亩输钱，民甚病之。齐邱以为钱非耕桑所得，使民输钱，是教之弃本逐末也，请蠲人口钱，自余税悉收谷帛细绢，匹直千钱者税三十（《通考》卷三

《田赋考三》）。

两浙钱氏偏霸一方，急征苛惨，科赋凡欠一斗者，多至徒罪（郑文宝《江表志》卷中）。

吴越旧式，民间尽算丁壮钱，以增赋舆。贫匮之家，父母不能保守，或弃于襁褓，或卖为僮妾，至有提携寄于释老者。真宗一切蠲放，吴俗始苏（释文莹《湘山野录》卷上）。

希范乃立铜柱为表，命学士李皋铭之。……希范作会春园、嘉宴堂，其费巨万，始加赋于国中（《五代史》卷六十六《楚世家》）。

刘铢……移镇青州……立法深峻，令行禁止。……在任擅行赋敛，每秋苗一亩率钱三千，夏苗一亩钱二千（《旧五代史》卷一〇七《刘铢传》）。

盐酒税

五季暴政所兴，江东、西酿酒则有“曲引钱”，食盐则输“盐米”，供军须则有“鞋钱”，入仓库则有“蔑钱”（《通考》卷四《田赋考四》）。

吴徐知诰用歙人汪台符之策，括定田赋，每正苗一斛，别输三斗，官授盐二斤，谓之“盐米”。入仓则有“蔑米”（《通考》卷四《田赋考四》）。

凡盐铛户应纳盐利，每斗折纳白米一斗五升，晋初始令折钱收纳，灶户所纳如此，盐价之贵可知也。海盐界分每年收钱一千七万贯，以区区数十州之地，而收价如此，其价更可知也。每城坊官自卖盐，乡村则案户配食，依田税输钱。其私贩之禁，十斤以上即处死，刮硷煎盐者，不论斤两皆死。凡告者，十斤以上赏钱二十千，五十斤以上三十千，百斤以上五十千，其法令之严可知也。晋高祖知盐贵之病民，乃诏计户征税，每户自一千至二百文，分五等，听商人贩盐，民自买食，一时颇以为便。出帝时，又令诸州、郡税盐，过税斤七钱，住税斤十钱，盖已案户征盐钱，不便改法，乃又加征商税，使利归于官也。汉乾祐中，青盐一石，抽税一千文，盐一斗，是又加重于出帝时矣。周广顺中，始诏青盐一石，抽八百文，盐一斗：白盐一石，抽五百文，盐五升。然盐价既因抽税增贵，而案户所征之盐税又不放免，是一盐而二税，民益苦之。此盐法之大概也。其酒曲之禁，孔循曾以曲法杀一家于洛阳（注：私曲五斤以上皆死）。明宗乃诏乡村人户，于秋田苗上每亩纳钱五文，听民自造曲酿酒，其城坊亦听自造而榷其税。长兴中，又减五文为三文，寻仍诏官自造曲，减旧价之半卖民酿酒。汉乾祐中，私曲之禁，不论斤两皆死。周广顺中，仍改为五斤以上。然五斤私曲即处极刑，亦可见法令之酷矣。此曲法之大概也（注：以上俱见薛《史》及《五代会要》）。即此二事，峻法专利，民已不堪命（赵翼《廿二史札记》卷二二《五代盐曲之禁》）。

商税

后唐明宗天成元年，诏："省司及诸府置税茶场院，自湖南至京六七处纳税，以至商旅不通，及州使置杂税务交下烦碎，宜定合税物色名目，商旅即许收税，不得邀难。"二年，敕："应三京诸道州、府商税等多不系属州、府，皆是省司差置场官，特议改更，贵除繁屑。自今已后，诸商税并委逐处州、府扑断，依省司常年定额，勾当办集。"（《续通典》卷十六《食货十六》）。

后周显德五年，敕："诸道州、府，应有商贾与贩牛畜者，不计黄牛、水牛，凡经过处，并不得抽税。如是货卖处，只仰据卖价，每一千抽税钱三十，不得别有邀难。"（《通考》卷十四《征榷考一》）

申渐高尝因曲宴，天久无雨，烈祖曰："四郊之外皆言雨足，惟都城百里之地亢旱，何也？"渐高云："雨怕抽税，不敢入城。"翌日，市征之令得蠲除（郑文宝《江表志》卷上）。

冶铁税

后唐长兴二年，敕："今后不计农器烧器动使诸物，并许百姓逐便自铸造。诸道监冶，除依常年定数铸办供军熟铁并器物外，只管出生铁，比已前价各随逐处见定高低，每斤一例减十文。货卖杂使熟铁，亦任百

姓自炼。……乡村百姓，只于夏、秋苗亩上，纳农器钱一文，五分足，随夏、秋二税送纳。”（《通考》卷十八《征榷考五》）

晋天福六年赦节文：“……百姓农具破者，须于官场中卖，铸时却于官场中买铁。今后许百姓取便铸造买卖，所在场院，不得禁止搅扰。”（《通考》卷十八《征榷考五》）

苛敛

潞王之发凤翔也，许军士以入洛人赏钱百缗。既至，阅府库实金帛不过三万匹、两，而赏军之费应用五十万缗，乃率京城民财，数日仅得数万缗。执政请据屋为率，无问士庶，自居及僦者预借五月僦直，百方敛民财，仅得六万。帝怒，下军巡使狱昼夜督责，囚系满狱，贫者至自经死，而军士游市肆皆有骄色（《通考》卷二十三《国用考一》）。

周广顺二年，敕：“约每岁民间所收牛皮，三分减二，计田十顷，税取一皮，余听民自用及买卖，惟禁卖于邻国。”先是，兵兴以来，禁民私卖牛皮，悉令输国受直。唐明宗之世，有司止偿以盐。晋天福中，并盐不给。汉法，犯牛皮一寸抵死。然民间日用，实不可无，帝素知其弊，至是，李穀建议均于田亩，公私便之（《通考》卷四《田赋考四》）。

鏻乃即皇帝位。……而闽地狭，国用不足，以中军使薛文傑为国计使。文傑多察民间阴事，致富人以罪而籍没其资以佐用，闽人皆怨（《五代史》卷六十八《闽世家》）。

茂贞居岐，以宽仁爱物，民颇安之。尝以地狭赋薄，下令榷油。因禁城门无内松薪，以其可为炬也，有优者诮之曰：“臣请并禁月明。”茂贞笑而不怒（《五代史》卷四十《李茂贞传》）。

在礼所至，邸店罗列，积资巨万。……在宋州，人尤苦之。已而罢去，宋人喜而相谓曰：“眼中拔钉，岂不乐哉！”既而复受诏居职，乃籍管内口率钱一千，自号“拔钉钱”（《五代史》卷四十六《赵在礼传》）。

张崇帅庐江，好为不法，士庶苦之。尝入觐江都，庐人幸其改任，皆相谓曰:“渠伊必不复来矣。”崇归闻之,计口征“渠伊钱”(郑文宝《江表志》卷中)。

李先主以国用不足,税民间鹅卵出双子者、柳花为絮者(王士祯《五代诗话》卷三引《天中记》)。

(乙)钱币滥恶

唐庄宗同光二年三月,知唐州晏骈安奏:“市肆间点检钱帛,内有锡镴小钱,拣得不少,皆是江南纲商挟带而来。”诏曰:“帛布之币,杂以铅锡,惟是江湖之外,盗铸尤多,市肆之间,公行无畏,因是纲商挟带,舟檝往来,换易好钱,藏贮富室,实为蠹弊,须有条流。宜令京城、诸道,于坊市行使钱内,点检杂恶铅锡钱,并宜禁断。沿江州、县,每有舟船到岸,严加觉察,不许将杂铅锡恶钱往来换易好钱。如有私载,并行收纳。”(《旧五代史》卷一四六《食货志》)

天成元年八月,中书门下奏:“访闻近日诸道州、府,所卖器价贵,多是销熔见钱,以邀厚利。”乃下诏曰:“……如原旧系铜器及碎铜,即许铸造。仍令生铜器物,每斤价定二百文;熟铜器物,每斤四百文。如违省价,买卖之人,依盗铸钱律文科断。”(《旧五代史》卷一四六《食货志》)

晋天福三年,诏曰:“国家所资,泉货为重,销蠹则甚,添铸无闻。宜令三京、诸道州、府,无问公私,应有铜者,并许铸钱,仍以‘天福元宝’为文,左环读之。每一钱重二铢四参,十钱重一两,仍禁将铅、铁杂铸。诸道应有久废铜冶,许百姓取便开炼,永远为主,官中不取课利。除铸钱外,不得接便别铸铜器。”(《通考》卷九《钱币考二》)

周显德二年,帝以县官久不铸钱,而民间多销钱为器皿及佛像,钱益少。乃立监,采铜铸钱,自非县官法物军器,及寺观、钟磬、钹铎之类听留外,自余民间铜器佛像,五十日内,悉令输官,给其直。过期隐匿不输,五斤以上罪死(《通考》卷九《钱币考二》)。

江南因唐旧制，饶州置永平监，岁铸钱。池州永宁监、建州永丰监，并岁铸钱。杭州置保兴监，铸钱（《旧五代史》卷一四六《食货志》）。

李景表，尽献江北诸州。……困于用兵，钟谟请铸大钱，以一当十，文曰“永通泉货”。谟尝得罪而大钱废，韩熙载又铸铁钱，以一当二（《五代史》卷六十二《南唐世家》）。

殷将高郁，又讽殷铸铅铁钱，以十当铜钱一（《五代史》卷六十六《楚世家》）。

钱有铜、铁二等。五代相承用唐钱。诸国割据者，江南曰“唐国通宝”，又别铸，如唐制而篆文。其后铸铁钱，每十钱以铁钱六权铜钱四而行。乾德后只以铁钱贸易，凡十当铜钱一。两浙、河东自铸铜钱，亦如唐制。四川、湖南、福建皆用铁钱，与铜钱兼行。湖南文曰“乾封泉宝”，径寸，以一当十。福建如唐制（《通考》卷九《钱币考二》）。

（丙）兵役繁扰

梁太祖开平元年，初，帝在藩镇，用法严，将校有战没者，所部兵悉斩之，谓之“拔队斩”。士卒失主将者，多亡逸不敢归。帝乃命凡军士皆文其面，以记军号。军士或思乡里逃去，关津辄执之送所属，无不死者，其乡里亦不敢容。由是亡者，皆聚山谷为盗，大为州、县之患（《通考》卷一五二《兵考四》）。

天祐三年七月，梁祖自将兵攻沧州。……仁恭……尽发部内男子十五已上七十已下……并黥其面，文曰“定霸都”；士人黥其臂，文曰“一心事主”……得二十万（《旧五代史》卷一三五《刘守光传》）。

晋初置乡兵，号天威军。教习岁余，村民不娴军旅，竟不可用，悉罢之。但令七户输钱十千，其铠仗悉输官。而无赖子弟，不复肯复农桑，多聚山林为盗（《通考》卷一五二《兵考四》）。

开运元年，命诸道州、府点集乡兵，率以税，户七家共出一卒，兵仗器械共力营之(《通考》卷一六一《兵考十三》)。

开宝八年春,阅民为师徒。升元初,均量民田以定科赋,自二缗以上出一卒,号“义师”。中有别籍分居,又出一卒,号“新拟生军”。民有新置物产者,亦出一卒,号“新拟军”。又于客户内,有三丁者抽一卒,谓之“围军”,后改为“拔山军”,使物力户为帅以统之。保大中,许郡县村社竞渡,每岁端午,官给彩段,俾两两较其迟速,胜者加以银碗,谓之打标舟子,皆籍其名。至是尽蒐为卒,谓之“凌波军”。又率民间佣奴赘婿,谓之“义勇军”。又募豪民能自备缗帛兵器,招集无赖亡命,谓之“自在军”。又括百姓自老弱外能被坚执锐者,谓之“排门军”,并屯田白甲之类,凡一十三等,皆使扞敌守把(马令《南唐书》卷五《后主》)。

人民养马,亦被搜括。

清泰三年,敕:“诸道州、府、县、镇,宾佐至录事参军、都押衙、教练使已上,各留马一匹乘骑。及乡村士庶有马者,无问形势,马不以牝牡,尽皆抄借。但胜衣甲,并仰印记,差人管押送纳。其小弱病患者,印退字。”(《通考》卷一五九《兵考十一》)

晋天福九年,发使于诸道州、府,括取公私马(《通考》卷一五九《兵考十一》)。

当时将帅,既拥兵自专,视兵为私有,往往别立名目。

天祐十二年,魏州军乱,贺德伦以魏、博二州叛于梁来附。王入魏州,行至永济,诛其乱首张彦,以其兵五百自卫,号“帐前银枪军”(《五代史》卷五《唐庄宗纪下》)。

太祖以嗣源所将骑五百,号“横冲都”(《五代史》卷六《唐明宗纪》)。

郓州朱瑾,募其军中骁勇者,黥双雁于其颊,号“雁子都”。太祖闻之,乃更选勇士数百人,号“落雁都”,以汉宾为指挥使。及汉宾贵,人犹以为朱落雁(《五代史》卷四十五《朱汉宾传》)。

徐瑶……从建入蜀，勇猛善格斗。建初在韦昭度幕府，其兵皆文身黧黑，衣装诡异，众皆称为“鬼兵”，称瑶为“鬼魁”(张唐英《蜀梼杌》卷上)。

(丁)刑法严酷

五代用刑惨酷，据陆游《渭南文集》，凌迟之刑，即始于是时。

唐(庄宗)同光三年六月，敕：“………罪多连累，翻虑滞淹，若或十人之中，止为一夫抵死，岂可以轻附重，禁锢逾时？……其诸司囚徒，罪无轻重，并宜各委本司，据罪详断……即时疏理。”(《旧五代史》卷一四七《刑法志》)

明宗天成二年……大理奏：“……近年以来，全不覆奏，或蒙赦宥，已被诛夷。”(王溥《五代会要》卷十)

天成三年正月……诏曰：“……据巡检军使浑公儿口奏，有百姓二人，以竹竿习战斗之事。朕初闻奏报……卒尔传宣，令付石敬瑭处置。今日安重诲敷奏，方知悉是幼童为戏……致人枉法而殂。”(《旧五代史》卷三十九《唐明宗纪五》)

高祖尝以生日，遣逢吉疏理狱囚以祈福，谓之“静狱”。逢吉入狱中阅囚，无轻重曲直，悉杀之，以报曰：“狱静矣。”(《五代史》卷三十《苏逢吉传》)

魏王破蜀，王衍朝京师，行至秦川，而明宗军变于魏。庄宗东征，虑衍有变，遣人驰诏魏王杀之。诏书已印画，而居翰发视之，诏书言“诛衍一行”，居翰以谓杀降不祥，乃以诏傅柱，揩去“行”字，改为一“家”。时蜀降人与衍俱东者千余人，皆获免(《五代史》卷三十八《张居翰传》)。

晋天福十二年，敕：“应天下，凡关强盗捉获，不计赃物多少，按验不

虚，并宜处死。”（《通考》卷一六六《刑考五》）

汉高祖时，四方多盗，乃敕天下，凡关贼盗捕获，不计赃物多少，按验不虚，并处死。仍分命使者捕逐，由是捕贼使者张令柔，杀平阴十七村民。及三叛连兵，民间震动惊讹，史宏肇掌部禁兵，巡逻京城，得罪人不问情轻重、于法如何，皆专杀不请。或决口断舌、斫筋挫胫无虚日。虽奸盗屏息，而冤死者甚众（《续通志》卷一四四《刑法略一》）。

汉法，窃盗一钱以上皆死（《续通志》卷一五〇《刑法略七》）。

晋（出帝）开运三年十一月，左拾遗窦俨七疏曰：“……淫刑所兴，近闻数等，盖缘外地不守通规，肆率情性，或以长钉贯篸人手足，或以短刀脔割人肌肤，乃至累朝半生半死，俾冤声而上达。……乞……严加禁断。”敕曰：……宜依（《旧五代史》卷一四七《刑法志》）。

（戊）人口减少

晋高祖天福三年六月，金部郎中张铸奏：“臣……窃见所在乡村浮居人户，方思垦辟，正切耕耘，种木未满于十年，树谷未臻于三顷，似成产业，微有生涯，便被县司系名，定作乡村色役，惧其重敛，畏以严刑，遂舍所居，却思他适。睹兹阻隔，何以舒苏？既乖抚恤之门，徒有招携之令。”（《续通典》卷一《食货一》注）

五代乱亡相继，疆土分裂，中原户口之数，梁、唐、晋、汉纪载莫详。周广顺三年，敕天下州、府及县，除赤县、畿县、次赤、次畿外，其余三千户以上为望县，二千户以上为紧县，一千户以上为上县，五百户以上为中县，不满五百户为中下县。……显德六年，总简户二百三十万九千八百一十二。此周之户数，略可考见者也（《续通典》卷十《食货十》）。

其减少之状况，特立表以明之。

唐、五代、宋户口比较简表

<table>
<tr><th rowspan="2">唐末时代</th><th colspan="4">宋初时代</th><th rowspan="2">比较减数</th><th rowspan="2">备考</th></tr>
<tr><th>灭国</th><th>年代</th><th>得户</th><th>总计</th></tr>
<tr><td rowspan="10">四九五五一五一</td><td>周</td><td>建隆元年</td><td>九六七三五三</td><td></td><td></td><td rowspan="10">本表据《续通典·食货典》及《宋史》本纪。</td></tr>
<tr><td>荆南</td><td>乾德元年</td><td>一四二三〇〇</td><td></td><td></td></tr>
<tr><td>湖南</td><td>乾德元年</td><td>九七三八八</td><td></td><td></td></tr>
<tr><td>蜀</td><td>乾德三年</td><td>五三四〇三九</td><td></td><td></td></tr>
<tr><td>广南</td><td>开宝四年</td><td>一七〇二六三</td><td></td><td></td></tr>
<tr><td>江南</td><td>开宝八年</td><td>六五五〇六五</td><td></td><td></td></tr>
<tr><td>漳、泉</td><td>太平兴国三年</td><td>一五一九七八</td><td></td><td></td></tr>
<tr><td>两浙</td><td>太平兴国三年</td><td>五五〇六八〇</td><td></td><td></td></tr>
<tr><td>北汉</td><td>太平兴国四年</td><td>三五二二〇</td><td></td><td></td></tr>
<tr><td></td><td></td><td></td><td>三三〇四二八六</td><td>一六五〇八六五</td></tr>
</table>

按：当时户数，虽未必即确，然竟减去一百六十五万余之多，亦可见其衰耗之甚也。

（2）契丹之侵扰

（甲）契丹之起原

契丹自后魏以来，名见中国。或曰与库莫奚同类而异种，其居曰枭罗个没里。没里者河也，是谓黄水之南，黄龙之北，得鲜卑之故地，故又以为鲜卑之遗种。当唐之世，其地北接室韦，东邻高丽，西界奚国，而南至营州。其部族之大者，曰大贺氏。后分为八部，其一曰但皆利部，二曰乙室活部，三曰实活部，四曰纳尾部，五曰频没部，六曰内会鸡部，七曰集解部，八曰奚嗢部（《五代史》卷七十二《四夷附录一》）。

其在隋世，依纥臣水而居，分为十部。兵多者三千，少者千余。顺寒暑，逐水草畜牧。侵伐则十部相与议，兴兵致役，合契而后动。猎则部得自行。至唐，大贺氏胜兵四万三千人，分为八部。大贺氏中衰，仅存五部。有耶律雅里者，分五部为八，立二府以总之，析三耶律氏为七，二审密氏为五，凡二十部（《辽史》卷三十四《兵卫志上》）。

至唐，大贺氏蚕食扶余、室韦、奚、靺鞨之区，地方二千余里。贞观三年，以其地置玄州，寻置松漠都督府。建八部为州，各置刺史（《辽史》卷三十七《地理志序》）。

贞观中……置松漠都督府，拜都督，封无极男，赐姓李，仍分为八部。显庆中，以辱和卓为刺史。酋长库克死，与奚叛。行军总管阿实达枢宾出沙砖道，擒松漠都督鄂博库献东都，库克孙尽忠，与敖曹曾孙万荣为归诚州刺史者，杀赵文翙以叛。武后遣曹仁师等伐之，屡败唐兵，嗣尽忠死，万荣复炽。寻为张九节所杀，达呼尔氏微，别部长果珍代之。果珍寻灭，德呼部长聂呼，立达年札里为苏尔威汗，更号约尼氏，天宝四年降唐，赐姓名李怀秀。寻叛，唐遣将珠勒格科里，拒安禄山兵于潢水，大败之。唐更封且罗为恭仁王，而聂呼辅之。立制度，置官属，势益强。聂呼生必塔，必塔生海兰，海兰生努尔苏，大度寡欲，令不严而人化，国势复振，是为肃祖。生萨剌达，是为懿祖。懿祖生伊德实……是为元祖。元祖生色勒达……是为德祖，即太祖父也（李有棠《辽史纪事本末》卷一）。

（乙）阿保机之强盛

部之长号大人，而常推一大人建旗鼓以统八部。至其岁久，或其国有灾疾而畜牧衰，则八部聚议，以旗鼓立其次而代之。被代者以为约本如此，不敢争。某部大人遥辇次立，时刘仁恭据有幽州，数出兵摘星岭攻之，每岁秋霜落，则烧其野草，契丹马多饥死，即以良马赂仁恭求市牧地，请听盟约甚谨。八部之人以为遥辇不任事，选于其众，以阿保机代之。……是时，刘守光暴虐，幽、涿之人多亡入契丹。阿保机乘间入塞，攻陷城邑，俘其人民，依唐州、县置城以居之。汉人教阿保机曰："中国之王无代立者。"由是阿保机益以威制诸部而不肯代。其立九年，诸部以其久不代，共责诮之。阿保机不得已，传其旗鼓，而谓诸部曰："吾立九年，所得汉人多矣，吾欲自为一部以治汉城（今热河围场县西南）可乎？"诸部许之。……使人告诸部大人曰："我有盐池，诸部所食。然诸部知食盐之利，而不知盐有主人，可乎？当来犒我。"诸部……共以牛酒会盐池，阿保机伏兵……尽杀诸部大人，遂立不复代（《五代史》卷七十二《四夷附录一》）。

契丹疆土，自阿保机，始大事开拓。

太祖即位五年，讨西奚、东奚，悉平之，尽有奚、霫之众。……神册元年，亲征突厥、吐浑、党项、小蕃、沙陀诸部。……攻振武，乘胜而东，攻蔚、新、武、妫、儒五州。………尽有代北、河曲、阴山之众，遂取山北八军。四年，亲征于骨里国。……六年，出居庸关，分兵掠檀、顺等州。……天赞四年，又亲征渤海。天显元年，灭渤海国，地方五千里（《辽史》卷三十四《兵卫志上》）。

阿保机既并诸部，遂有侵凌中土之心。

梁将篡唐，晋王李克用，使人聘于契丹。阿保机以兵三十万，会克用于云州东城，置酒，酒酣，握手约为兄弟……期共举兵击梁。阿保机……既归而背约……聘梁。……庄宗天祐十三年，阿保机攻晋蔚州。……时庄宗已得魏、博，方南向与梁争天下。遣李存矩发山北兵，存矩至祁沟关兵叛，拥偏将卢文进，击杀存矩，亡入契丹。契丹攻破新州。……庄宗遣周德威击刘殷，而文进引契丹数十万大至，德威惧，引军去，为契丹追及……德威走幽州。……庄宗遣李嗣源……救之。契丹数为嗣源等所败，乃解去。……阿保机稍并服旁诸小国，而多用汉人。汉人教之以隶书之半增损之，作文字数千，以代刻木之约。又制婚嫁，置官号，乃僭称皇帝，自号天皇王，以其所居横帐地名为姓曰世里。世里，译者谓之耶律。名年曰天赞（《五代史》卷七十二《四夷附录一》）。

阿保机招用汉人，为其强大之因。

初，唐末藩镇骄横，互相并吞，邻藩燕人军士，多亡归契丹，契丹日益强大。又得燕人韩延徽，有智略，颇知属文。与语，悦之，遂以为谋主，举动访焉。延徽始教契丹建牙开府、筑城郭、立市里，以处汉人，使各有配偶，垦艺荒田。由是汉人各安生业，逃亡者益少。契丹威服诸国，于延徽有力焉（叶隆礼《契丹国志》卷一《太祖纪》）。

阿保机僭号，以延徽为相，号政事令，契丹谓之崇文令公（《五代史》卷七十二《四夷附录一》）。

按：以前北方民族，不过一时强胜，未脱游牧之习。至契丹，沐染汉族文化甚深，形势所以不同。

（丙）燕云之割让

敬瑭其姓石氏。……拜河东节度使。……废帝即位，疑敬瑭必反……徙镇天平。敬瑭果不受命，谓其属曰："先帝授吾太原，使老焉。今无故而迁，是疑吾反也。且太原地险而粟多，吾当内檄诸镇，外求援于契丹，可乎？”桑维翰、刘知远等共以为然。乃上表论废帝不当立。……废帝下诏削夺敬瑭官爵，命张敬达等讨之（《五代史》卷八《晋高祖纪》）。

石敬瑭反，唐遣张敬达等讨之，敬瑭遣使求救于德光（辽太宗）。德光……乃许。……契丹出雁门………至太原。……敬达大败，敬瑭夜出北门，见德光，约为父子。……乃筑坛晋城南，立敬瑭为皇帝。……契丹当庄宗、明宗时，攻陷营、平二州。及已立晋，又得雁门以北幽州节度管内合一十六州，乃以幽州为燕京，改天显十一年为会同元年，更其国号大辽（《五代史》卷七十二《四夷附录一》）。

按：晋以燕云十六州割让于契丹，兹将各州表列于下。

燕云十六州简表

州名	治所	今地	备考
幽	蓟	北京	《旧唐书·地理志》：隋为涿郡。武德元年，改为幽州总管府。
蓟	渔阳	蓟县	《旧唐书·地理志》：开元十八年，分幽州之三县置蓟州。天宝元年，改为渔阳郡。乾元元年，复为蓟州。
瀛	河间	河间	《旧唐书·地理志》：隋河间郡。武德四年，讨平窦建德，改为瀛州。天宝元年，改为河间郡。乾元元年，复为瀛州。
莫	鄚	肃宁县	《旧唐书·地理志》：本瀛州之鄚县。景云二年，于县置鄚州。开元十三年，以鄚字类郑字，改为莫。
涿	范阳	涿县	《旧唐书·地理志》：本幽州之范阳县。大历四年，幽州节度使朱希彩，奏请于范阳县置涿州。
檀	燕乐	密云县	《旧唐书·地理志》：隋置安乐郡，分幽州燕乐、密云二县隶之。武德元年，改为檀州。天宝元年，改属密云郡。乾元元年，复为檀州。
顺	寄治营州	顺义县	《旧唐书·地理志》：贞观六年置。天宝元年，改为顺汉义郡。乾元元年，复为顺州。

续表

州名	治所	今地	备考
新	永兴	涿鹿县	《唐书·地理志》：新州领县四。《读史方舆纪要》：唐末增置新州，领永兴等县四。
妫	怀戎	怀来县	《旧唐书·地理志》：隋涿郡之怀戎县。武德七年，讨平高开道，置北燕州，复北齐旧名。贞观八年，改名妫州。天宝元年，改名妫州郡。乾元元年，复为妫州。
儒	缙山	延庆县	《读史方舆纪要》：唐末置儒州，领缙山县一。
武	文德	宣化县	《唐书·地理志》：武州领县一。《读史方舆纪要》：唐末增置武州，领文德县一。
蔚	灵丘	蔚县	《旧唐书·地理志》：隋雁门郡之灵丘县。武德四年，平刘武周。六年，置蔚州。天宝元年，改为安边郡。至德二年，改为兴唐郡。乾元元年，置蔚州。
云	定襄	大同县	《旧唐书·地理志》：隋马邑郡之云内县。武德四年，平刘武周。六年，置北恒州，七年州废。开元二十年，复为云州。天宝元年，改为云中郡。乾元元年，复为云州。
应	金城	应县	《读史方舆纪要》：唐末又置应州，领金城等县二。
寰	寰清	朔县东	《五代史·职方考》：寰州，唐明宗置。《读史方舆纪要》：后唐天成初，又置寰州，治寰清县。
朔	善阳	朔县	《旧唐书·地理志》：隋马邑县。武德四年，置朔州。天宝元年，改为马邑郡。乾元元年，复改为朔州。

晋于割地外，尚竭全国之力以奉之，所以最为屈辱。

晋高祖每遣使聘问，奉表称臣，岁输绢三十万匹，其余宝玉珍异、下至中国饮食诸物，使者相属于道无虚日。德光约高祖不称臣，更表为书，称儿皇帝，如家人礼。……终其世，奉之甚谨（《五代史》卷七十二《四夷附录一》）。

（丁）契丹之入汴

晋高祖崩，出帝即位。德光怒其不先以告，而又不奉表、不称臣而称孙，数遣使者责晋。晋大臣皆恐，而景延广对契丹使者语独不逊，德光益怒（《五代史》卷七十二《四夷附录一》）。

高祖崩，出帝立，延广有力，颇伐其功。初，出帝立，晋大臣议告契丹，致表称臣，延广独不肯，但致书称孙而已。……契丹果怒，数以责晋。延广谓契丹使者乔莹曰："先皇帝北朝所立，今天子中国自册，可以为孙，而不可为臣。且晋有横磨大剑十万口，翁要战则来，佗日不禁孙子，取笑天下。"……契丹益怒（《五代史》卷二十九《景延广传》）。

自开运元年，后晋与契丹兵衅遂开，战争连年。虽各有胜负，但晋以国力疲敝，藩镇各挟异心，终至不支。

开运三年七月，遣杜重威、李守贞、张彦泽等出兵。……德光……入寇镇州，重威西屯中渡，与德光夹水而军。德光分兵并西山，出晋军后，攻破栾城县。……重威等被围，粮绝，遂举军降。……德光至京师……封出帝负义侯，迁于黄龙府。……改晋国为大辽国（《五代史》卷七十二《四夷附录一》）。

德光入汴，汉奸赵延寿实为之作伥，盖欲求立为中国皇帝也。

赵德钧，幽州人也。事刘守光、守文为军校。庄宗伐燕得之，赐姓名曰李绍斌。其子延寿，本姓刘氏，常山人也。其父邧为蓨县令，刘守文攻破蓨县，德钧得延寿……因以延寿为子。……废帝以德钧为诸道行营都统，延寿为太原南面招讨使。……德钧阴遣人聘德光，求立己为帝。德光指穹庐前巨石，谓德钧使者曰："吾已许石郎矣，石烂可改也。"……明年（天显十年），德钧死，德光以延寿为幽州节度使，封燕王。……延寿见晋衰而天下乱，常有意窥中国，而德光亦尝许延寿灭晋而立之。……故契丹击晋，延寿常为先锋，虏掠所得，悉以奉德光及其母述律。德光已灭晋而无立延寿意……止以为中京留守、大丞相（《五代史》卷七十二

《四夷附录一》)。

德光已灭晋,遣其部族酋豪及其通事,为诸州、镇刺史、节度使,括借天下钱帛以赏军。胡兵人马,不给粮草,日遣数千骑,分出四野,劫掠人民,号为"打草谷"。东西二三千里之间,民被其毒,远近怨嗟。汉高祖起太原,所在州、镇,多杀契丹守将归汉。德光大惧,又时已热,乃以萧翰……守汴,乃北归。……至临洺,见其井邑荒残,笑谓晋人曰:"致中国至此,皆燕王为罪首。"又顾张砺曰:"尔亦有力焉。"德光行至栾城,得疾卒(《五代史》卷七十二《四夷附录一》)。

(戊)周世宗恢复之计

太祖攻渤海,拔其夫余城,更命曰东丹国。命长子突欲镇之,号人皇王(一曰东丹王)。以其次子德光守西楼自随,号元帅太子(叶隆礼《契丹国志》卷一《太祖纪》)。

阿保机死,长子东丹王突欲当立,其母述律遣其幼子安端少君之扶余代之,将立以为嗣,然述律尤爱德光。德光有智勇,素已服其诸部。安端已去,而诸部希述律意,共立德光,突欲不得立。长兴元年,自扶余泛海,奔于唐,明宗因赐其姓为东丹,而更其名曰慕华。以其来自辽东,乃以瑞州为怀化军,拜慕华怀化军节度、瑞慎等州观察处置等使,其部曲五人,皆赐姓名(《五代史》卷七十二《四夷附录一》)。

世宗……让国皇帝(人皇王)长子。……太宗爱之如子。……从伐晋。……封永康王。……太宗崩于栾城……即皇帝位于柩前(《辽史》卷五《世宗本纪》)。

帝以领兵继入,辽诸将密议奉帝为主,登鼓角楼,受叔兄拜。……初,太祖崩于夫余城,述律杀酋长及诸将数百人。太宗复崩于境外,酋长诸将惧死,乃谋奉帝欲勒兵北归。……述律太后闻帝立,怒曰:"我儿南征东讨,有大功业,其子在我侧者当立。汝父弃我走,投外国,乃大逆人也，岂有立逆人之子为帝乎？”发兵拒之。……太后兵败，帝幽太后于太祖墓侧，自称天授皇帝。……帝慕中华风俗，多用晋臣，而荒于酒色，侮诸宰执，由是国人不附，诸部数叛，兴兵追讨，故数年不暇南征。……北汉主自团柏攻周，帝欲引兵会之，与酋长议于九十九泉。诸部皆不欲南，帝强之。行至新州之火神淀，燕王述轧及伟王之子大宁王沤僧等，率兵作乱，弑帝，而述轧自立。齐王述律（太宗之子）逃于南山，诸大臣奉之以攻述轧、沤僧，杀之，并其族党，立述律为帝（穆宗。〔叶隆礼《契丹国志》卷四《世宗纪》〕）。

帝（穆宗）年少好游戏，不亲国事。每夜酣饮，达旦乃寝，日中方起，国人谓之睡王（叶隆礼《契丹国志》卷五《穆宗纪》）。

时辽之国势中衰，而周世宗崛起，励精图治，简练士卒，先服后蜀、南唐，遂欲恢复燕、云。

显德六年三月……诏以北境未复，取此月内幸沧州。……车驾发京师。四月，车驾次沧州。……至益津关（《通鉴》：至益津关，契丹守将终廷晖以城降）。……至瓦桥关，伪守将姚内斌以城降，鄚州刺史刘楚信以州来降。五月……瀛州刺史高彦晖以本城归顺，关南平，凡得州三、县十七、户一万八千三百六十。……边界城邑，皆望风而下。……议攻幽州……帝不豫乃止。……以瓦桥关为雄州，以益津关为霸州。……还京（《旧五代史》卷一一九《周世宗纪六》）。

应历九年（周显德六年）四月，周帝自将攻辽。五月，周将韩通领兵大至，辽失瀛、莫、易、涿、雄、霸六州。其瓦桥关建为雄州，益津关建为霸州。……周帝趋幽州，有疾，乃还（叶隆礼《契丹国志》卷五《穆宗纪》）。

（三）文化之进步

五季百事俱废，独填词及绘事为精，刻板术及瓷器之发明，尤征文物之盛。孟蜀石经，亦足继踵开成。

（1）*石经*

孟蜀石经，至宋继刻三经，遂成十三经，颁行学宫。然蜀刻实本于开成，故先述唐石经。

（甲）*唐石经*

开成有经，创议太和四年，始事于九年，成于开成元年，后遂为孟蜀、赵宋石经及五代雕印九经所本。其经文不从注疏者，皆有依据，实有功经学不浅。名曰九经，其实十二经也。

开成二年十月癸卯，宰臣判国子祭酒郑覃，进石壁九经一百六十卷。时上好文，郑覃以经义启导，稍折文章之士，遂奏置五经博士，依后汉蔡伯喈刊碑列于太学，创立石壁九经，诸儒校正讹谬。上又令翰林勒字官唐玄度复校字体，又乖师法，故石经立后数十年，名儒皆不窥之，以为芜累甚矣（《旧唐书》卷十七下《文宗本纪下》）。

宝历四年四月，拜工部侍郎。覃长于经学，稽古守正，帝尤重之。覃从容奏曰:“经籍讹谬，博士相沿。……请召宿儒奥学，校定六籍。准后汉故事，勒石于太学，永代作则，以正其阙。”从之。……九年……时太学勒石经，覃奏起居郎周墀、水部员外郎崔球、监察御史张次宗、礼部员外郎孔温业等，校定九经文字，旋令上石。……覃以宰相兼判国子祭酒，奏太学置五经博士各一人，缘无职田，请依王府官例赐禄粟。从之。又进石壁九经一百六十卷（《旧唐书》卷一七三《郑覃传》）。

石刻十二经，并《五经文字》《九经字样》:《易》九石，《书》十石，

《诗》十六石,《周礼》十七石,《仪礼》二十石,《礼记》三十三石,《春秋左传》六十七石,《公羊传》十七石,《穀梁传》十六石,《孝经》一石,《论语》七石,《尔雅》五石,《五经文字》《九经字样》共十石。每石七八层,高七八尺,广三四尺不等。正书,题首隶书。在西安府学。……《周易》二万四千四百三十七字,《尚书》二万七千一百三十四字,《毛诗》四万八百四十八字,《周礼》四万九千五百一十六字,《仪礼》五万七千一百一十一字,《礼记》九万八千九百九十四字,《春秋左氏传》一十九万八千九百四十五字,《公羊传》四万四千七百四十八字,《穀梁传》四万二千八十九字,《孝经》二千□百□十三字,《论语》一万六千五百九字,《尔雅》一万七百九十一字,《五经文字》《九经字样》,九经并《孝经》《论语》《尔雅》字样等,都计六十五万二千五十二字。开成二年丁巳岁,月次于元,日惟丁亥。书石学生前四门馆明经臣艾居晦、书石学生前四门馆明经臣陈玠、书石学生前文学馆明经臣□□□□、书石官将仕郎守润州句容县尉臣段绛、校勘兼看书上石官将仕郎守秘书省正字臣柏暠、校勘兼看书上石官将仕郎守四门助教臣陈庄士、覆定字体官翰林待诏朝议郎权知沔王友上柱国赐绯鱼袋臣唐玄度、校勘官兼专知都勘定经书检校刊勒上石朝议郎守国子《毛诗》博士上柱国臣章师道、朝散大夫守国子司业骑都尉赐绯鱼袋臣杨敬之、都检校官银青光禄大夫□□□□□□□□□□□□、国子祭酒同中书门下平章事太清宫使监修国史上柱国荥阳郡开国公食邑二千户臣覃(王昶《金石萃编》卷一〇九)。

汲郡吕公龙图,领漕陕右之日,持适承乏雍学。一日谒公,公喟然谓持曰:京兆阛阓间,有唐国子监存焉。其间石经,乃开成中镌刻。唐史载文宗时,太学勒石经,而郑覃与周墀等,校定九经文字上石。及覃以宰相兼祭酒,于是进石壁九经一百六十卷,即今之石经是已。旧在务本坊,自天祐中,韩建筑新城,而六经石本委弃于野。至朱梁时,刘鄩守长安,有幕吏尹玉羽者,白鄩请辇入城。鄩方备岐军之侵轶,谓此非急务。王羽绐之曰:“一旦敌兵临城，碎为矢石，亦足以助贼为虐。”郛然之，乃迁置于此，即唐尚书省之西隅也。地杂民居，其处洼下，霖潦冲注，随立辄仆，埋没腐坏，岁久折缺，殆非所以尊经而重道。予欲徙置于学府之北牖，子且伻图来视。厥既视图，则命徒役其器用，平其沟堑而基之，筑其浮虚而实之。凡石刻之偃者仆者，悉辇置于其地。洗剔尘土，补锢残缺，分为东西，次比而陈列焉。明皇注《孝经》及《建学碑》，则立之于中央。颜、褚、欧阳、徐、柳之书，下迨偏旁字源之类，则分布于庭之左右。……朝廷乃以五百千畀之，不费于公，不役于民。经始于元祐二年初秋，尽孟冬而落成。……自周末至隋，千余载之间，已遭五厄。汗简以载，或焚或脱；缣楮鱼蠹，易腐易裂。道虽无穷，而器则有敝。惟镵之金石，庶可以久有。唐之君相，知物之终始，而忧百世之虑深，故石经之立，殆以此也。然以洛阳蔡邕石经四十六碑观之，其始立也，观视摹写者，车乘日千余两，填塞街陌，可谓盛矣。及范蔚宗所见，其存者才十有二枚，余皆毁坏磨灭，然后知不得其人以护持，虽金石之固，亦难必其可久。此吕公所以为有功于圣人之经，而不可不书也。然持书此者，岂特纪其岁月而已哉，将使后之君子，知古人之用心而不废前功，庶斯文之有寄云尔。元祐五年九月（王昶《金石萃编》卷一〇九引黎持《新移石经记》）。

今西安府学石经，乃唐文宗时石经也。嘉靖乙卯地震，石经倒损。西安府学生员王尧惠等，按旧文，集其缺字，别刻小石立于碑傍，以便摹补。又按《唐书》，谓文宗朝石经，违弃师法，不足观。然其用笔，虽出众人，不离欧、虞、褚、薛法，恐非今人所及。惟王尧惠等补字，大为纰缪。今华下东生文豸家，有乙卯以前拓本，庶几称善焉（《金石萃编》卷一〇九引《石墨镌华》）。

乔三石作《石经记》，恨独无《孟子》，谓自开成至今七百年，无好事及此者。近贾中丞（汉复）始为补刻，以成完书（《金石萃编》卷一〇九引《池北偶谈》）。

按：石刻十二经，《周易》九卷，《尚书》十三卷，《毛诗》二十卷，《周礼》十二卷，《仪礼》十七卷，《礼记》二十卷，《春秋左氏传》三十卷，《公羊传》十二卷，《穀梁传》十二卷，《孝经》一卷，《论语》十卷，《尔雅》三卷。文宗朝，从宰臣郑覃议，刻石国子监，今尚在西安府学。考刘禹锡《新修五经壁记》，大历中，名儒张参为国子司业，始详定《五经》，书于论堂东西厢之壁。……《文宗纪》称，开成二年冬，郑覃进石壁九经一百六十卷。是书经之事昉于张参，覃因木本难于久远，故奏请刻石。创议于大和四年，始事于九年，至开成元年方拓成而进之也。纪、传皆言九经凡一百六十卷，今以诸经卷数，合《周易略例》计之，适得百六之数。惟验石刻，实十二经，与九经之名不合。《关中金石记》，以为作史者总成数言之，是也。……本朝贾三复巡抚陕西时，补刻《孟子》七篇，文字疏庸，固不待辨。且以厕入唐十二经，亦未考当时之制矣。……近世考据家如万氏斯同、杭氏世骏、严氏可均等，各有专书，论断颇允。惟《金石文字记》掊击石经甚至，而所言不皆确实，以是不为通人所取。……若夫石经文字既多，卷帙孔富，且镌勒时看书、上石之人，更代不一，摹刻偶误，或未能免。但当择善而从，不可刻意吹求，亦毋庸曲为回护。而后人磨改凿刻之字，仍复是非参半。至明人补字，则纰缪已极，收藏家往往于装表时顺文羼入，考古者一时不察，遽仞以为原刻，转生异议。昆山顾氏、秀水朱氏，正坐此失，最足疑误后来（王昶《金石萃编》卷一一〇）。

（乙）蜀石经

蜀石经全本开成，所刻者十经。《公》《穀》《孟子》，宋人所补刻也，今俱亡。

毋昭裔……河中龙门人（蜀）。……左仆射……以太子太师致仕。……常按雍都旧本九经，命张德钊书之，刻石于成都学宫（吴任臣《十国春秋》卷五十二《毋昭裔传》）。

孙逢吉，成都人。广政时，累官国子《毛诗》博士，校定石经，分刻蜀中，逢吉与句中正之功为多（吴任臣《十国春秋》卷五十六《孙逢吉传》）。

伪蜀孟昶有国，其相毋昭裔刻《孝经》《论语》《尔雅》《周易》《尚书》《周礼》《毛诗》《仪礼》《礼记》《左传》凡十经于石。其书丹，则张德钊、杨钧、张绍文、孙逢吉、朋吉、周德贞也。石凡千数，尽依太和旧本，历八年乃成。《公》《穀》则有宋田元均所刻，《古文尚书》则晁公武所补也。胡元质宗愈作堂以贮之，名石经堂，在府学（王昶《金石萃编》卷一二二引《成都记》）。

石室十三经，孟蜀所镌，故《周易》后书广政十四年岁次辛亥五月二十日，唯三《传》……后书大宋皇祐元年岁次己丑九月辛卯朔十五日乙巳，工毕（王应麟《玉海》卷四十三）。

唐太和中，复刻十二经，立石国学。后唐长兴中，诏国子博士田敏，与其僚校诸经，镂之板，故今世太学之传，独此二本尔。按赵清献公《成都记》：伪蜀相毋昭裔，捐俸金，取九经琢石于学宫，依太和旧本，令张德钊书。皇祐中，田元均补刻《公羊》《穀梁》二传，然后十二经始全。至宣和间，席升献又刻《孟子》参焉。今考之《孝经》《论语》《尔雅》，广政甲辰岁张德钊书，《周易》辛亥岁杨钧、孙逢吉书，《尚书》周德贞书，《周礼》孙朋吉书，《毛诗》《礼记》《仪礼》张绍文书，《左氏传》不志何人书，而祥字阙其画，亦必为蜀人所书。然则蜀人之立石盖十经，其书者不独德钊。而能尽用太和本，固已可嘉。凡历八年，其石千数，昭裔独办之，尤伟然也。公武异时守三营，尝对国子监所摹长兴板本读之，其差误盖多矣。昔议者谓太和石本校写非精，时人弗之许。而世以长兴板本为便，国初遂颁布天下，收向日民间写本不用。然有讹舛，无由参校判知其谬。犹以为官既刊定，难于独改。由是而观，石经固脱错，而监本亦难尽从。公武至少城，寒暑一再易节，暇日因命学官雠校之，石本《周易·说》卦“乾健也”以下，有韩康伯注;《略例》有邢琫注。《礼记·月令》从唐李林甫改定者，监本皆不取。外《周易》经文不同者五科,《尚书》十科,《毛诗》四十七科,《周礼》四十二科,《仪礼》三十一科,《礼记》三十二科,《春秋左氏传》四十六科,《公羊传》二十一科,《穀梁传》一十三科,《孝经》四科,《论语》八科,《尔雅》五科,《孟子》二十七科，其传注不同者尤多，不可胜纪，独计经文犹三百二科。迹其文理，虽石本多误，然如《尚书·禹贡》篇“梦土作乂”,《毛诗·日月》篇以至困穷而住是诗也,《左氏传》昭公十七年“六物之占，在宋、卫、陈、郑乎”,《论语·述而》篇“举一隅示之”、《卫灵公》篇“敬其事而后食其禄”之类，未知孰是。先儒有改《尚书》“无颇”为“无陂”，改《春秋》“郭公”为“郭亡”者，世皆讥之，此不取决之以臆，姑两存焉。亦镌诸乐石，附于经后不诬，方将必有能考而正之者（晁公武《石经考异序》）。

吕陶曰：五代之乱，疆宇割裂。孟氏有剑南，百度草创，犹能取《易》《书》《诗》《春秋》《礼记》《周礼》刻于石，以资学者。国朝皇祐中，枢密直学士京兆田公，加意文治，附以《仪礼》《公羊》《穀梁传》，所谓九经者备焉。《席益记略》曰：蜀儒文章冠天下。其学校之盛，汉称石室礼殿，近世则石壁九经，今皆存焉。广政七年，其相毋昭裔，按雍都旧本九经，命平泉令张德钊书而刻诸石。本朝因礼殿以祀孔子，为宫其旁，置学官弟子，讲习传授。故蜀帅尚书右丞胡公宗愈，作堂于殿之东南隅，以贮石经。盖自东汉兴平元年岁在甲戌始作礼殿，逮我宋绍兴六年丙辰，历年六百七十有三。其间伪蜀刻石经之岁，是为晋开运甲辰，至是一百九十有三年。赵希弁曰：石经《毛诗》二十卷，经、注一十四万六千七百四十字，将仕郎试秘书省校书郎张绍文书，盖孟昶时所镌。曾宏父曰：益郡石经，肇于孟蜀广政。悉选士大夫善书者，模丹入石。七年甲辰,《孝经》《论语》《尔雅》先成。时晋出帝改元开运，至十四年辛亥,《周易》继之，实周太祖广顺元年。《诗》《书》《三礼》，不书岁月。逮春秋三《传》，则皇祐元年九月讫工，时我宋有天下已九十九年矣。通蜀广政元年肇始之日，凡一百一十二祺，成之若是其艰，又七十五年宣和五年癸卯，益帅席贡始奏镌《孟子》，运判彭慥继其成，凡十二卷。乾道六年庚寅三月旦，东里晁公武又镌《古文尚书》暨《诸经考略》。洪文敏公迈，谓孟蜀所镌字体精谨，有贞观遗风。续补经传，殊不逮前（朱彝尊《经义考》）。

宋人所称引，皆以蜀石经为证，并不及唐陕本石经，其故有二：一则唐石经无注，蜀石经有注，故从其详者。一则南渡后，唐石经阻于陕，不至江左，当是故学宫颁行之本，皆蜀石经，不知五百年以来，蜀石经何以澌灭殆尽。予留心搜访二十余年，仁和赵徵士谷林，始得其《毛诗》二卷，自《周南》至《邶风》耳，如以“朝饥”为“輖饥”，盖异文也。唐石经虽非故物，然近来顾先生亭林考证之至详，世颇知留心者，而蜀本则绝无矣。程克斋讥蜀石经，谓其《春秋》以“甲午”为“申午”、以“癸卯”为“葵卯”，然其书既多，自不无舛错，要之有足资考证者，惜乎所见止此（全祖望《鲒埼亭集》卷三十七）。

按：蜀石经，始刻于广政七年，迄南宋乾道年。经凡十三……此二《南》《邶风》只二卷（拓本正书）……卷末……小字双行云：“经若干字，注若干字。”……洪氏《容斋随笔》称其书“渊、世、民”三字皆阙画，为避唐高祖、太宗讳。……孟蜀时唐讳可不避，盖皆从开成本之原文（王昶《金石萃编》卷一二二）。

（2）雕板

时以诸经舛缪，与同列李愚委学官田敏等，取西京郑覃所刊石经，雕为印版，流布天下，后进赖之（《旧五代史》卷一二六《冯道传》）。

长兴三年二月……中书奏：“请依石经文字，刻九经印板。”从之（《旧五代史》卷四十三《唐明宗本纪九》）。

乾祐元年五月，国子监奏：《周礼》《仪礼》《公羊》《穀梁》四经未有印板，欲集学官考校雕造。从之（《旧五代史》卷一〇一《汉隐帝本纪上》。）

后唐长兴三年二月，中书门下奏，请依石经文字，刻九经印板。敕令国子监，集博士儒徒，将西京石经本，各以所业本经句度，抄写注出，子细看读，然后雇召能雕字匠人，各部随帙刻印版，广颁天下。如诸色人要写经书，并须依所印敕本，不得更使杂本交错。其年四月，敕差太子宾客马缟、太常丞陈观、太常博士段颙、路航、尚书屯田员外郎田敏，充详勘官。兼委国子监于诸色选人中，召能书人，端楷写出，旋付匠人雕刻，每日五纸，与减一选。如无选，可减等第，据与改转官资（王溥《五代会要》卷八）。

《通鉴》：后唐长兴三年二月辛未，初令国子监校定九经，雕印卖之。又云：自唐末以来，所在学校废绝，蜀毋昭裔，出私财百万，营学馆，且请刻板印九经。蜀主从之。由是蜀中文学复盛。又云：唐明宗之世，宰相冯道、李愚，请令判国子监田敏校定九经，刻板印卖。朝廷从之。后周广顺三年六月丁巳，板成献之。由是虽乱世，九经传布甚广（《爱日斋丛钞》卷一）。

孟昶尝立石经于成都，又恐石经流传不广，易以木版。宋世书称刻本始于蜀，今人求宋版，尚以蜀本为佳（王士祯《五代诗话》卷一引《边州闻见录》）。

毋丘俭贫贱时，尝借《文选》于交游间，其人有难色。发愤，异日若贵，当板以镂之遗学者。后仕王蜀为宰，遂践其言刊之。印行书籍，创见于此。事载陶岳《五代史补》。后唐平蜀，明宗命太学博士李锷，书《五经》，仿其制作，刊板于国子监。监中印书之始（王明清《挥麈余话》卷二）。

雕印文字，唐以前无之，唐末益州始有墨版。后唐方镂九经，悉收人间所收经史，以镂版为正。见两朝国史（朱翌《猗觉寮杂记》卷下）。

当时刻板风行，私集亦流播一时。

平生为文章，长于短歌艳曲，尤好声誉。有集百卷，自篆于版，模印数百帙，分惠于人焉（《旧五代史》卷一二七《和凝传》）。

《昙域后序》……遂寻检藁草，及暗记忆者，约一千首，乃雕刻版部，题号《禅月集》。……时大蜀乾德五年（王衍。〔贯休《禅月集》〕）。

（3）瓷器

瓷至五代，傅色始精，为用亦广，上自宗庙，下迄民间，足以为铜之用，为瓷铜器用一大消长，其最著者为：

（甲）秘色窑

今之秘色瓷器，世言钱氏有国，越州烧进，为供奉之物，不得臣庶用之，故云秘色。比见唐《陆龟蒙集·越器诗》云："九秋风露越窑开，夺得千峰翠色来。好向中宵盛沆瀣，共嵇中散斗遗杯。"乃知唐时已有秘色，非自钱氏始（赵德麟《侯鲭录》卷六）。

（乙）柴窑

柴窑出北地，世传柴世宗时烧者，故谓之柴窑。天青色，滋润细媚，有细纹，足多粗黄土，近世少见（陈元龙《格致镜原》卷三十六引《夷门广牍》）。

昔人论窑器者，必曰柴。……有云：青如天，明如镜，薄如纸，声如磬（谷应泰《博物要览》卷二）。

陶器柴窑最古，今人得其碎片，亦与金、翠同价矣。盖色既鲜碧，而质复莹薄，可以妆饰玩具。而成器者，杳不可复见矣。世传柴世宗时烧造，所司请其色，御批云：雨过青天云破处，这般颜色做将来（王士祯《五代诗话》卷一引《五杂组》）。

（4）文艺

（甲）诗

十国文物，首推南唐、西蜀，闽则韩、黄、翁、徐诸君子，连茵接轸。……楚风不竞，而天策十八学士炳炳琅琅。……吴越似稍亚，然有罗江东一人。……孙光宪之于荆南也亦然（王士祯《五代诗话·例言》）。

韩致光为玉溪之别子，韦端己乃香山之替人。罗昭谏感事伤时，激昂排奡，以追配杜紫微，庶几无愧（王士祯《五代诗话·例言》）。

韩偓，昭宗时为翰林学士承旨，颇与国论，为崔胤、朱全忠所不容，谪濮州司马。其后复官，不敢入朝，挈其族依闽中王审知（王士祯《五代诗话》卷六引李忠定《梁溪集》）。

吴融、韩偓同时，慨叹兵戈之间，诗律精切，皆善用事（方回《瀛奎律髓》卷三十二）。

《唐史·偓传》贬濮州后即不甚详，吾家所得偓诗，皆以甲子历历自记。……终身不食梁禄，大节与司空表圣略相等（王士祯《五代诗话》卷六引《石林集》）。

韩偓……自号玉山樵人。所著歌诗颇多，其间绮丽得意者数百篇，往往脍炙人口。或乐工配入声律，粉墙椒壁，窃咏者不可胜纪。……行书亦复可喜（《宣和书谱》卷十）。

韦庄《浣花集》，弟蔼编录，《序》略云：家兄自庚子乱离前，凡著歌诗、文章数十通，属兵火迭兴，简编俱坠，惟余口诵者所存无几。尔后流离漂泛，寓目缘情。迄于癸亥岁，又缀仅千余首。辛酉春应聘为蜀奏记。明年，浣花溪寻得杜工部旧址，结茅为室，思其人欲成其处。蔼因录兄藁，或默诵者，次为十卷，目之曰《浣花集》，亦杜陵所居之义也。后所制用继于右，时癸亥六月九日（《全唐诗录》卷九十四）。

罗隐字昭谏，新登县人。……本名横，凡十上不中第，遂更名。……谒（武肃）王……累官钱塘县令……节度判官（钱俨《吴越备史》卷一

注）。

隐有《江东集》十卷，其诗自光启以后、广明以前，海内乱离，乘舆播迁，艰难险阻之事，多见之赋咏（王士祯《五代诗话》卷五）。

韩熙载字叔言（高密人）。事江南三主。……审音能舞，善八分及画。……每献替，多嘉纳。吉凶仪制不如式者，随事稽正。制诰典雅，有元和之风（释文莹《湘山野录》卷下）。

徐……铉事江南后主，为文院学士，随煜纳图。……卒于邠（释文莹《玉壶诗话》）。

此时诗之足以表见当时情事者，以司空图、杜荀鹤为最。

王禹偁《五代史阙文》云："司空图字表圣，自言泗州人。有俊才，咸通中登进士第。……昭宗反正，以户部侍郎召至京师。……谢病复归中条，与人书疏，不名官位，但称知非子。"（计有功《唐诗纪事》卷六十三）

唐失河湟未久，司空图诗云："汉儿尽作胡儿语，却向城头骂汉人。"（刘克庄《后村居士诗话》卷上）。

杜荀鹤字彦之。遇知于朱温，送名春官，于裴贽侍郎下第八人登科（王士祯《五代诗话》卷二引《洞微志》）。

尝读杜荀鹤诗，其《乱后逢村叟》曰："经乱衰翁居破邨，邨中何事不伤魂？因供寨木无桑柘，为著乡兵绝子孙。还似平宁征赋税，未尝州县略安存。至于鸡犬皆星散，日落前山独倚门。"《山中寡妇》曰："夫因兵死守蓬茅，麻苎衣衫鬓发焦。桑柘废来犹纳税，田园荒后尚征苗。时挑野菜和根煮，旋斫生柴带叶烧。任尔深山更深处，也应无计避征徭。"《旅泊遇郡中乱》曰："握手相看谁敢言，军家刀剑在要边。遍搜宝货无藏处，乱杀平人不怕天。古寺拆为修寨木，荒坟掘作甃城砖。郡侯逐去浑闲事，正是銮舆幸蜀年。"然方之今日，始信其非寓言也（陶宗仪《辍耕录》卷十三）。

《后山诗话》云："费氏，蜀之青城人。以才色入蜀，后主嬖之，号花蕊夫人。效王建作《宫词》百首。国亡，入备后宫。太祖闻之，召使陈诗。诵其《国亡诗》曰：‘君王城上竖降旗，妾在深宫那得知。十四万人齐解甲，宁无一个是男儿。’”（王士祯《五代诗话》卷八引《渔隐丛话》）

（乙）词

词者，诗之余，五代人最擅场。本事纤秾，亦复感均顽艳，小楼昨夜，亡国之音哀以思乎。试香纤手，词人之赋丽以淫乎。疏星渡河汉，长门捣素之遗；鸾胶续断弦，子夜懊侬之变（王士祯《五代诗话·例言》）。

晋相和凝，少年时好为曲子词，布于汴、洛。洎入相，专托人收拾焚毁不暇。然相国厚重有德，终为艳词玷之。契丹入夷门，号为曲子相公（孙光宪《北梦琐言》卷六）。

孙光宪，蜀之资州人。事荆南高氏为从事，有文学名，著《北梦琐言》。其词见《花间集》。“一庭疏雨湿春愁”，秀句也。李后主之“细雨湿流光”本此（王士祯《五代诗话》卷七引《蜀中诗话》）。

后主妙于音律，旧曲有《念家山》，王亲演为《念家山破》，其声焦杀而其名不祥（马令《南唐书》卷五《后主书》）。

冯延巳……著乐章百余阕……元宗《乐府词》云“小楼吹彻玉笙寒”，延巳有“风乍起，吹皱一池春水”之句，皆为警策。元宗尝戏延巳曰：“‘吹皱一池春水’，干卿何事？”延巳曰：“未如陛下‘小楼吹彻玉笙寒’。”（马令《南唐书》卷二十一《冯延巳传》）

后主名衍。……童年即能属文，甚有才思。尤酷好靡丽之辞，尝集艳体诗二百篇，号曰《烟花集》（吴任臣《十国春秋》卷三十七《前蜀后主纪》）。

昶好文，有功后学，诚未可以成败论。尝言不效王衍作轻薄小词，而其词自工（王士祯《五代诗话》卷一引《边州闻见录》）。

五代时，吴越文物，不及南唐、西蜀之盛。而武肃王《寄妃书》云

“陌上花开，可缓缓归矣”，二语艳称千古（王士祯《渔洋诗话》卷中）。

（吴越王钱俶）博览经史……手不释卷。平生好吟咏，在国中编三百余篇，目曰《正本集》（钱俨《吴越备史》卷四）。

吴越后王来朝……献词曰：“金凤欲飞遭掣搦，情脉脉，看取玉楼云雨隔。”太祖起拊其背曰：“誓不杀钱王。”（陈师道《后山居士诗话》）

《花间集》十卷，陈氏曰：蜀欧阳炯作《序》，称卫尉少卿，字弘基者所集，未详何人（按：赵崇政所集也）。其词自温飞卿而下十八人，凡五百首，此近世倚声填词之祖也。诗至晚唐五季，气格卑陋，千人一律，而长短句独精巧高丽，后世莫及。此事之不可晓者，放翁陆务观之言云尔（《通考》卷二四六《经籍考七十三》）。

《南唐二主词》一卷，陈氏曰：中主李璟、后主李煜撰。卷首四阕，《应天》《长望》《远行》各一，《浣溪沙》二，中主所作。重光尝书之，墨迹在盱江鼂氏。题云：先皇御制歌词，余尝见之，于麦光纸上作拨镫书，有鼂景迁题字，今不知何在矣。余词皆重光作（《通考》卷二四六《经籍考七十三》）。

（丙）书画

江南伪后主李煜……其作大字不事笔，卷帛而书之，皆能如意，世谓撮襟书。复喜作颤掣势，人又目其状为金错刀（《宣和书谱》卷十二）。

江南徐铉，善小篆，映日视之，画之中心有一缕浓墨，正当其中。至于屈折处，亦当中无有偏侧处。乃笔锋直下不倒侧，故锋常在画中，此用笔之法也（沈括《梦溪笔谈》卷十七）。

南唐后主李煜……画山水、人物、禽鸟、墨竹，皆清爽不凡，别为一格（夏文彦《图绘宝鉴》卷三）。

梁荆浩字浩然，河南沁水人。业儒，博通经史，善属文。偶五季多故……乃隐于太行之洪谷，自号洪谷子。尝画山水、树石以自适。……著

《山水诀》一卷（刘道醇《五代名画补遗》）。

荆浩……博雅好古，以山水专门，颇得趣向。尝谓："吴道元有笔而无墨，项容有墨而无笔，浩兼二子所长而有之。"盖有笔无墨者，见落笔蹊径而少自然；有墨而无笔者，去斧凿痕而多变态（《宣和画谱》卷十）。

梁关仝，长安人。画山水，早年师荆浩。……笔愈简而气愈壮，景愈少而意愈长也。而深造古淡，如诗中渊明、琴中贺若，非碌碌之画工所能知。……仝于人物非所长，于山间作人物，多求胡翼为之（《宣和画谱》卷十）。

释贯休字德隐，姓姜，婺州兰溪人。七岁出家，日诵书每过千字，不复遗忘。工为歌诗，多警句，脍炙人口。以至丹青之习，皆怪古不媚。……作字尤奇崛（《宣和书谱》卷十九）。

贯休，王氏建国时，来居蜀中龙华之精舍，因纵笔用水墨画罗汉一十六身并一大士，巨石萦云，枯松带蔓，其诸古貌与他人画不同。或曰梦中所睹，觉后图之，谓之《应梦罗汉》……蜀主叹其笔迹狂逸（《野人诗话》）。

（南唐）徐熙，钟陵人。世……为江南名族。熙善画花竹、林木、蝉蝶、草虫之类……意出古人之外，自造于妙。评曰：……精于画者，不过薄其彩绘，以取形似。熙独不然，必先以其墨，定其枝叶、蕊萼等，而后傅之以色，故其气格前就，态度弥茂（刘道醇《圣朝名画评》卷三）。

（后蜀）黄筌者（字要叔），成都人也。幼有画性。……刁处士入蜀，授而教之竹石、花雀。又学孙位，画龙水、松石、墨竹；敩李昇画山水、竹、树，皆曲尽其妙（黄休复《益州名画录》卷上）。

（丁）文具

南唐于饶置墨务，歙置砚务，蜀置纸务，各有官，岁贡有数。求墨工于海，求纸工于蜀中。主好蜀纸，既得蜀工，使行境内，而六合之水与蜀同。李本奚氏，以达赐国姓，世为墨官云（陈师道《后山丛谈》卷一）。

李廷珪墨有数等，其珪字作下邽之邽者为上，作圭洁之圭者次之，作珪璧之珪者又次之，其云奚庭圭者最下（陈元龙《格致镜原》卷三十七引《王氏谈录》）。

南唐元宗时，歙守献砚，荐工李少微擢砚官（陈元龙《格致镜原》卷三十八引《新安志》）。

江南李后主，造澄心堂纸，前辈甚贵重之。江南平后六十年，其纸犹有存者。欧公尝得之，以二轴赠梅圣俞。……纸制大佳，而幅度低狭，不能与麻纸相及。……然一纸已直百钱，亦已珍矣（程大昌《演繁露》卷九）。

余与丹徒高氏，见杨行密节度淮南补将校牒纸，光洁如玉，肤如卵膜。今士大夫所有澄心堂纸不迨也（陈师道《后山丛谈》卷二）。

（四）五代之风俗

(1)廉耻丧亡

张全义字国维，濮州临濮人也。少以田家子役于县，县令数困辱之，全义因亡入黄巢贼中。巢陷长安，以全义为吏部尚书。……巢败去，事诸葛爽于河阳。爽死，事其子仲方。仲方为孙儒所逐，全义……附于梁。……太祖猜忌，晚年尤甚。全义奉事益谨，卒以自免。自梁与晋战河北……太祖兵败蓨县，道病还洛，幸全义会节园避暑，留旬日，全义妻女皆迫淫之。其子继祚，愤耻不自胜，欲剚刃太祖。全义止之曰："吾为李罕之兵围河阳……梁兵出之，得至今日，此恩不可忘也。"……全义事梁……封魏王。……梁亡，庄宗入汴，全义自洛来朝，泥首待罪。……厚赂刘皇后以自托（《五代史》卷四十五《张全义传》）。

冯道字可道，瀛州景城人也。事刘守光为参军。守光败去，事宦者张承业。……庄宗即位，拜户部侍郎，充翰林学士。……明宗……拜中书侍郎，同中书门下平章事。……晋灭唐，道又事晋，晋高祖拜道守司空，同中书门下平章事……封鲁国公。……契丹灭晋，道又事契丹。……汉高祖立，乃归汉，以太师奉朝请。周灭汉，道又事周，周太祖拜道太师。……道少能矫行以取称于世。及为大臣，尤务持重以镇物。事四姓十君，益以旧德自处。然当世之士无贤愚，皆仰道为元老，而喜为之称誉。……当是时天下大乱，戎夷交侵，生民之命，急于倒悬。道方自号"长乐老"，著书数百言，陈己更事四姓及契丹所得阶勋官爵以为荣。自谓："孝于家，忠于国，为子、为弟、为人臣、为师长、为夫、为父，有子、有孙。时开一卷，时饮一杯，食味、别声、被色，老安于当代，老而自乐，何乐如之？"盖其自述如此（《五代史》卷五十四《冯道传》）

郑韬光字龙府，洛京清河人也。……自襁褓迄于悬车，凡事十一君，越七十载。所仕无官谤，无私过（《旧五代史》卷九十二《郑韬光传》）。

胤孙临事多不能决，当时号为三不开，谓其不开口以论议、不开印以行事、不开门以延士大夫也（《五代史》卷五十五《马胤孙传》）。

（孟昶）乃命李昊草表以降。……初，昊事王衍，为翰林学士。衍之亡也，昊为草降表，至是又草焉。蜀人夜表其门曰："世修降表李家。"（《五代史》卷六十四《后蜀世家》）

韩熙载，本高密人。后主即位，颇疑北人，鸩死者多，而熙载且惧，愈肆情坦率，不遵礼法。破其财货，售集妓乐，迨数百人，日与荒乐，蔑家人之法。所受月俸，至即散为妓女所有，而熙载不能制之以为喜，而日不能给，遂敝衣屦作瞽者，持独弦琴，俾舒雅执板挽之，随房歌鼓求丐，以足日膳，旦暮亦不禁其出入。或窃与诸生糅杂而淫，熙载见之，趋过而笑曰：不敢阻兴而已。及夜奔客寝者，其客诗云："苦是五更留不住，向人头畔著衣裳。"时人议谓北齐徐之才豁达，无以过之（王士祯《五代诗话》卷三引《缃素杂记》）。

按：唐末以来，干戈饥馑，暴敛横征，而民不聊生。武夫悍卒，逞其武力，嗜杀为雄。于是人人以苟得为荣，苟免为幸，贬气节、夺廉耻而不惜矣。

（2）打破等级制度

中古时代，构成等级制度者，曰门第，曰奴婢。自唐以皇族冠氏族之首，魏晋以来士大夫风习，业已动摇。自科举盛行，榜下择婿，从来士大夫把持之婚宦制度，已打破无余。惟时人尚自贵其所宗，以郡望世系相高。自五季之乱，谱牒散亡，门第风尚乃完全摧毁。奴婢昔有官奴，有私奴，有罪人籍没为奴，有俘虏为奴。自五代分争，后汉乾祐元年，李屿仆夫葛延遇，上变告屿谋反，遂族诛李崧兄弟。自是仆隶始稍吐平日怨气，奴婢制度，亦遂根本动摇。

唐末天下乱，革避地之中山。唐亡……庄宗……建唐国，而故唐公卿之族，遭乱丧亡且尽。以革名家子，召为行台左丞相。……唐、梁之际，仕宦遭乱奔亡，而吏部铨选，文书不完，因缘以为奸利，至有私鬻告敕，乱易昭穆，而季父、母舅，反拜侄、甥者（《五代史》卷二十八《豆卢革传》）。

（3）服饰诡异

同光二年二月……（诏）："近年已来，妇女服饰，异常宽博，倍费缣绫，有力之家，不计卑贱，悉衣锦绣。宜令所在纠察。"（《旧五代史》卷三十一《唐庄宗纪五》）

蜀人富而喜遨。当王氏晚年，俗竞为小帽，仅覆其顶，俛首即堕，谓之"危脑帽"。衍以为不祥，禁之。而衍好戴大帽，每微服出游民间，民间以大帽识之，因令国中皆戴大帽。又好裹尖巾，其状如锥，而后宫皆戴金莲花冠，衣道士服，酒酣免冠，其髻鬡然。更施朱粉，号"醉妆"，国中之人皆效之（《五代史》卷六十三《前蜀世家》）。

南汉僭创小国，乃作平顶帽自冠之，由是风俗一变，皆以安丰顶为尚（陶穀《清异录》卷下）。

后主昭惠国后周氏，小名娥皇，司徒宗之女。十九岁来归，通书史，善歌舞，尤工琵琶。尝为寿元宗前，元宗叹其工，以烧槽琵琶赐之。至于采戏、弈棋，靡不妙绝。后主嗣位，立为后，宠嬖专房。创为高髻纤裳，及首翘鬓朵之妆，人皆效之（陆游《南唐书》卷十六《后妃列传》）。

《道山新闻》云："李后主宫嫔窅娘，纤丽善舞，后主作金莲高六尺，饰以宝物、组带、缨络，莲中作五色瑞云，令窅娘以帛绕脚，令纤小屈上作新月状，素袜舞云中，曲有凌云之态。……人皆效之，以弓纤为妙。"（周密《浩然斋雅谈》卷中）

（4）饮食好尚

广顺元年正月……诏曰："……天下州府旧贡滋味食馔之物，所宜除减。其两浙进细酒、海味、姜瓜，湖南枕子茶、乳糖、白沙糖、橄榄子，镇州高公米、水梨，易、定栗子，河东白杜梨、米粉、菉豆粉、玉屑糁子面，永兴御田红秔米、新大麦面，兴平苏栗子，华州麝香、羚羊角、熊胆、獭肝、朱柿、熊白，河中树红枣、五味子、轻饧，同州石镦饼，晋、绛葡萄、黄消梨，陕府凤栖梨，襄州紫姜、新笋、橘子，安州折粳米、糟味，青州水梨，河阳诸杂果子，许州御李子，郑州新笋、鹅梨，怀州寒食杏仁，申州蘘荷，亳州萆薢，沿淮州郡淮白鱼……今后并不须进奉。"（《旧五代史》卷一一〇《周太祖纪一》）

晟事李昇父子二十余年，官至司空，家益富骄。每食不设几案，使众妓各执一器，环立而侍，号"肉台盘"，时人多效之（《五代史》卷三十三《孙晟传》）。

魏王继岌，每荐羹，以羊、兔、猪脔而参之。时卢澄为平章事，趋朝待漏堂，厨具小馔，澄惟进粥，其品曰：栗粥、乳粥、豆沙加糖粥，三种并供，澄各取少许并和而食，厨官遂有"王羹亥卯未，相粥白玄黄"之语（陶穀《清异录》卷下）。

江南仰山，善作"道场羹"，脯面蔬笋，非一物也（陶穀《清异录》卷下）。

吴越有一种"玲珑牡丹鲊"，以鱼叶斗成牡丹状。既熟，出盎中，微红如初开牡丹（陶穀《清异录》卷下）。

（5）俳优

庄宗既好俳优，又知音，能度曲，至今汾、晋之俗，往往能歌其声，谓之"御制"者皆是也。其小字亚子，当时人或谓之亚次。又别为优名以自目，曰李天下（《五代史》卷三十七《伶官传》）。